建築は、柔らかい科学に近づく

INDUCTION DESIGN／進化設計論

渡辺 誠
MAKOTO SEI WATANABE

はじめに

インダクション デザイン
進化設計／ED

この本は、研究プロジェクト「誘導都市」と、その実施版である「飯田橋駅」を中心に、現段階の状況をまとめたものである。


「誘導都市」は、都市／建築に対する、これまでの設計とは異なる新しい設計の「概念と方法」の探究、そしてその実践である。

それは、現在の設計のように「線を決める」のではなく、「条件と意図から」建築を「生成」しようとするものだ。「GD」（Computer Generated Design）の誕生。それには、新しいコンピュータプログラムが必要となる。したがって「誘導都市」は、コンピュータとひとととのコラボレーションのあり方を探るものでもある。

テクノロジの礼賛ではなく、忌避でもなく、ひととコンピュータの新しい関係を見つけること。


それはまた、建築設計を「科学」に近づける試みでもある。

そこでの科学は、従来のものではなく「複雑系」と呼ばれるものに近い。

そしてこうした試みの背後には、「生きている」と形容される都市や建築と、生物のしくみとの、示唆的な関係がある。

その点で「誘導都市」の方法「ID」（Induction Design）は、「進化設計／ED」（Evolutionary Design）と呼ぶこともできる。

もちろん「誘導都市」は、他のジャンルで開発された思想や方法を建築に借用しようというものではない。

あくまで「建築／都市」を考え、つくろうとする、その行為の内側から生み出されてきた。

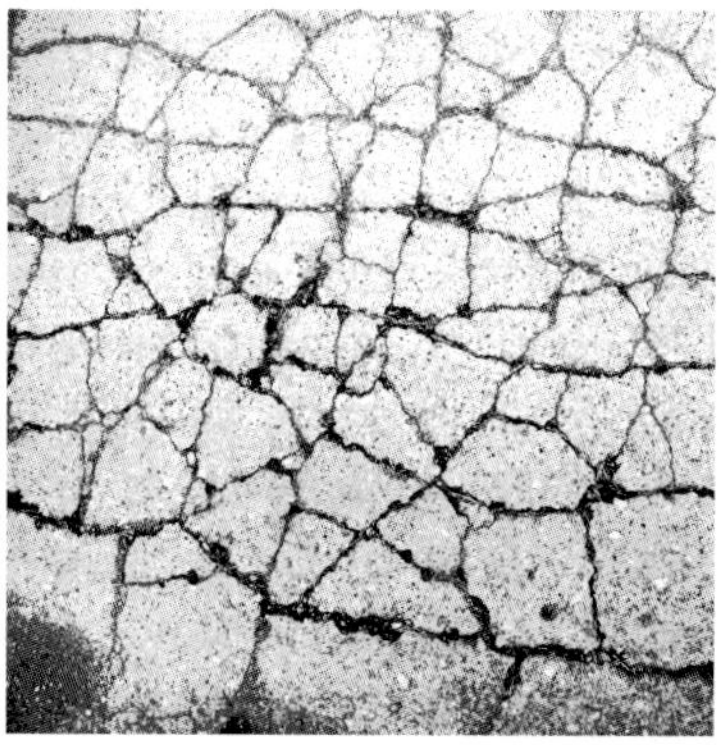

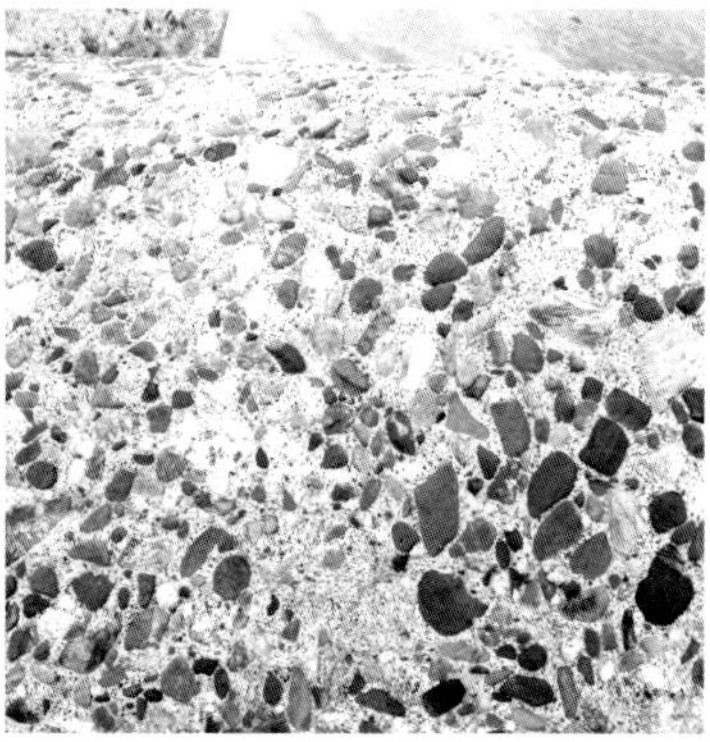

本書の全体は、新たに書いたユニットと、すでに発表した文を変性／組み替えしたユニットの、合成である。過去の発表文も、過去のままのものはない。どこかが変化している。

固定されてしまった完成品ではない、生きて変化するもの。


生きものの遺伝子も一気に全体が書かれたのではない。

遺伝子を構成する各ユニットが、長い時間の中で記述され、変異し、組み替えられ、転移し、その結果として現在の情報セット（＝ゲノム）に到達した。

この本の各ユニットも、それと同様なしくみを経て成立している。

そのため、一部に記述の重複がある。

DNAにも重複があるように、冗長性は、生体系を補強する特質である。ひとつの機能を得るために複数の回路を用意しておく生体的冗長性は、多様性を保証するための鍵だ。

また、各ユニットは、目的に向かって一列に並んでいるのではない。

染色体上のDNAのように、あるところでは並列に、またあるところでは順を入れ替えて配置されている。


ヒトのからだをつくる現在のゲノムも、種としてのヒトの完成版の設計図ではない。

現在から将来へ、引き続き書き換えられていくだろう。

この本の構成ユニットもまた同様に、これからも組み替えられていくであろうその過程の、いまの切片である。

ただ、その切片を陽にかざしてみれば、今までは見えなかった、きらめく光彩が透けて見えるかもしれない。

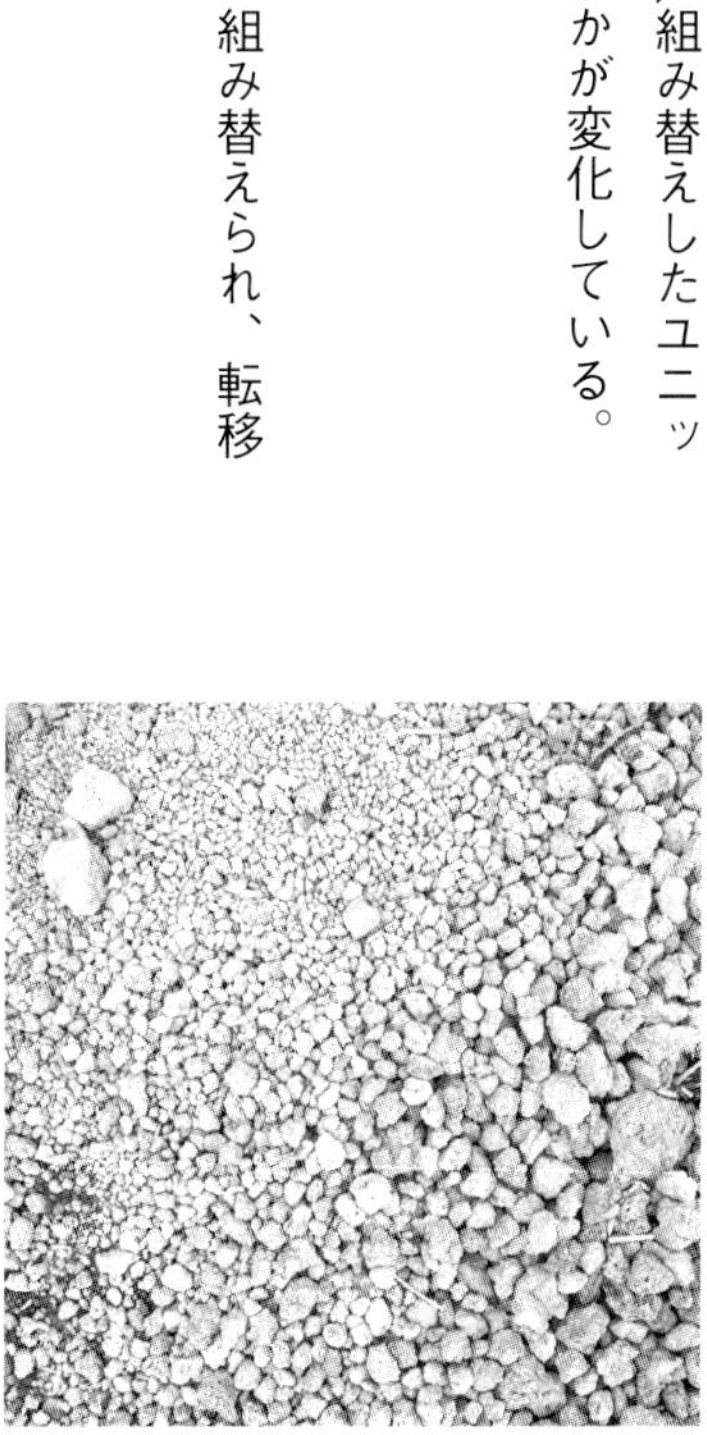

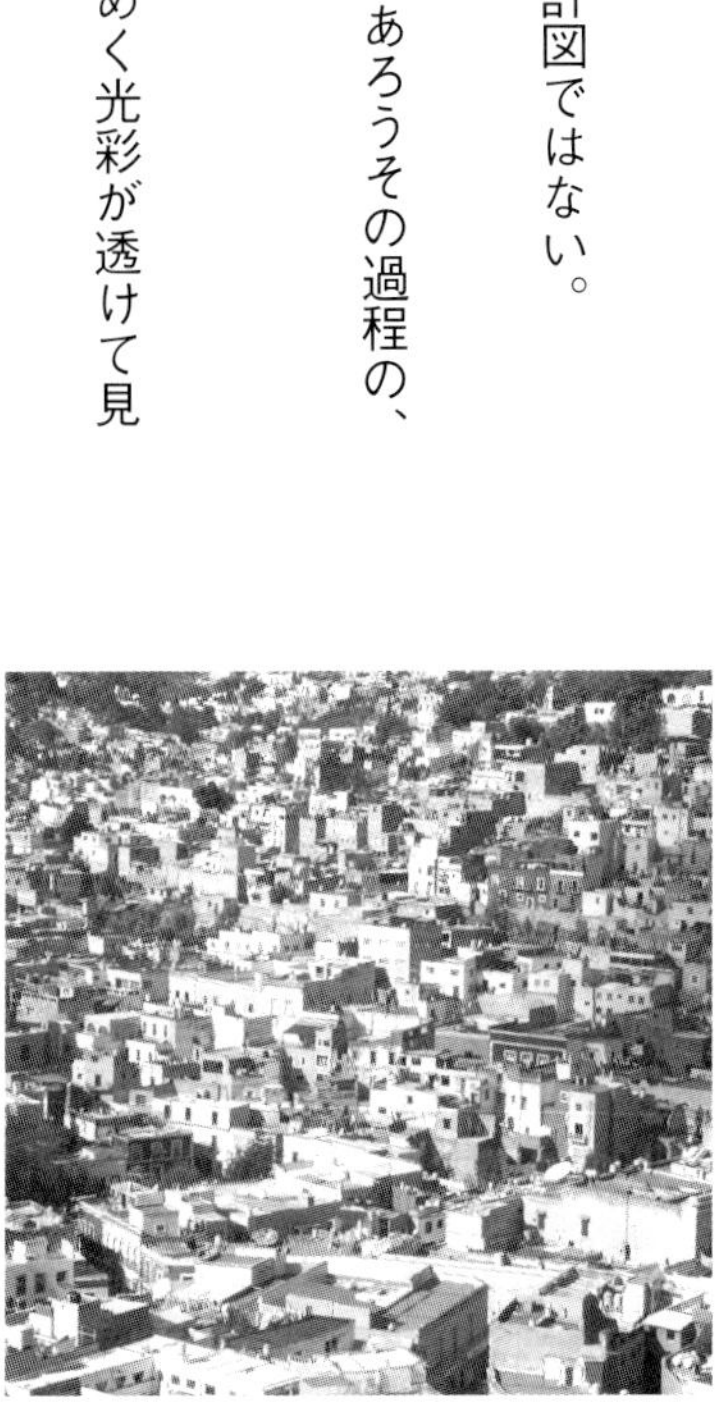

It is also not about having the computer create a large number of proposals from which to choose. It is not about using computers to create unusual forms. When used like that, a computer would be nothing more than an extension of the pen in the hand. It is about using computers to think, as an extension of the brain.

But it is not a simply a matter of having the computer generate forms. What we want is for the program to generate proposals that solve the design conditions. Further, unlike conventional design, which specifies everything, we leave some things undecided, while still meeting the required design conditions.
Instead of methodically deciding everything from the top down, we make decisions from the bottom up, specifying the relationships between parts while satisfying the need for overall balance. This approach has something in common with complexity science. Its procedures are akin to the discovery of hidden structures in urban and social systems. Complexity science has discovered simple principles hidden within what appears to be utter disorder. To use chaos theory and fractals is not to create forms resembling Lorenz attractors, or jagged outlines. Instead of forms, it is the process which contributes to design. In this sense, artificial life, genetic algorithms and neural network programs can also contribute.

The Induction Cities project began 12 years ago as a research and development project into this kind of Intelligent **D**esign, or **P**rogram **A**ided **D**esign.
The first phase of the project was devoted to trials, and the second phase to developing a set of programs for making cities. In the third phase, it was applied to an actual architectural project, the "Web Frame" of the Subway station / Iidabashi. The fourth phase, which is currently underway, involves the development of programs to meet emotional and other conditions. This will be applied in the New Station project.
The Induction Cities methodology has a great deal in common with the workings of nature. But it does not imitate nature or copy the forms of plants. It has a structure close to a natural ecosystem because it sets values and programs ways to realize those values. The similarity to natural systems was unexpected but real. In this sense, architecture generated by the Induction Cities project could be called **Bi**-**O**rganic **@**rchitecture. Closeness to nature does not come from similarities in forms. The forms are similar because they were produced by similar systems, which were reasonable means to achieving goals under specific conditions. Forms are the result, not the starting point.

Computer programs cannot design everything. Computers are better than human brains for tasks like solving complex puzzles. On the other hand, they cannot imagine things which have never existed. Computers and people each have their own special abilities, and we should get better answers when they cooperate on a design. The human brain cannot perform at its best when it is bound by a complex system of conditions. Freeing it from those restraints gives it the liberty to imagine. What we want is a method which is free, but which also comes up with good answers to the problems. This book is about a way of thinking and experimentation which is freer, and which paradoxically also comes up with more exact solution to conditions.
Unlike conventional design, which tries to decide everything, Induction Cities is a method for inducing results that meet conditions. In this sense, it could be called **I**nduction **D**esign. It could also be called **G**enerative **D**esign, since it is born from conditions, or **E**volutionary **D**esign, since it has the characteristic that results improve over generations.
It is an Odyssey toward a new design method that will make architecture and cities better.

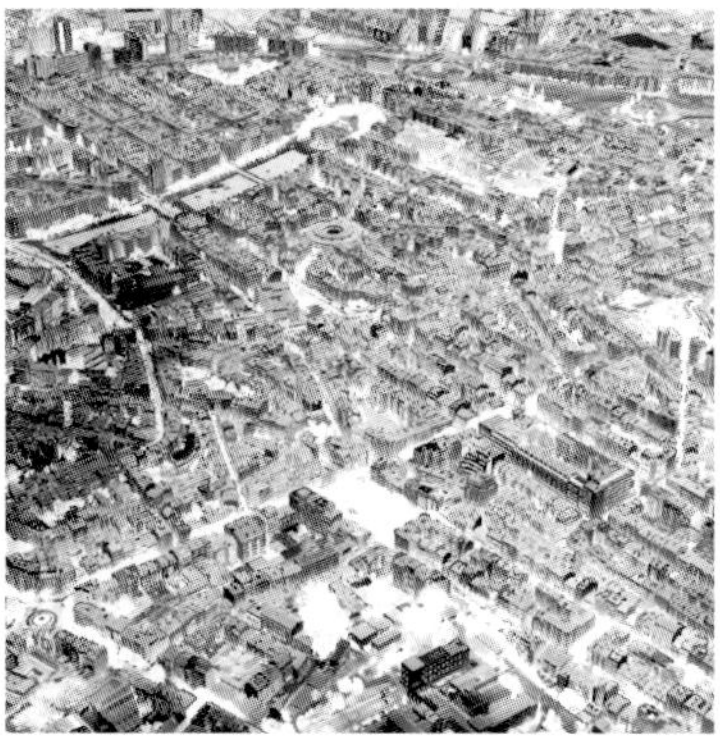

Toward a new design methodology: Do computers dream?

This book aims to illustrate a new design philosophy, a new methodology, and the background behind them. It introduces the Induction Cities project, a test case for the methodology in which, for the first time in the world, computer programs generated architecture by solving conditions. It introduces the iidabashi subway station project and also touches on the next stage in the project, which is currently underway.
The purpose is not to discover form. The purpose is to discover ways of making cities and architecture that provide better solutions to problems facing the world while at the same time offering greater freedom to the imagination.

Essentially, design begins by selecting a single line. It is not a matter of choosing this line or that line, or any line. Design is a matter of choosing a specific line, the only possible one. City planning and architectural planning, surfaces, forms and materials - they are all determined by this line.
The line needs to a good one. In this case, good means, first of all, useful. Useful means that it solves the conditions posed by the project. Every project has conditions that require solutions. It could be a matter of improving urban circulation, or protecting the environment of a neighborhood, or discovering a new relationship between integrated functions, or thinking about a lavatory that is easy for anyone to use, or designing a keyboard that does not tire the hands. Every design has issues that need to be solved. After studying the issues from various angles, you select the line that provides the best solution. It is like solving a puzzle - a very intricate and complicated puzzle.
But the difference between a solving a design problem and solving a puzzle is that simply meeting the conditions is not enough.
Another requirement of a good line is that it must feel good. Feeling good is never included in functional specifications. Nor it is exactly clear who has to feel good about it. The designer himself should like it. People who use it should feel good about it. This vague kind of feeling is essential to good lines and good designs.
So design is a matter of selecting lines with these dual virtues. But how does one go about this task?
When you try define a method, you realize that it can't be explained.
Design starts with an examination of the conditions. You make studies, and more studies. You have ideas, and gradually the details begin to fall into place. It is a process of selecting a line, and then another line. But it is hard to say exactly how you chose any of those lines. You can give reasons for the choice, but that is all after the fact. If you were honest, you would say you didn't know how.
To clarify this process, you need to write down what was good about something, why you selected it. You need to exteriorize what went on in your mind so that other people can understand it, to describe on white paper a fraction of what happened in the black box that is your brain. And if you can describe it, then you can program it.
If you can program it, then you can run it on a computer. Running something on a computer clarifies things that were vague. What was good about it, why that line? What is good about that line? What makes it better than other lines, and how much better? To clarify these questions is to bring design closer to the status of a science.

The idea is not to automate design. It is not about being able to complete a design with a click of the mouse. The purpose is to clarify aspects of the process that were vague up to now, and so to get a better idea of what we really want. It is about higher quality, not more efficiency. We want it to be better, not faster.

複雑さに潜む合理性を求めて

高安秀樹（ソニーコンピュータサイエンス研究所シニアリサーチャー）

自然の造形と人間の造形を最も端的に区別するのは直線であろう。

人間のつくったものには、直線の断片が含まれることが多いが、自然界の中にまっすぐな部分を見いだすことは非常に難しい。

なぜ、自然は直線ではなく複雑な形状を好むのか？

この基本的な問題は、20世紀最後の30年間における「複雑さ」に関する基礎科学の発展によって、かなり明確にされてきた。端的にいえば、自然の複雑な構造には、どれも非常に合理的な理由があるのである。

まず、自然界の存在は、外界から孤立した世界に留まることはできないことに注目すべきである。

たとえば、直線のような構造が自然の中で極めて不安定であることは容易に想像できる。ほんのわずかでも歪められたり、何かが付着すれば、それだけで純粋な直線の特性を維持できなくなるからだ。

つまり、自然の中には、予期不可能な外乱をいつでも受け入れることができるような寛容さを持ち合わせた構造だけしか存続し得ないのである。

自然界の構造の例として、血管を考えてみよう。よく知られているように、血管は無数の分岐を伴う極めて複雑な構造になっている。心臓から送り出された血液を体中の細胞に短時間の間に送り届け、また、戻すような機能を持つパイプラインが血管である。単にこの機能だけを実現するならば、さまざまな構造が考えられよう。

しかし、心臓の拍動のエネルギーや血液の粘性などには物理的な制約がつく。粘性によるエネルギーのロスを小さくしようとすると、実は、分岐を伴う血管のような形状が最も合理的な解になるのである。

自然の構造は、このようにみな多かれ少なかれ合理的な理由を満たすようにつくられていると考えられている。

おもしろいのは、この合理性は答えをただひとつに決めてしまうほど強力ではないという点である。

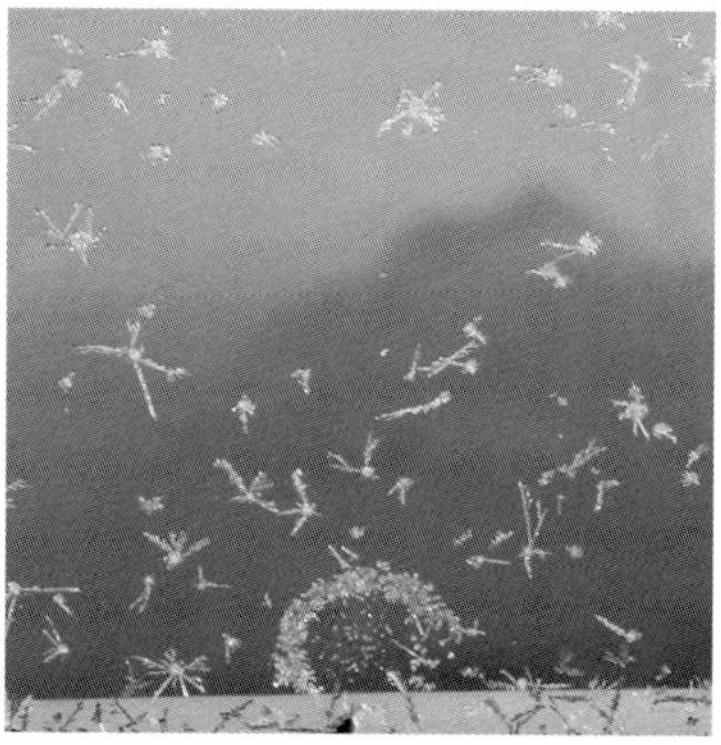

答えがひとつではなく、無数にあるおかげで、外乱に応じて答えを変える柔軟さが生まれるのだ。

渡辺誠さんの研究と作品からはまさに、この自然の柔軟な合理性が建築の世界に実践されていると感じられる。日照を満たすようつくられた孔の空いたチーズのような集合住宅、道のりの節約と道程の楽しさを求めたマスクメロンの網のような道路、などなど。

ある制約を満たすようにプログラムして、あとはランダムにコンピュータによってつくられた構造は、ほとんど自然の造形と変わらないものになるのである。

要求した規則を守ったうえでコンピュータがいわば勝手につくり出す構造には、作者の意図や感覚は直接的には表現されない。しかし、そこに現れる構造は、さまざまな制約を満たし、かつ、ふたつと同じものがないような多様性を持つ。このようにして生み出された複雑な構造は、建築物に自然の造形と同じような魅力を生み出すのではないだろうか。そして、その自然さ、の中には、「機能の合理」、が潜んでいるだろう。ランダムのように見える血管の網の目に、機能上の最適設計が隠れているように。

さらに渡辺さんは、「コンピュータが勝手につくる」段階を超えて、ひとの意図や感性を組み込んだプログラムによる建築を実現しつつある。大江戸線飯田橋駅の「ウエブ フレーム」では、必ず守るべき絶対条件に加えて、設計者の「意思」をプログラムに組み込んでいる。


ところで、人間のつくるものにはなぜ、直線が多く使われてきたのであろうか?

簡単そうなこの問いに対し、明確に答えるのが意外にも難しい。あらゆる形を直線と円で表現しようとしたユークリッド幾何学からの歴史的な影響であろうか、それとも、部品の形状を揃えることでものづくりに関する手間と思考を節約するためだろうか?

直線は、もしかすると、単に大量生産の副産物でしかないかもしれない、とすら思えてくる。つくりやすいものを大量につくって、大量に消費する時代。そのとき、製造工程に載せやすい直線が顔を出すからだ。

21世紀の初めに当たる今、コンピュータの発達によって、思考の節約や製造工程の簡略化を導入する必要はなくなってきている。単純化やマニュアル化を全員に強制しなければならない理由は、もはや社会的にも薄れつつあるのだ。みんな同じ、になる必要はなくなってきている。

この際、一度あらゆる先入観を捨て去って、線を1本引くことにもその意義を改めて自らに問うてみてはどうだろうか?

「誘導都市」は、その嚆矢になるだろう。

目次

ひと粒の種から

Architectural Seed

ある晴れた日、
ひと粒の種子を、
そっと地下に埋めてみる。

雨の季節が通り過ぎたあと、
種はやがて芽を出し、根を伸ばす。
敷地の地盤を確かめ、風向きを確認する。
日照を調整し、
空間と機能の矛盾する要求を折り合わせ、
法規制をクリアし、

あるところは膨らみ、あるところは細く、
ときに集まり、ときに分散して、
成長する。

やがてそこに、
建築のようなもの、が、
出現していることに気づく。

それは、いままで見たことのない、物体。
経験したことのない、空間。
しかし、使ってみると分かる。
今まで以上に、要求に応えていることに。
それ以上の、何か、であることに。

そんな、
Architectural Seed が、
できないかと、
ずっと、
考えていた。

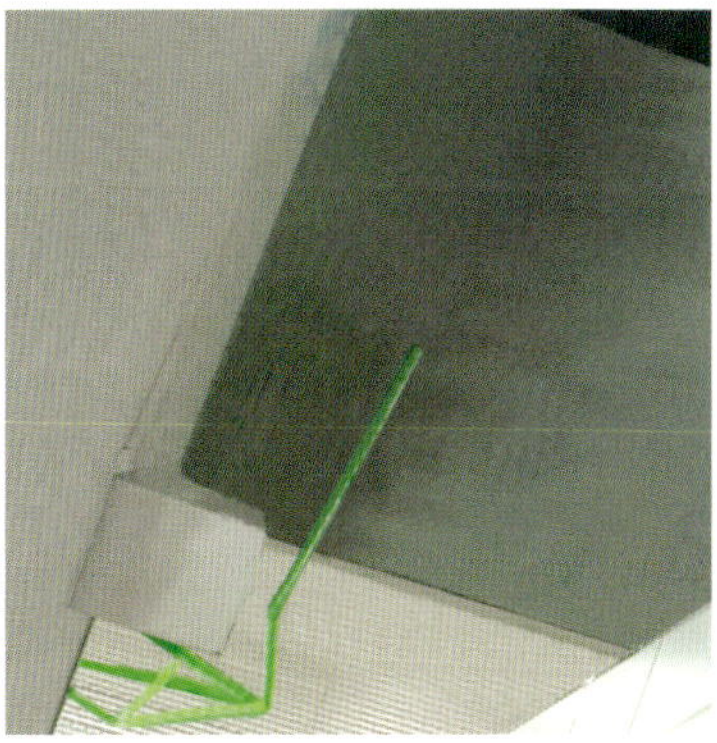

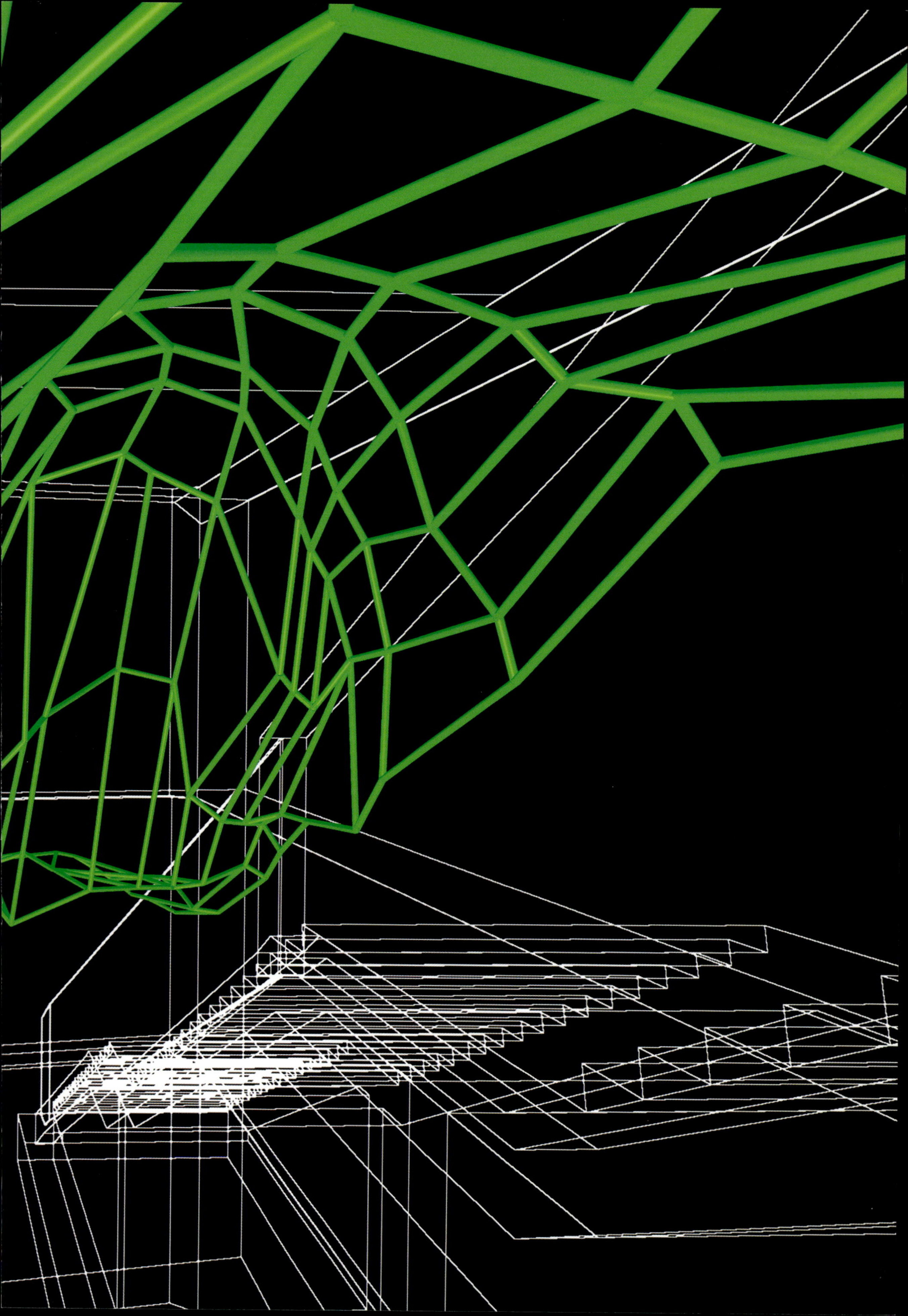

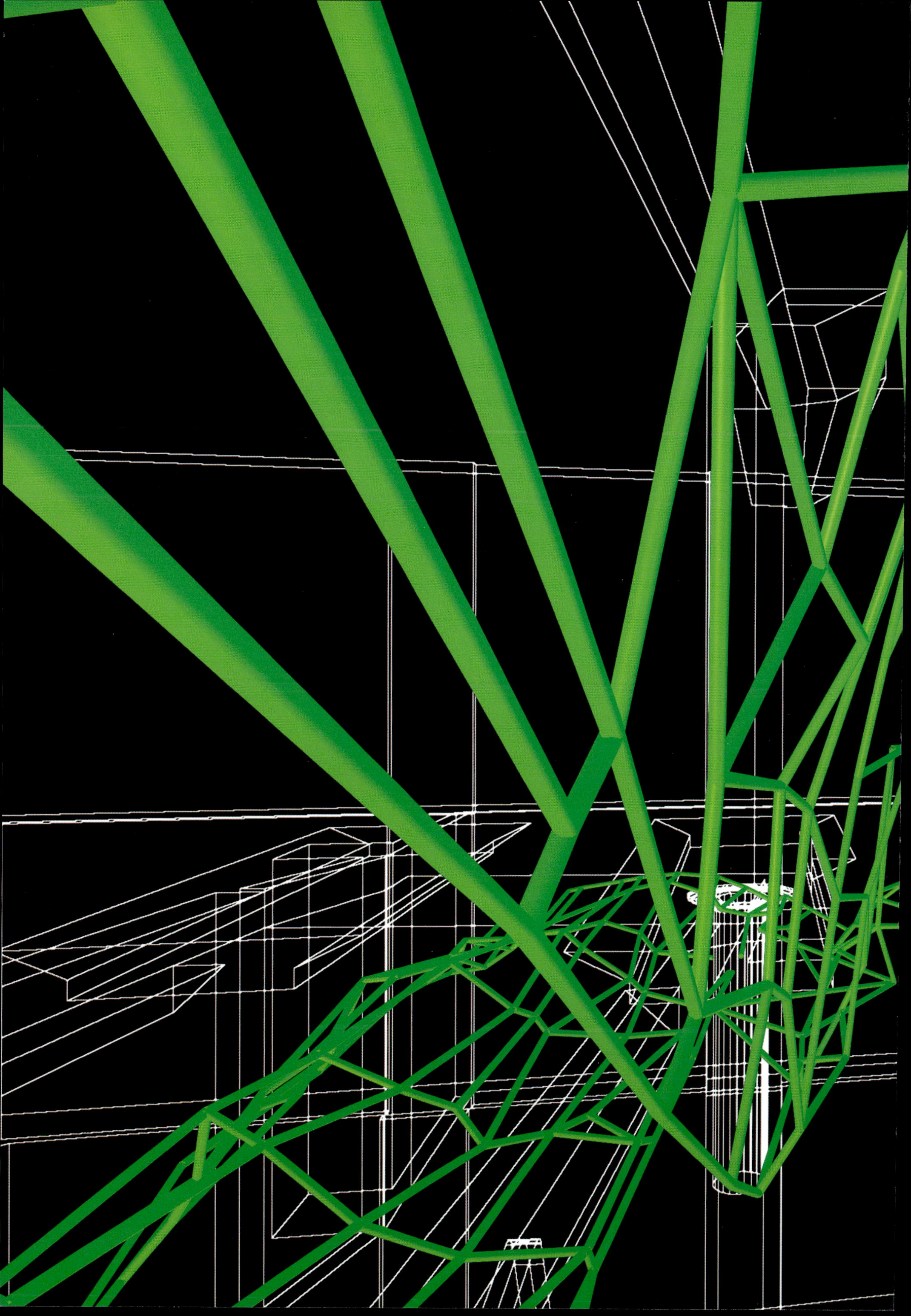

01

手と
サイコロと
脳と

Expanded Brain

コンピュータの使い方の、三段階

その1：手の延長として／エクス・ハンド

コンピュータの使い方の程度を、段階的に考えてみよう。

まず初めは、手で図面を描く代わりに、コンピュータを使うこと。いうまでもなく、CADやCGのこと。

CADは鉛筆と平行定規をモニター上に置き換えたものである。手が描くものがモニター上に出てくるだけで、それ以上のことはしてくれない。本質的に変わりはない。いわば、手を延長したものだ。

だからコンピュータでなければできないデザインなどというものは、今のところありえない。

疑う向きには、（依頼していただければ）鉛筆1本で、何だって設計してご覧に入れましょう。


構造解析では昔からコンピュータを使っていたのだから、その意味ではコンピュータは設計に不可欠である。

音響や照明や空調シミュレーションも同じ。現場の工程管理にだってコンピュータは必要だ。

しかし、コンピュータでなければできないデザインは（まだ）存在しない。

存在しない理由は、実際の「建設」は結局、まだ手仕事だということにある。

工場でNCマシンから自動的に建築がつくられるのではない。データからいきなり建築ができるのではない。

自動車産業とはまだだいぶ違う。だから、いくらCADで設計しても、いちど手による翻訳を経て実物になる。

手でつくれるものなら、手でデザインできる。どんな複雑な建築も、模型をつくってそれを採寸していけば図面化できる。だからコンピュータは要らない。

昔ながらの模型でスタディできないような建築は、理屈上、存在しないのだ。


もちろん、どんなプロセスにもコンピュータは役に立つ。光造形装置で模型をつくれば楽だ。自由曲面の施工にはコンピュータが有効だ。しかし、同じことは従来の方法でもできる。

もっとも、そうすると確かに手間は大変で、コンピュータを使ったほうが速いことは事実だ。だから今、コンピュータなしではできないデザインというのは、「手では効率が悪くて、事実上できない」ということである。

絶対にできないのではない。やろうとすれば手でもできる。それは量的な問題で、質に違いはない。

つまり、いかにもコンピュータでデザインしました、というような形態やプランは、コンピュータライクであっても、コンピュータジェネレイトではない。


だから、市販のCGソフトの能力が建築のデザインを決める、という現象も起きてくる。

ソフトの機能が向上して自由曲面が容易にできるようになると、曲面デザインが増える。この現象は、すでにクルマや家電製品で以前から起きている。

すると、実は、建築のデザインはソフトのバージョンアップと共に進化する？ことになる。

そういえば、過去、建築の「革新」は、新材料の出現によるところが大きかった。コンクリートがパンテオンを生み、鋳鉄が水晶宮をつくり、鋼鉄が超高層を、そして近くはガラスの点支持工法が、ガラスの箱を続出させた。だから、パソコンのソフトが建築のスタイルを決めても、おかしくはない。

かつて材料という物質が建築の様式を決めたように、今、コンピュータソフトという情報が、建築のスタイルを決める？　でもそういう建築は、コンピュータなしではできない新しい建築、というわけではない。


また当然ながら、物理的な実体の建築という一点をキャンセルしてしまえば、話は別だ。

物理的実体を放棄し、情報としてだけ存在する建築ならば、制約はない。土地の制約も地震もない。

手で触れることのできない建築は、手の制約から解放される。

コンピュータでしかつくれない「建築」は、広大なネットの海で生を受けるだろう。

飯田橋駅「ウイング」
「ウエブ フレーム」のプログラムに、構造力学を統合することを目指した。

その2：サイコロの延長として／エクス・ダイス

さて、2番目。

指示したことしかしてくれないCADやCGの段階を過ぎて、少しは指示した以上のことをしてくれるレベル。

でも、遺伝的アルゴリズム[*]や人工生命[*]を使えば新しいものができる、というわけではない。

そういう仕掛けはべつだん、「良い結果」を保証してくれるわけではない。これは実行してみればすぐ分かる。

一方、自然界では同じような原理に基づいて、優れた？生物が進化してきた。この違いはどうしてであろう。

それは、自然界では、環境条件が淘汰圧をかけるからである。淘汰圧とは、一定のルールに基づく競争を強制することだ。生物は、置かれた条件への、より効果的な解答を求めて自動的に進化する。

そこには「目的」と「方法」がある。

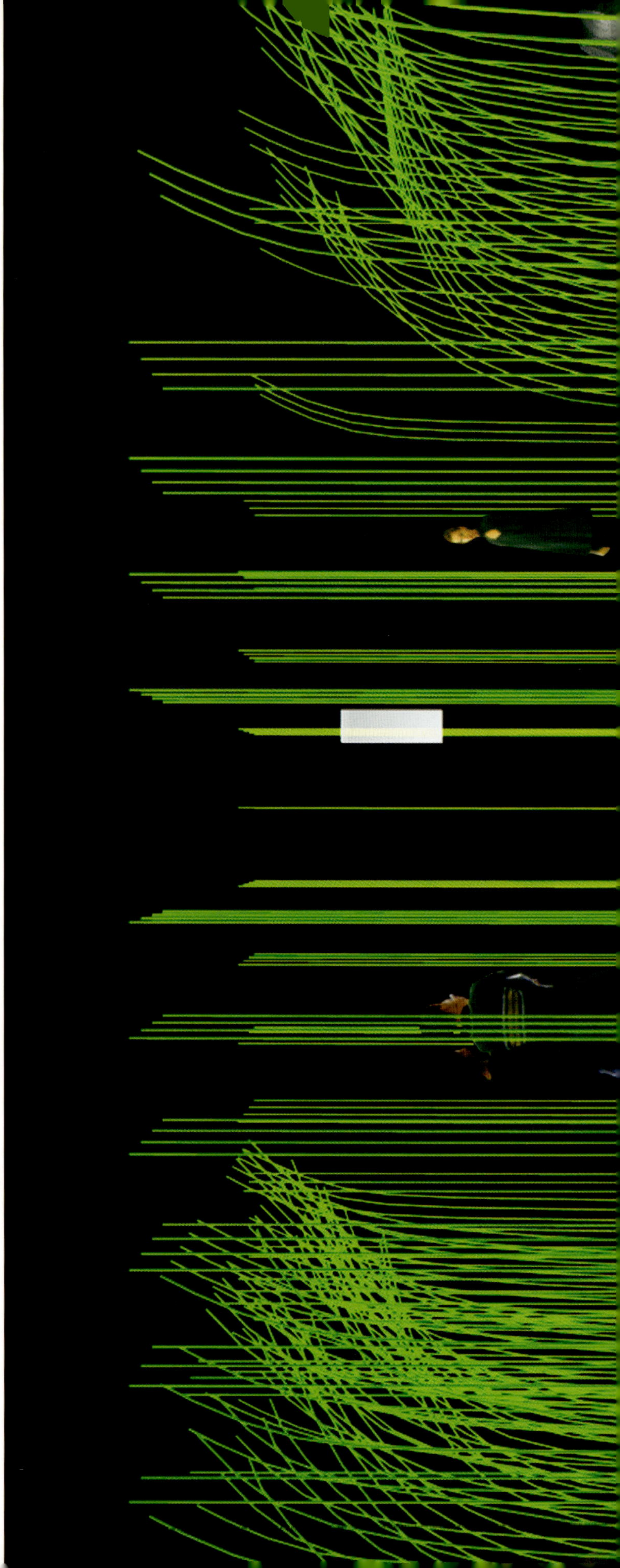

「ファイバーウエイブ」（ベネチアビエンナーレ版**2000**）（右）
風の流れの中に潜む自然の「プログラム」によって視覚化される空間架構。

飯田橋駅「ウエブ フレーム」（10～13頁）
与えられた「条件を解き」ながら、コンピュータプログラムが「生成」する空間架構。

という言い方は、実は正確ではない。生物には「効果的な解答を求めて自動的に進化する」意思はない。

そもそも、進化は、一個体の意思ではどうにもならない。進化とは世代間の差異の蓄積であり、自分が生きている間は、進化しようもないのだ。（ちなみに、個体が進化ゲームに影響を与えられるのは、配偶者の選択の際だけである。自分の遺伝子を他のどの遺伝子と組み合わせるかの選択が、賭けの唯一の機会なのだ）

その点で進化は偶然である（と生物学者のスティーヴン・J・グールドは言っている）*。たまたま、与えられた条件に他人よりうまく適合する性質を持っていた個体が選択され、子孫を残すだけである。この繰り返しの結果をだいぶあとになって眺めてみると、昔と違う姿になっていたので進化と呼ぶことにした、というわけだ。

この過程で効いているのは、「環境条件」＝競技のルール＆スタジアムと、「性質の違う多数の個体」＝競技者の存在である。この両者の拮抗する関係が作動した結果から、そこに目的と方法があるように見える（読める）のだ。

こうした外（環境）と内（個体）が応え合う関係をつくらずに、単にプログラムを組んで形態を操作しても、膨大な変異が生み出されるだけである。

何かの規則を用いたからといって、意味ある結果が出てくるわけではない。

たとえば、一定の原理でシェークスピアを楽譜に置き換えても、名曲が手に入ることはまず期待できない（ノイズ生成には役に立つが）。こうした方法はアートではおなじみだ。宇宙線を音に置き換えるとか、小説の文を地形の起伏に転換する、など例は多い。そこには比喩的な意義はあるが、現実の条件を解決する方法にはならない。社会をつくったり、直したりはできない。

もっとも、アートはそれでいいのである。アーティストは、社会の医者ではない。むしろ、患者に近い。

誰よりも早く罹患して、未知の病原体の流行に警鐘を発する患者、あるいは、巫女なのだから。

巫女になるのもよさそうだが、この本では、患者より医者の立場で、治療の方法を考えていくことにする。

要するに、変わったカタチや配列を無限に生み出す道具としてコンピュータを使うのは、サイコロを振ってプランを決めていくのと大差ないのだ。サイコロもコンピュータも、結果はいくらでも出してくれるが、なんの保証もしてくれない。

「神は、サイコロ遊びはしない」、と言ったのは、アインシュタインだった。

（ただし、量子力学の神は、けっこう遊び好きらしいのだが）

＊遺伝的アルゴリズム：GA

試験管の中にちいさなプログラム単位をたくさん入れたら、あとはじっと待っていれば答えが出てくる、という夢のような方法。

生物進化のしくみを使ったコンピュータプログラムの技法で、J・H・ホランドが考案した。

実際の生物で、生殖と進化の過程でDNAが交じり合って変異していくように、ちいさなプログラムの単位が、その一部を交換したり組み替えたりして変化していくようにする。するとその過程で、要求条件に適合したプログラムが生き残り、さらにそこからもっと適合したものが生まれてくる。いずれ、いちばん優秀なものが生き残るので、それを選べばいい、という方法。

ひとつのプログラムをつきつめていくのではなく、少しずつ違う適当なプログラムを膨大に用意して、あとは「自然選択」に任せれば良いものが生き残ることに期待する。個々の質より物量にものをいわせる、うまく働けば、とても楽な方法。すでに多方面で実用化されている。

「誘導都市」第4期（150〜155頁参照）の「流れ」のプログラムでも使用。

＊人工生命：AL

生物の行動や進化に似た過程を、コンピュータ上につくり出す考え方。

個々の単位の間に「単純な規則」を決めて、「複雑多様な結果」が生じてくるもの。J・フォン・ノイマンが1950年代に提示した、升目上に置かれた単位による「セル・オートマトン」が基礎になっている。

「ライフゲーム」（54頁参照）を通じてポピュラーになった。

C・G・ラングトンが、人工生命の父と呼ばれている。

かんたんな規則で、鳥が群れて飛ぶ自然な動きをつくりだしたクレイグ・レイノルズによる1987年の「ボイド」が有名。その後、これに類するプログラムは映画の群集シーン等のCGによく使われているので、それと気づかずに見ていることも多いはずだ。

その3：脳の拡張として／エクス・ブレイン

そしていよいよ3番目の使い方、コンピュータを使って「思考」すること。

あたまの中で行っていることを外に出して、誰にも分かるように記述すること。

つまり思考の「外部」化、すなわち「検証」可能化である。

それは設計を「科学」に近づけることである。

ちなみに、日本の大学の建築学科は工学部と芸術学部にあることが多い。これからは理学部にも置かれていい。

建築工学、建築芸術学、があるのだから、建築理学、はどうだろう。話はそれるが、建築文学部もいいかもしれない。多くの建築論は文学に近いように思われるからだ。それは作家ひとりひとりに帰属する小説のようなもので、汎用性はない。それぞれの理論自体がひとつの文学作品だと考えれば、無理に実作と結びつけなくても理解しやすくなる。建築家も評論家も、少し楽になるかもしれない。


ところで、外部に取り出す「思考」とは、何のことだろう?

ここでは、思考とは「目的の設定と充足の手順」のことだと（狭い意味で）使っている。（「設計」を前提にした思考に限定して）かなえるべき目的、すなわち価値を定義し、その実現を図ること。何が「いいこと」かを決めて、そのいいことを「実現する」ために、「条件をどう解決」したらいいかを具体的に考えること。


コンピュータなくしてはできない設計とは、どういうものか。

それは、コンピュータを思考の道具として使うものである。電卓がひとの脳から計算の負担を解放したように、コンピュータは、今のひとの脳が抱えている負担を取り除くことができるはずだ。

逆に、ひとの脳にしかできない分野もある。未だそこにないものをイメージすることは、コンピュータにはできない。両者が補完して共同作業としての設計を行うことこそ、求める道であろう。

コンピュータは、現代に登場したアラジンのランプのようなものだ。ランプの精は、命じられたことは忠実に実行するが、善し悪しはいっさい考えない。彼の行いの意義を左右するのは、何を命ずるか、なのである。

手の延長を超えた脳の拡張としてのコンピュータの使い方、それが可能になれば、まさにコンピュータなくしてはできない建築が、ネットの海から上陸して、リアルワールドで二足歩行を始めることになる。

＊進化の偶然性（17頁）
もし恐竜が滅びていなかったら、もし人類の祖先がモノリスに触れていなかったら……。生物の進化について、「もしあれがなかったら……」という「IF小説」が成り立つことに、お墨付きを与えた説。

進化の結果は「必然」ではなかった、という主張で、スティーヴン・J・グールドが著書『ワンダフル・ライフ』等で展開した。

生物は環境にうまく適合したものが勝者として選ばれてきた、という通説に異をとなえ、単に偶然、そのつどたまたま生き残ったものが子孫を残してきたにすぎないという。淘汰圧による選択を否定するわけではないが、今生きている生物は絶滅したものより優れていたのではなく、時間を巻き戻してもういちど同じ過程を繰り返したら、違う種が生き残っただろう、と主張する。

安易な転用はよろしくないが、都市や建築を考えると、その主張は説得性がある。建築の様式の盛衰や、街の姿の変遷は、過去の偶然の結果で、それがその時点で最善であったとは限らない。もし何かがちょっと違っていたら、街は大きく違う姿になっていても不思議はない。

大戦後の東京復興計画がすべて実施されていたら、もし信長の安土が燃えていなかったら……。

地下鉄飯田橋駅周辺の街区（左）
ここでは4本の地下鉄線が交錯している。地中を走り回る地下鉄のチューブは、当然、地上からは見えない。そして地下でも、今までその空間は「封印され」て見ることができなかった。壁や天井で隠されていた。いわば、地下空間は、埋蔵文化財のようになっていたのである。
その埋もれた「遺産」を発掘して見えるようにすることが、飯田橋駅の「設計」であった、ということもできる。

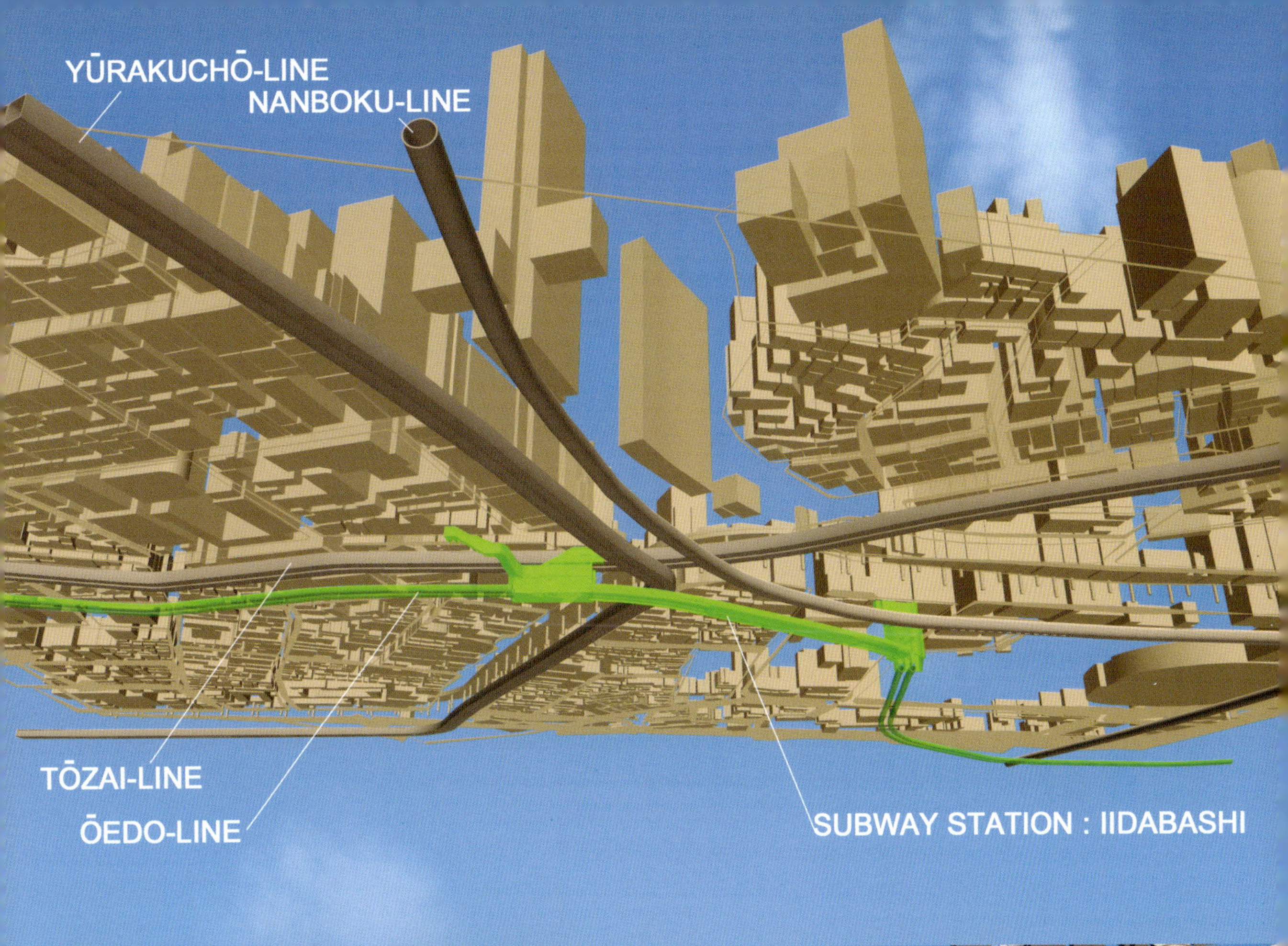
YŪRAKUCHŌ-LINE
NANBOKU-LINE
TŌZAI-LINE
ŌEDO-LINE
SUBWAY STATION : IIDABASHI

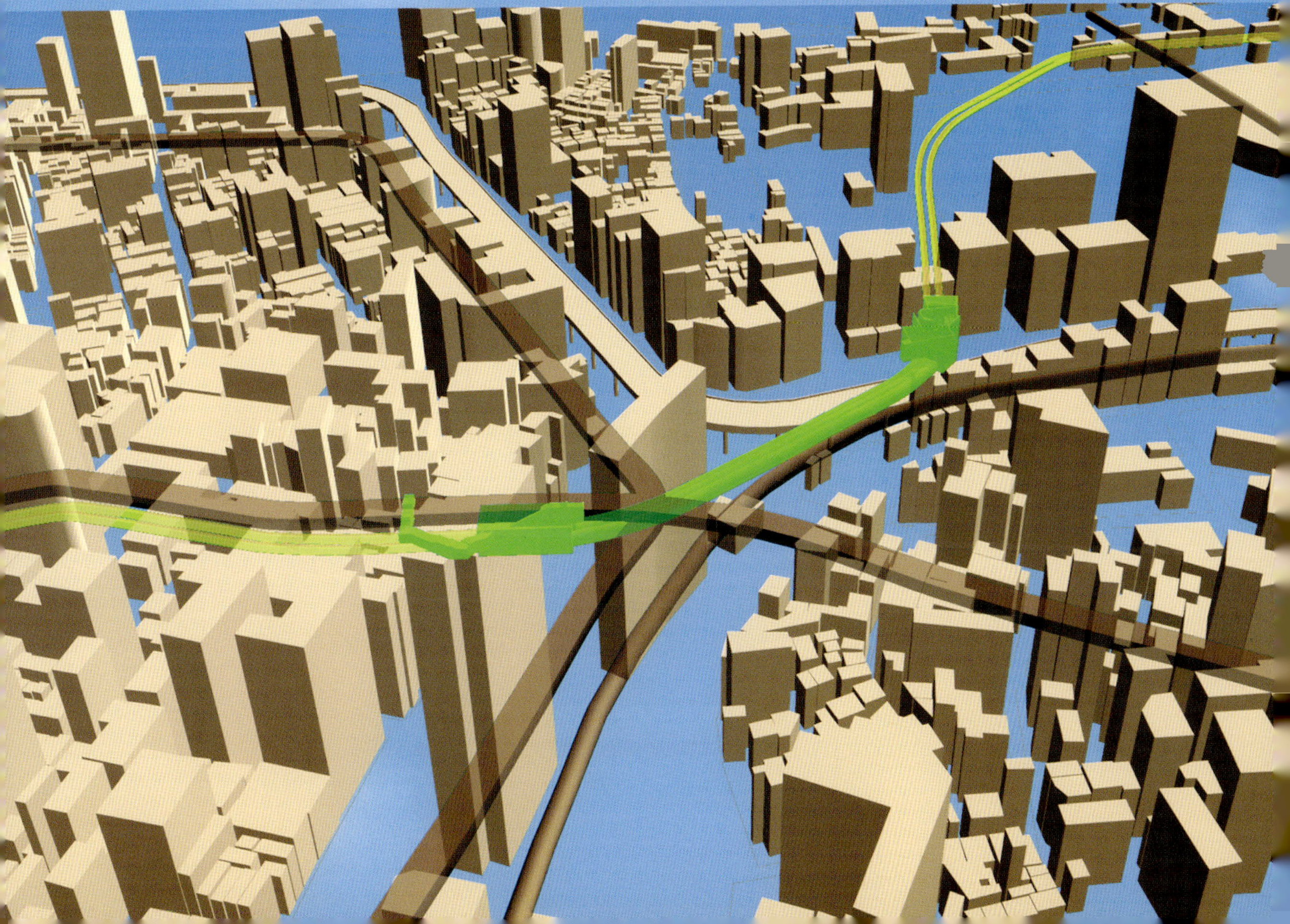

02

思考を、あたまの外に出すこと

Design with our hand tied

手を縛って設計できるか

デザインしないでデザインする方法：聡明なサイコロ

設計とは、ものごとに重みづけをし、その配列を決め、結局はカタチをつくることである。

その過程で、無数の判断が必要になる。AがいいかBにするか、右か左か、その決定は、ひとが行う。

ひとが決める代わりに、前に述べたようにサイコロを振って決めてもいい。そうなれば設計者は要らない。

もちろん、建築家も要らない。

一般には、サイコロより、ひとのほうがいくらかましな決定をする、という期待によって、設計者は存在を許されている。


さて、では、そのサイコロを少し賢くしたらどうなるか、というのが「誘導都市」プロジェクトである。

(ということもできる)

右か左かを決めなくてはいけない場合、そこには、かなえなければならない条件がある。

明るいほうがいい、とか、広いほうがいい、という条件。

条件があるのなら、それをよりよく満たすほうを選べばいいはずだが、それがそうかんたんにはいかない。

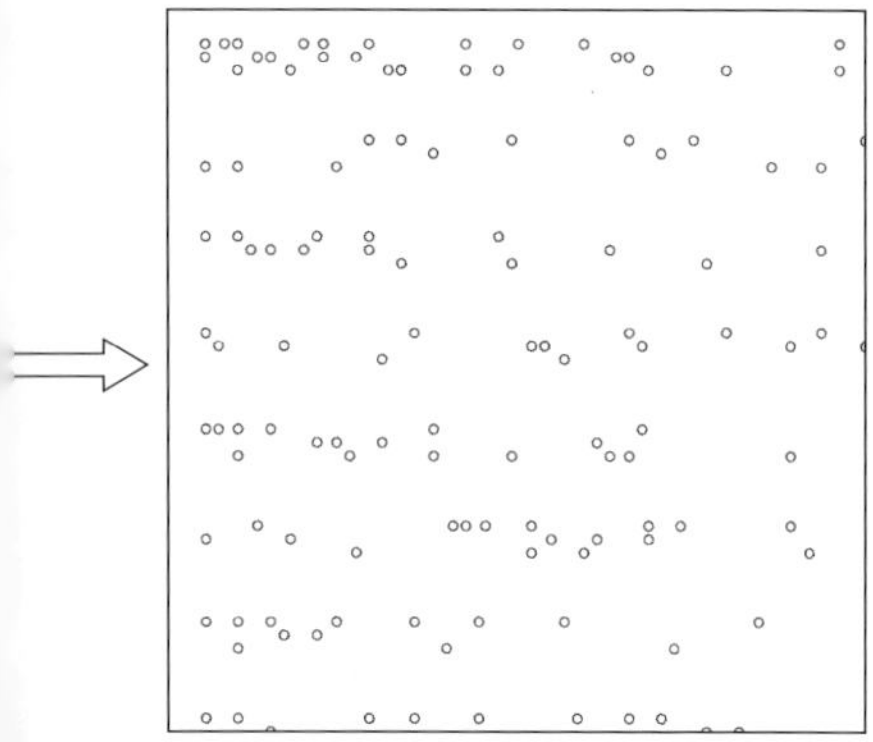

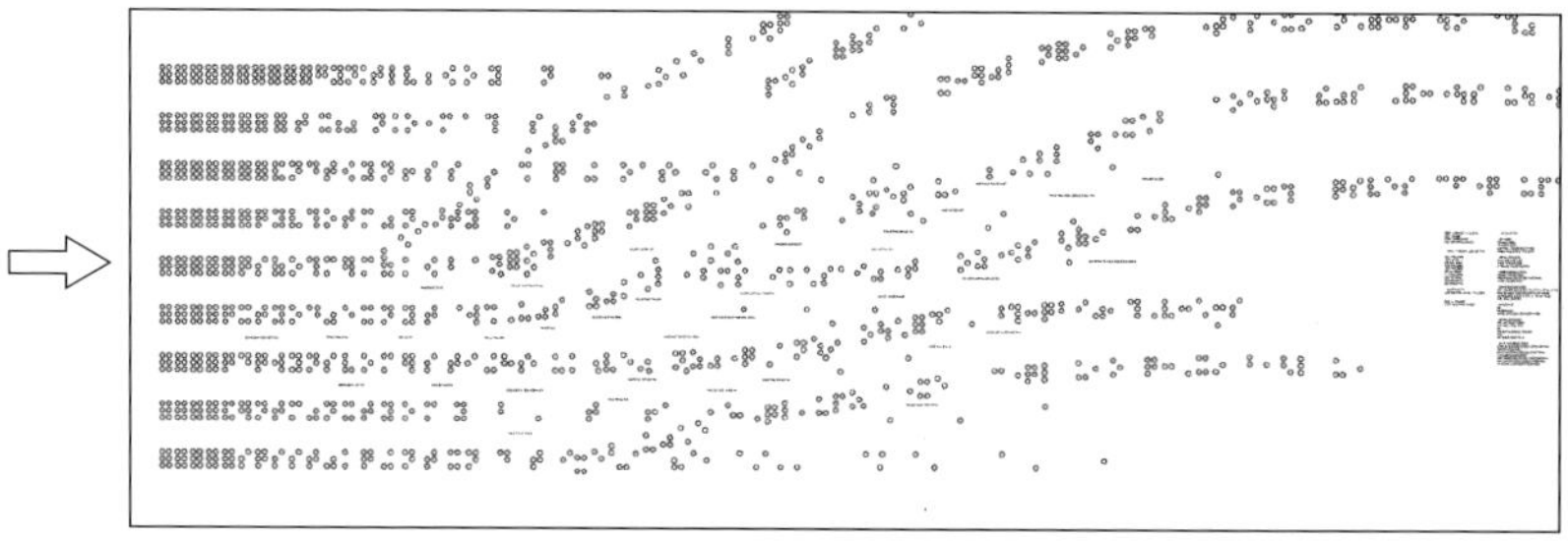

そうはいかない主な理由は、条件どうしが絡み合っているからである。

あちら立てればこちら立たず、とても全部は満足できない。無限にあるように思えるすべての選択肢を検討することなど、できはしない。そもそも、選択肢を列挙することすら、人間わざを超えている。

結局、しばし悩んだあと、えいやと決定をくだすことになる。

その、えいや、がどの程度、要求条件をかなえているのかは、誰にも分からない。

誰にも分からないから、誰からも文句が出ない。


ところで、人間ではできないことを行うのが、キカイである。

絡み合ったたくさんのものから指示した条件に合うものを見つけてくる、というようなことは、コンピュータの得意とするところだ。

その前提となる「条件の記述」はかんたんではない。しかし、すべての条件を列記することをあきらめれば、事態は楽になる。

条件の選択は、とりあえずあとのスタディに回すことにする。

ここでは、条件を選ぶ、つまり、「何がいいのか」を決めたあと、その良いものをいかにして生み出すかという「つくり方」をまず考える。

条件の選択を別途にするのは、条件を決めるためには価値基準を定める必要があり、それには感覚の数値化といった、未解決の問題があることがひとつの理由である。

そもそも、価値はひとによっても異なる。誰にとって「いい」ものとするのか、それが問題だ。投票で決めるのか、独裁で決定するのか。それは政治の仕事である。

価値の決定は、設計の与条件である。それは設計以前の作業だ。

もちろん、「誘導都市」のような方法が一般化すれば、それが決定プロセスをもっと透明なものにする可能性はある。

(「誘導都市」の第3期、「ウエブ フレーム」以後は、この「価値」の選択と「感覚」の領域を扱う段階に入っている)

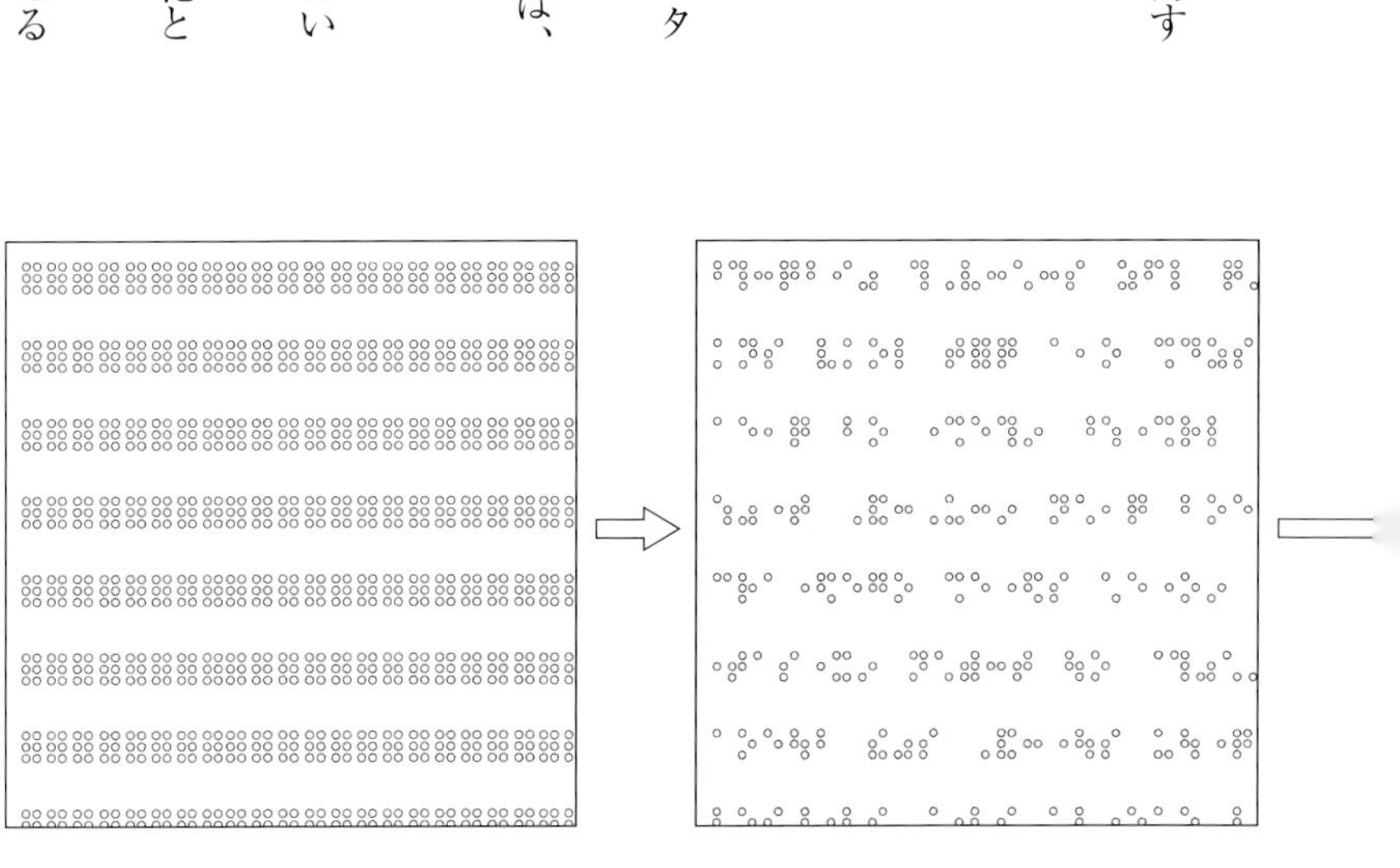

地下鉄飯田橋駅のアートワーク「てん点展」

「整列」したドット(21頁左)は、ただの点で「意味」を持っていない。

そこに「風」が吹いて、いくつかのドットが吹き飛ばされると、意味を持つ言葉である「点字」が生まれる(21頁右)。

さらに風が強くなると、ドットは再び意味を失って、「無秩序」になる(20頁左)。

意味は、均一性とランダムネスの、その狭間に発生するのだろう。

ここで吹いている風、(無から意味を生み出す)その「風」を、ふつう、「思考」と呼んでいる。(86頁写真参照)

三角関係を解く秘訣：ラブ・トライアングル・セオリー

都市に住むということは、集まって住むということである。

集まって住めば、お互いの関係が生まれる。関係からは、問題も生じる。解決しなければならない課題。

そういう絡み合った相互作用を解くこと、複雑なパズルを解くことが必須になる。


さて、ここで課題をひとつ卓上に載せよう。

女性がひとり、いるとする。この女性Xを好きなふたりの男、AとBがいる。当然ながら、ふたりの男どうしは、仲がよくない。（この課題で、男女は入れ替えてもかまわない。両者はまったく平等である）

どういうわけか、不幸にしてあなたは、自宅のディナーパーティーにこの3人を呼ばなければならない。

そのテーブルに、どういう配置で座ってもらったらいいのか、が今回の問題である。

女性を挟んで両隣を男にすると、険悪な状況になるのは必定。かといってどちらか一方を近くにすれば、離れたほうから文句が出る。両方離しては彼女がつまらない。さて、どうしたものか。

この問題を解く方法はあるだろうか。


答えは、解けない、が正解である。全員の要求を満たすことはできないのだ。

こうした状態は、パーティーのテーブルだけの話ではない。集まって住む住宅でも、同じように現れる。

たとえばプライバシーと開放性は相反する。アクセスの容易さと単調さも同様。そもそも、街なかに建築すること自体、好まない隣人がいる。パーティーは一晩なんとかしのげればいいが、建築ではそうはいかない。

では、ほんとうに解決案はないのだろうか。


実は、……あるのだ。

パーティーの例に戻ろう。ここで、招待する相手をふやすことを考える。

三角関係にある（かもしれない）男女を、おおぜい呼ぶことにする。あなたの負担は大変だが、友人関係を保つことには替えられない。そう、30人くらい呼んでしまう。人数が多いと、三角関係も絡み合ってくる。中にはふたりの女性を好きな男もいる（逆もあり）。だから、ひとりの女性の隣に座れなくても、もうひとりの近くであれば、満足できることもある。

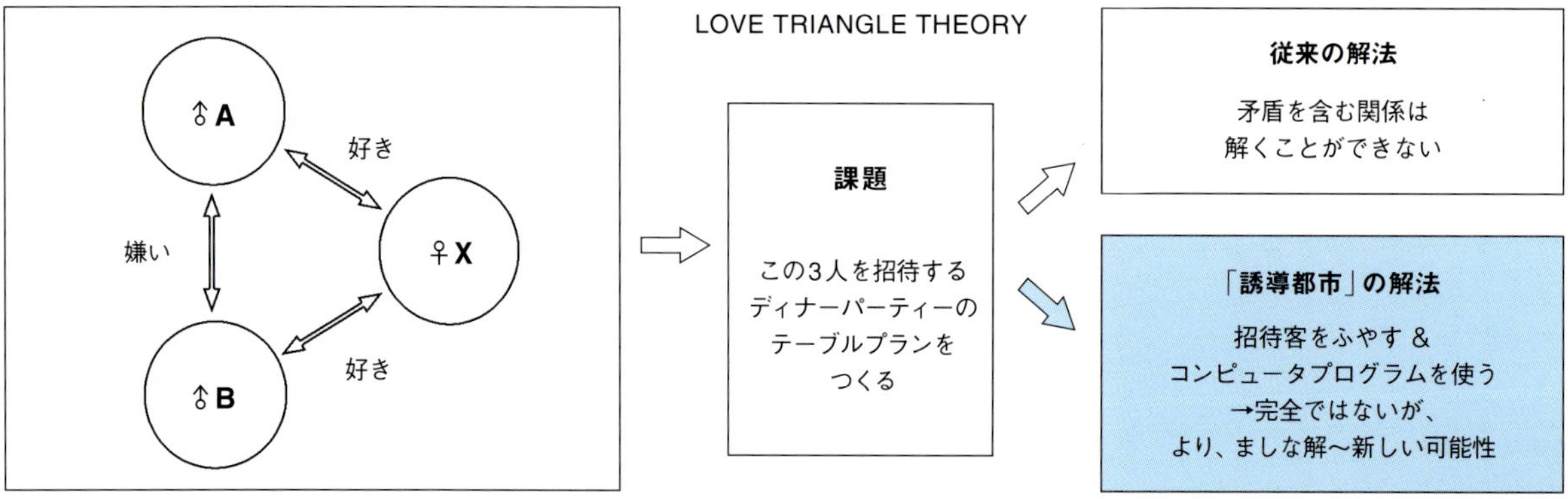

つまり、いい席と悪い席が単純には決まらない。30人の入り混じる相互関係で、こんな状況がおきる。うまく配置すれば多くの出席者が不平を言わない配置が見つかる（かもしれない）。これは「ゲーム理論*」に近い。

ここで注意したいのは、全員が完全に満足するわけではない、という点だ。

全員が完全に満足することはない。しかし、不満が「わりと少ない」案は見つかる。「よりましな」案。

ベストではないが、ベターな案は見つかるのだ。

招待客が3人の場合では、よりましな案すら見つからなかった。人数がふえて、関係が絡み合うことで、問題が解けるようになった。これは詭弁ではない。

鍵は、人数（＝要素）が多いことと、完全な解を求めないこと、にある。

ただし、この解は手では解けない。30人の間で繰り広げられる、入り組んだ三角・四角関係の中で、「よりましな」解決案を、ひとの手（と脳）で見つけることはできない。これを手でやろうとしても、試行錯誤の繰り返しで、延々と悩むことになる。それを可能にするのがコンピュータプログラムなのである。

「誘導都市」プロジェクトは、こうした考え方の、実施研究である。

手を縛って設計すること：思考の外部化

手はときに、思考より速い。

そして、しばしば、思考より確かだ。

ふだん、設計者は、設計のプロセスのすべてを意識的に行っているわけではない。

配置計画を構想するときは、案の得失を表にして比較することもあるだろうが、壁のラインを描く際には、どうしてあと5ミリ上ではいけないかは、聞かれても答えられない。

その線が、「キマッテイル」ように「思える」からそう描いたのである。

もっといえば、思うより先に、手が、その線を描き出した。

論理は、矛盾した条件の分析に役立つが、矛盾を解決する答えは突然、どこからか飛来したりする。

物理学や数学のように論理がすべてのような分野でさえ、そうして多くの発明や発見がされている（らしい）。

その例は、夢で発見した（といわれる）あの有名な六角形、ベンゼン環の神話だけではない。

＊ゲーム理論

ポーカーの勝ち方を学問にしたようなもの。一定のルールの下で、どうしたら相手より得をするか、を考える理論のこと。単純なルールの下、「相手の行動と自分の行動の合成で自分の利益が決まるシステム」内で勝つ方法を探す。プレステで遊ぶ「ゲーム」のことではない。（違うともいえないが）

J・フォン・ノイマンらが、経済の説明のために考案し、その後、生物学や軍事など多方面で研究された。（米国映画「ビューティフル・マインド」（2001年）で描かれた数学者ジョン・ナッシュも、その後継者のひとり）

よく知られた例に、「囚人のジレンマ」prisoner's dilemmaがある。

ひとつの事件の容疑者がふたり、別々の独房にいるとする。そのふたりにできることは、自白するか黙秘するかである。ふたりとも黙秘すれば犯罪が立証できないので刑は軽い。ふたりとも自白すれば刑は重い。ひとりだけ自白し他は黙秘すれば、自白したほうは刑が軽いが、黙秘したほうはさらに重い刑になる。さてここで、自白したほうがいいか、黙秘したほうが得か、というのが課題で、これを繰り返しゲームして、スコアを競う。

ふたりで協調して黙秘するとふたりとも利益はそこそこで、もしひとりだけ抜け駆けすれば大当たりか大はずれかのどちらかになる。さてどうしたものかというジレンマに、囚人は置かれる。

こうした関係での最適行動を研究するのがゲーム理論。その中でゲームに臨む方法が「戦略」と呼ばれる。

「ゲーム」はこの他にも各種取り揃えてある。「弱虫ゲーム」、「指導者ゲーム」から、「生物の進化ゲーム」、社会システムまで、数多くが提案されている。

そうした幸運な瞬間には、「セレンディップ」*という名前すらついている。

設計でも、ときに、手がふと描き出した1本の線が、絡み合った問題を一気に解く美しい解となることもある。

そういう腕を持った人は、たぶん天才と呼ばれる。その点では、科学も建築も変わりはない。

では、理論のほうはどうか。

レオナルド・ダ・ヴィンチやミケランジェロからデザイン理論を聞き出したとしよう。理論を聞けば彼らに匹敵する作品ができるだろうか。

これが科学の理論であれば、本当かどうかを追試で確かめる（＝検証する）ことができる。確かめれば、使うことができる。夢に現れた六角形の化学式は、夢を見なかった大勢の研究者によって確認され、それを使って多くの理論を生み、巨大な石油産業をつくり、ついには地球の大気温度を上げることとなった。一夜の夢が「検証可能」であることによって、気候すら変えてしまう。検証可能性、それが科学の基本ルールだ。

しかし、建築の理論の検証は、作者本人にしかできない。当然、本人以外、誰も使えない。

ドミノ「理論」を使ってコルビュジエの作品をしのぐ名作ができた、という話は聞いたことがない。

では本当に、使える建築理論は、ありえないのだろうか。

科学のように検証可能な建築の理論は、できないのだろうか。

そのような理論を組み立てるには、「論理より速く、論理より確かな」手を使わずに、建築をつくることが必要となる。

つまり、自分の手を縛ってから、設計すること。手は使わずに、論理だけで設計をすること。

あたまの中で働いている（意識下の）思考を「外に出し」て、誰でも使える（検証可能な）ようにすること。

それは蓄積された「暗黙知」*をみんなで使える「形式知」に「翻訳」することでもある。

夢の保証には、科学が要る。

たとえば、「パターンランゲージ」*は、そうした「思考の外部化」の先駆的試みとして敬意を表したい。

しかしパソコン以前の宿命か、結局、最後は個人の修練に戻ってしまっている。

今は、新しい武器がある。当時とは違う。

建築・都市の理論を、科学として組み立てること。デザインレス・デザイン。

「誘導都市」プロジェクトは、そうして始まった。

＊セレンディップ
「ニュートンのリンゴ」の別な言い方。ちょっとしたなんでもないようなことをきっかけにして、大きな発見をすること。日常に一瞬顔をのぞかせた、ささいな手がかりから、本質的で重要な世界を読み取る能力、およびその瞬間のことをいう。

昔、旅に出た3人の王子が、遭遇したちいさな断片から多くの問題を解決して成功したという、スリランカを舞台にした故事がもとになっている。セレンディップは、スリランカの古称。

「なにげないもの」が実は大きな世界に導く「啓示」であり、それをそうと気づく能力が、セレンディップ。これは「複雑系」でいわれる「創発」と近い。

＊暗黙知
たとえば大勢の中から知人の顔を見分けるのは難しくないが、どうやって見分けるのかといわれても説明できない。そういう知っているのに説明できない「知」のこと。

物理学者・哲学者のマイケル・ポランニーが、著書『tacit dimension』(1966)で提唱した概念。「形式知」explicit knowledge に対するtacit knowledge。

産業界でのKnowledge Managementの根拠に引用されることが多い。

＊パターンランゲージ
実践を予定したものとしては（おそらく）世界初の、設計思考の外部化システム。クリストファー・アレクサンダーによる。

設計の「勘どころ」を書き出し、カードにして関係づけるという方法を採る。カード化という分析の形式はデジタルだが、カードの記述はアナログで、さらに設計にまとめる過程は結局、従来の個人技に戻ってしまう。使ってみたが、汎用化は難しい。

しかし、最初の試行としての意義は高い。

飯田橋駅の「ウイング」見上げ（左）
「これでよし」、と決定する「知」のしくみを取り出すことができるか。

03

「誘導都市」

The INDUCTION CITIES project
Design as science

「発生する」街
科学としての設計

都市は設計できない：誘導できるのみ／不・計画都市

都市は設計できない。

そう思ったことから、「誘導都市」プロジェクトは始まった。

都市「計画」、と聞いて、ふつう、何を思い浮べるだろうか。

「輝ける都市」のスケッチ、「東京計画１９６０」のモンタージュ、用途地域の色分け図、交通量予測の計算書。

いずれも結果を記したものである。１枚の絵としての都市、ゴールとしての図像。

一方、都市はいかに語られているであろう。

生起するできごとの集積、変化する過程、断片シークエンスの重なり、メディアネットの中、そして意識の上に、都市はあるとされる。

こうした認識論は、しかし、では都市をつくろうとするとき、極めて無力なことに気がつく。都市はつくるものではない、といって認識の描写に戻ることは容易だが、実はその間にも都市はできていく。

都市は刻々とつくられているのだ。再開発、ベイエリア、新都心。市場原理は認識を追い越す。

いつもの街角に、ある日突然出現した白い仮囲いの向こうで、「都市」がまた受胎している。

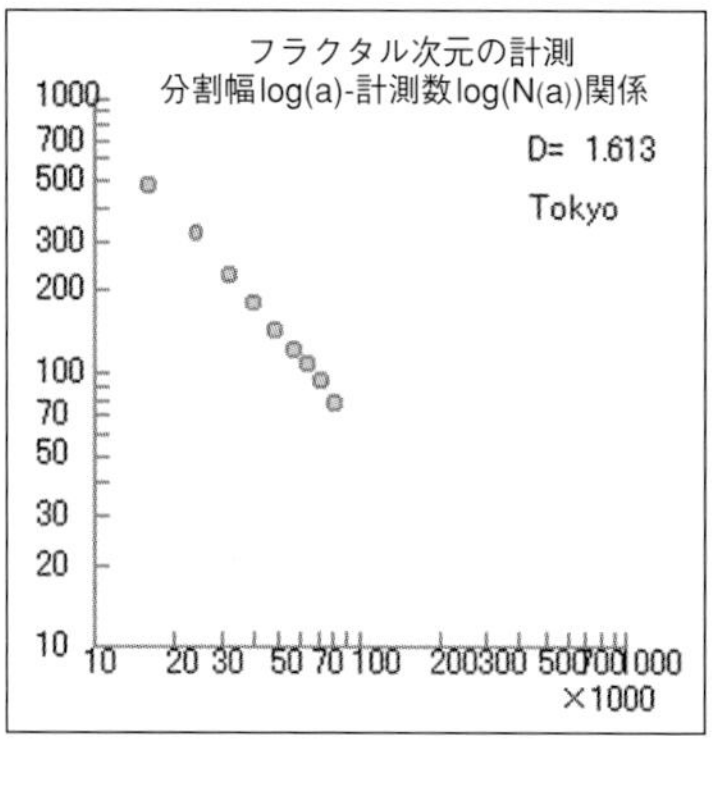

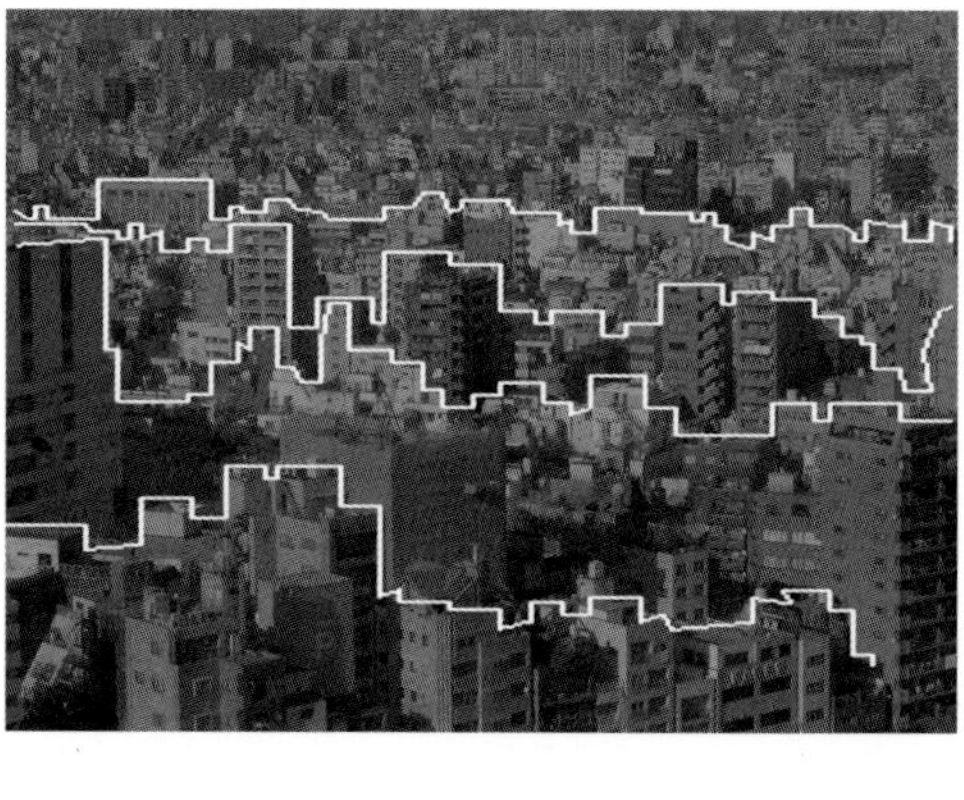

都市景観のフラクタル解析（26～29頁）
都市の画像をフラクタル解析してみる。
東京（右）とメキシコ・グァナファト（左）のフラクタル次元は1・61と1・60と、近い。ちなみに、木々の葉のフラクタル次元は、1・66で、これにも近い。
（この解析は優位と思われるラインを4本選び、その平均値をとった。どのラインを選ぶかで数値は変わるので、厳密なものではない。またフラクタル次元には他の定義もあるが、ここで用いたものでは、単純な直線は1になり、理論上の上限は2である）

では、誰が、何によって、都市をつくっているのか。

それが、よく分からない。冒頭の例から、一歩も出ていないようにさえ見える。

そしてまた都市は語られる。たとえばそこで語られる「生起するプログラムによる可変的な都市」とは、商業原理でつくられている現実の、後追い解釈でしかない。

旧来の構成原理によるハードウエアに、商業ソフトウエアのプログラムが重ねられたもの。それが現在の都市の姿である。


臨海副都心に行ってみれば、それは一目瞭然だ。

直交グリッドによる区画、機能ごとに区別されたブロックが並び、相互に無関係の建築が点在し、ペデストリアンウェイが走る。これは、いつか見た、そしてずっと見ていたニュータウンの姿である。過去に見た未来。

その上のあちこちで間欠的に繰り広げられるイベントが、賑わいという名の善を演出してみせる。

都市の随所でランダムに生起するイベントのプログラムを手に張りつけた携帯で採集しながら、グリッドの上を移動する無数の少女たち。

できたとたんに過去の遺物のようになってしまうハードウエアと、現在を先取りすることにかけるソフトウエアとの齟齬の関係。

そのずれを楽しむことは可能だが、初めから古いものならば、新たにつくることはないだろう。

何かが、おかしい。


要するに、都市をどうやってつくったらいいか、だれも分からないのだ。

分からないから、今までの教科書どおりにやっている。やった結果の評価基準は、経済収支だけだ。

ひとが集まり、もうかれば成功。そうでなければ失敗。

都市をつくることは巨大なシステムの仕事である。何かがおかしい、とみな思いながら、意思決定と実行に要する煩瑣な手続きと長い時間の経過の中で、個人の意思より、既存のしくみが自動律となってしまう。

その結果が、現在の街の姿なのである。


英国のエジンバラは1・53であった。都市の見かけの印象を、指標が裏づけているといえるかもしれない。

（フラクタルについては83頁参照）

フラクタル解析：グァナファト
フラクタル次元　1・60

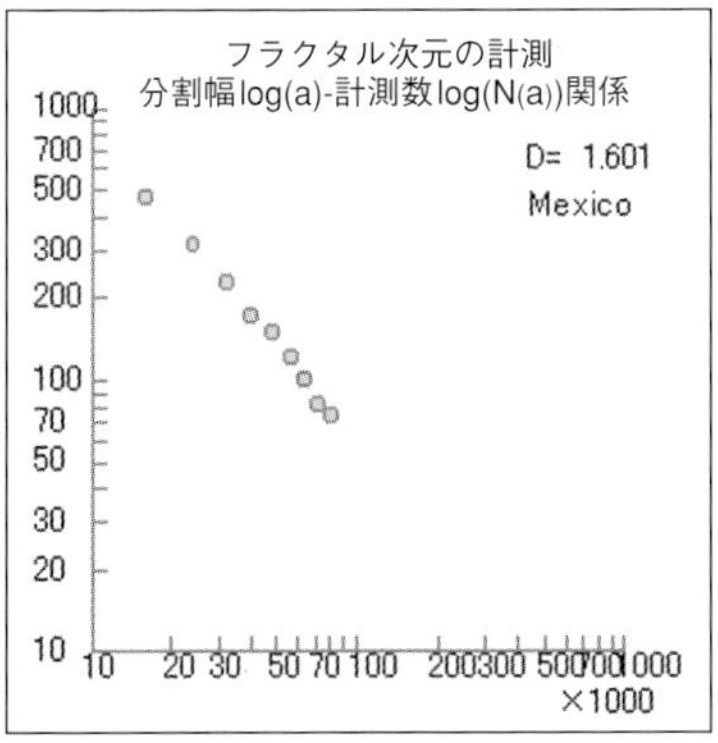

1枚のパースではなく：完成「予想」はできるか

このような事態の原因は、認識を具体的に実現する方法がないことにある。

必要なのは評論（だけ）ではなく、方法であり、方法を生み出す理論である。

1枚の完成予想図ではなく、規制の法規でもなく、イベントのプログラムやウエブ上のマップでもない、都市の動きを取り込める「都市のつくり方」。

その探索が、この研究の目的である。


ひとつの建築を設計するときには、もしかしたら「方法」は要らないのかもしれない。

機能要求や面積などの与条件をクリアするようにスタディを繰り返していくうちに、あるとき決定的な解答がひらめく。それは十分な助走に続くテイクオフ、はたまた天の啓示か降臨か、優れた直感は論理に勝る、とは科学者もよく言うことである。

しかし、相手が都市となれば、話は違う。

都市とは、直接には操作できない相手の集まりである。いかに優れた建築家も、隣の敷地の建築は設計できない。そして、強固な意志で上からの全体計画を強制した神は消え、王は去り、独裁者は失脚し、資本は息切れした。

しかし、だからといって放置していたのでは、事態は変わらない。

現在の都市が望ましい姿とは思えない以上、この「操作できない」対象を扱う「方法」が必要になる。それではその方法とは何か。この研究は、その意識が動機である。


都市は、単体建築とは違って1枚の完成予想パースを描くことはできない。

現代の都市は動き続け、現在とはその動きの中のひとつの過程だからである。

そこでできることは、建築のような都市の構成要素そのものというハードにではなく、都市の運動のしくみという「ソフト」に手を加えることであろう。

それは都市を「設計」するのではなく、都市を「誘導」するということである。

その意識から、この研究は「誘導都市」と名づけられている。

フラクタル解析：木の葉
フラクタル次元　1・66

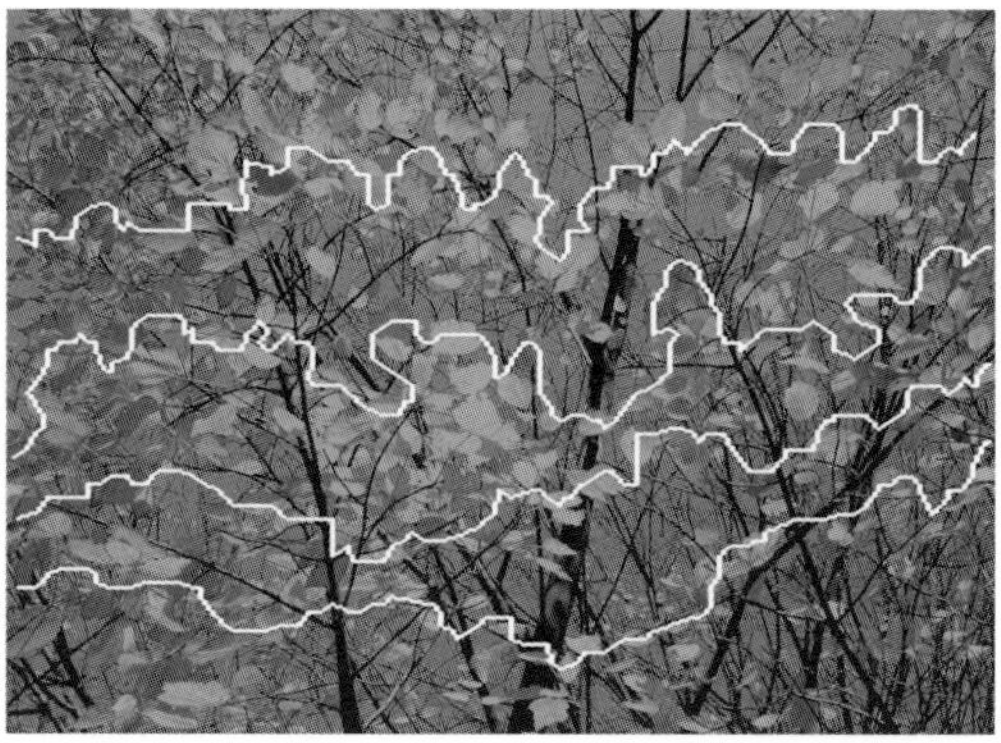

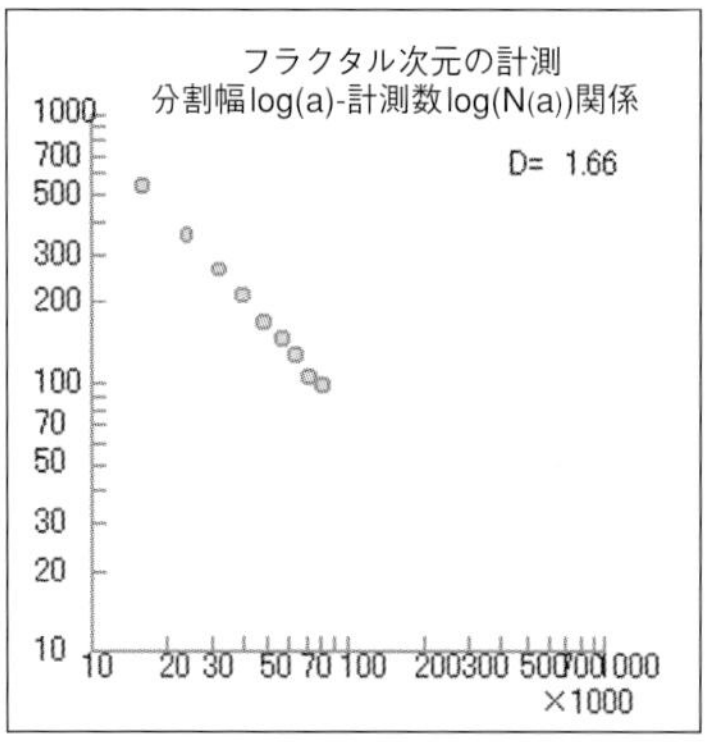

都市への方法：科学としての設計

誘導都市プロジェクトは、ふたつの性格を持っている。

ひとつは、概念の視覚化ツールとして。

そしてもうひとつは都市をつくる手立てとして。

そのうち、ここで例示するプロジェクトでは、後者に力点が置かれている。

（前者の例は、14「誘導都市」：第1期試作版の項の、130〜133頁参照）

そこでは、都市とはある種の「システム」のことである。このシステムは、次の性質を持っている。

①多種の単位要素群からなり、その一部はリストアップ可能なこと。
②その単位要素の数は十分に多いこと。
③各要素の間には部分的な関係があり、その一部は記述できること。
④その関係は動くこと。その変化の一部は記述できること。
⑤舞台となる場が定義できること。

上記の特性を持ったシステムを、ここでは都市と呼んでいる。したがって、ここでいう都市とは、必ずしも「土地の上の物質的なまとまり」を意味しない。

定義にあてはまるものは、それが実体であろうと、コンピュータプログラムであろうと、ネットワーク上の関係であろうと、都市ということになる。拡張された都市。

この①〜⑤に何をあてはめるかによって、都市のどの面を対象にするかが決まってくる。

もちろん、都市とは、そのすべてを合わせたもののことである。しかし、すべてを合わせたままではシステムは相変わらずのブラックボックスでしかない。

入力と出力の関係を知らずとも、十分な試行回数があれば統計的な結果の把握ができる、というのがシミュレーションの極意である。しかし、それも出力の評価ができてこそであり、そのためには評価対象を取り出すことが必要だ。

取り出す、ということは、切り捨てる、ということでもある。

そこで、ひとつを取り出し、他を切り捨てることで成果を上げてきた、科学という方法が登場する。

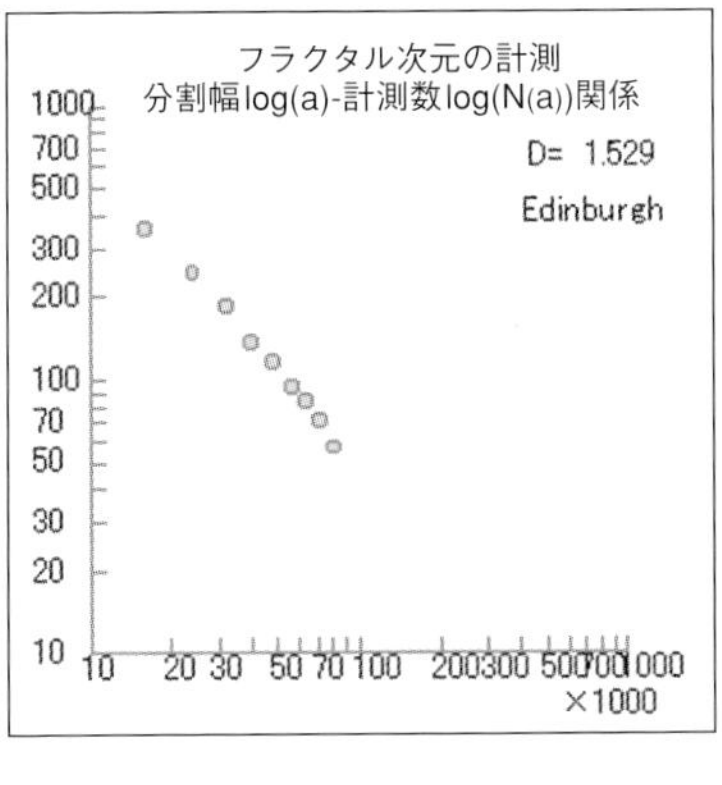

フラクタル解析：エジンバラ
フラクタル次元　1・53

従来の分析科学の方法つまり還元主義*に、異をとなえる複雑系*の科学も、具体的な手法としては、分析・仮説・検証、という伝統的な科学の方法を採らざるをえない。
論評では有効のように思える還元主義批判も、いざ世界をつくろうとすると、にわかに無力となってしまう。瞑想では検証できない。「さとり」は、マニュアル化できない。（それを試みた組織もあるようだが）
あえて対応させれば、非還元主義的方法とは、むしろ従来の「設計」行為そのものに近い。
実は、今まで日々やってきた「設計」が非・還元主義なのだ。（そうとは気づかなかったけれど）

「設計」では都市というブラックボックスに、個人の脳というブラックボックスを対応させる。分からないものには、分からないものを以て当たらせるという、これは明快な手法だ。毒は毒を以て制す。

この方法では、天才の霊感が最善の解を生む、ということになる。


しかしながら、この方法の唯一の欠陥は、誰が天才なのか、その判断がムツカシイことだ。1個の建築ならともかく、都市という巨大な存在を、天才か狂気かのコインゲームに委ねるのはずいぶんとリスキーである。暮らしや人生に再インストールは、ないのだから。

都市には、もう少し別な、もうちょっと安全な方法が、望ましい。

しかし、一方、都市は複雑過ぎて、旧来の還元主義的な分析評価システムが有効性を持ちにくい。どちらもだめで、結局、都市は在来の方法の中に投げ出されてしまう。

全部は決めないこと：追試できる「第六感」

おそらく、すべてを決めようとするから、うまくいかないのだろう。

都市のように、動いているものを相手にして、1枚のパースで対応しようとしたり、ニュートン力学のように決定論をもとめても、どちらも有効にならない。全体を律する絵や規則ではなく、③部分の関係のみを決めること。そして、②十分な量と回数のシミュレーション、④でその結果を捕捉し、設定と結果の関係を「読む」こと。それは結局、名人や天才の「勘」に近いものとなるだろう。しかし、勘と異なるのは、再現や追試が可能だということである。その点で、この方法は科学に近い。

＊還元主義
ものごとの「素」を探せば、そのモノや現象のしくみが分かるはずだ、という立場。

物質はその素である素粒子を調べれば分かる、生物は遺伝子を解読すれば分かる、天体の運行は力学で分かる、というように、よりちいさな構成要素に切り分けていく。切り分けたあと、見つかった「素」を組み立てれば、全体を再構成することができることになる。

ちいさな粒々探しへの疑問のひとつは、分子、原子、素粒子、と続く素探しの旅に終わりはあるのだろうかというもの。もうひとつは、ちいさくなると分けられなくなるという「不確定性原理」の発見。さらにこうした要素還元主義は、要素や法則の重ね合わせが可能な「線形」現象にしか対処できないという点。

世界には「非線形」の現象が多いのである。

＊複雑系
部分は全体を、全体は部分を決めているシステムのこと。

全体の状態は、その構成要素で決まり、構成要素の振る舞いは全体との関係で決まる、という系。米国サンタフェ研究所（84年設立）が広め、広範囲でファッション化？した概念。

書店には複雑系をタイトルにした本が山積みになった。複雑系の例として、気象などの自然現象や生態系、そして株や為替といった経済現象が、よく挙げられる。

たとえば、「世論」は、ひとりひとりの個人の行動の集合だが、こうしなさいと誰かが強制しているわけではない。ひとりひとりの勝手な判断が、全体としてある方向を持つ。

では個人は自由に判断しているかといえば、友人や同僚や家族の意見も考え、メディアを通じて社会全体の傾向も考慮する。世論という全体に、統合的な意思はなく、それを構成する個人という部分は、全体から影響を受ける。どちらか一方だけを切り離して扱うことはできない。

では、建築や都市ではどうか。ひとつの建築は設計図という統一規則に従って部品を組み立てればできあがる。部分は全体に従属している。一方、既存の街は建築の集まりだが、おおざっぱにいえば、この道は、結果として、「勘」に「裏付け」を与えるものになるだろう。

そしてそれは、勘がはずれる確率を減らすことができるだろう。

そこでは、（厳密な）科学は（ややあいまいな）工学に接近する。

そして（名人芸としての）アートは（厳密な）科学に近づく。

その交差点に、⑤都市への方法があるはずなのだ。


ここで提示しようとしているのは、方法である。

その方法を用いて、いかなる都市をつくるのか、それは特定していない。

もちろん、このプログラムをつくるにあたっては、評価基準が必要であり、それには「どんな都市が良い都市なのか」を決めることが求められる。しかし、都市全体の評価基準は示していない。あくまで取り出された都市の、ある面での「良さ」を定義するだけである。

全体を規定しようとすると、必ずどこかに矛盾が発見される。全体にとって矛盾は排除しなければならない。

そこで、部分の調整と整理が行われる。何かが生かされ、どれかが捨てられる。その結果、システムは明快だが単調なものになる。そして都市の力が失われてしまう。

それを避けること。そのために、ここでは、全体の調整は行っていない。

全体のバランスは、部分の関係の複合によって結果的に獲得される。

それは、人工生命や自律機械（＝ロボット）の研究によって明らかになりつつある、生物系の原理に近いかもしれない。

生物に、グランドデザイナーはいないのだ*（たぶん）。

誰が保証するのか：動的な統合性

では、全体の設計者が不在なのに、破綻なく統合性を持つのはなぜか。

自己組織性は、何によって保証されているのか。

その手掛かりは、「数」と「重なり」と「動き」にある。

前述の条件の②〜④である。


建築を複数集めただけでは街にはならない。隣どうしの関係やちょっとしたきっかけ（相互作用）の集積で街は成立している。

　構成要素を分析しても全体は見えず、全体をとらえようとすると部分が抜け落ちてしまう。複雑系を考えることは、部分と全体の関係を考えることである。

　部分と全体を分離して扱えるなら、旧来の方法で対応できる。これまで科学が常套手段としてきた「要素の切り分け」が通用しない相手に、どうやって挑むのか、それが問われる。

　複雑系から、その実体との関係を消去して、より情報処理に徹したものが、マレー・ゲルマンとジョン・ホランドによる「複雑適応系」である。

＊グランドデザイン
　全体のデザインなしで部分の関係だけ、というと、今の日本の都市がそうではないか、と言われるかもしれない。

　確かに、都市計画というと、点在する再開発のパースと、用途地域の塗り分け図しか見かけない。そういう部分の規則が重なったとき全体がどうなるのか、どこにも描いていない。この状態は、生態系に近いのだろうか。

　生物にグランドデザイナーはいないが、DNAの行動原理と、環境の淘汰システムの組み合わせが、グランドデザインと同等な結果を保証している。経済学で「神の手」と呼ばれるものも同じだ。しかし、都市に、同様な淘汰システムは適用できない。

　（生物の場合、成功しなかった種は絶滅する。市場では、成功しなかった企業は倒産する。もし都市で同じしくみを使うと……）

　だから都市にグランドデザインは「必要」だ。部分の規定の行く末の、ビジョンとイメージは必要である。ただしそれは、1枚のパースではないだろうということである。

　それは、量子力学でいう、粒子であり波でもある雲のように、確率的に存在する、しかし確かにそこにある、そういう類の、「グランドデザイン」になるだろう。

ちいさく単純な関係が、しかし重なり合うことで複合する。簡単な関係でも、その中に矛盾するものが含まれているため、重なり合うにつれて次第に絡み合い、もつれた糸のようになる。1本の糸の端をひっぱると、思わぬところが動きだし、そちらをほぐそうとするとまた違うところがひっぱられる。

糸と糸は、巻きつくか離れるかの、単純な関係しかないのに、もつれた全体を理解することはとてもできない。

そして糸の本数が、あるいは長さが十分に大きいことで、事態はさらに複雑になる。

もつれた糸は動かない。そのままではただの混乱だ。しかし、自然や都市の要素は動く。他の要素との関係は動的だ。絡んだり解けたりを繰り返しているうちに、やがてころあいの関係を保つようになる。その状態に秩序がある。

一見、ただのもつれた糸の束にしか見えない糸の、動的な統合性。

誰が目的を決めるのか：ゴールはどこに

望ましい都市の姿は、オルタナティブのひとつとして採用されているだけだ。

望ましいものとして何を選ぶかによって、結果は変わってくる。何を選ぶかは、誰がいつどこで、それを決めるのかによっても変わる。ゴールはアダプタブルである。目的地は、プログラムではなく、ひとが選ぶ。

ここで示しているのは、選んだゴールにたどり着くための「方法」なのである。

方法は、目的とセットになって初めて意味を持つ。

したがって、都市にとって、ここで提示している「方法」とは別の、もうひとつのしくみが必要である。

それは、目的を設定するしくみだ。


目的とは、目指すゴールのイメージであり、イメージは想像力から生まれる。

シミュレーション以前に、プログラムの前に、未だ存在しない都市の姿を想像する力。

それは当分、コンピュータではなく脳の独壇場であろう。


そこで再び、話題は設計という行為に戻ってくる。

設計とは、コンピュータプログラム化できる、すなわち記述できる作業と、プログラム化できない行為との、

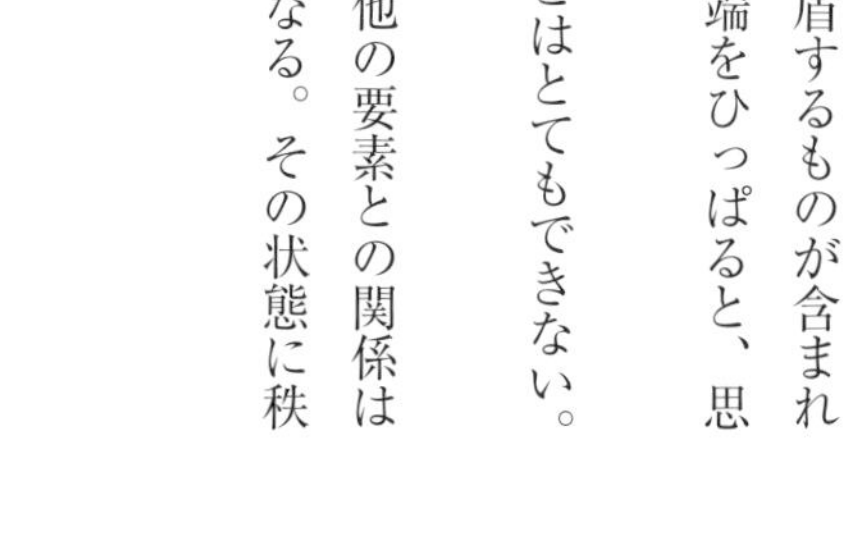

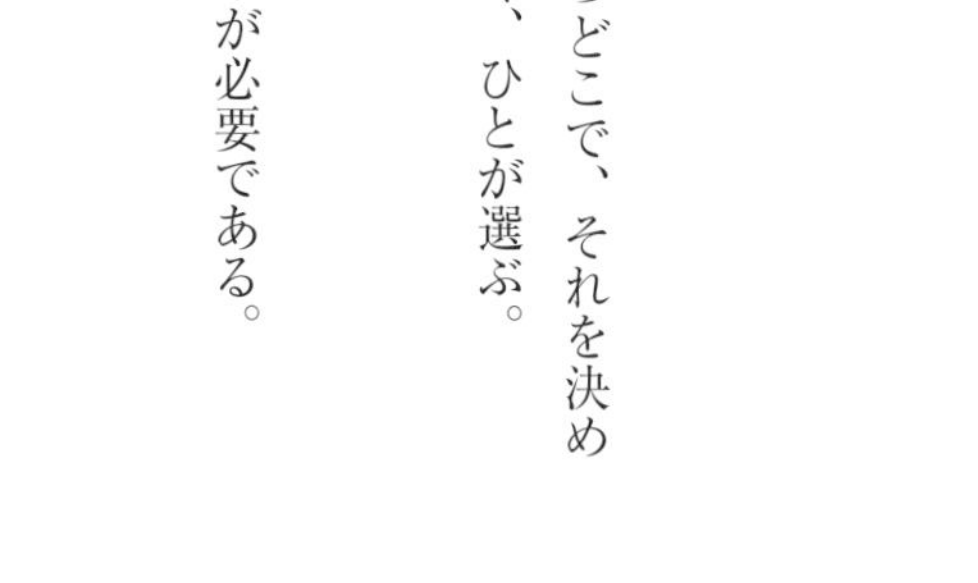

葉脈（右）**と葉脈状都市**（左）
ジャンルや次元、スケールを超えて、類似する「パターン」が存在することはよく知られている。その類似に共通する理由があるのかどうか、あるとすればそれは何か。「誘導都市」はそれを発見しようとする。

飯田橋駅の「ウエブ フレーム」（左）
その生成原理は葉脈とは違うが、近い？

組み合わせである。
誘導都市プログラムは、前者をカバーすることを目指す。
そして後者は、脳の役割だ。イメージを胚胎することのできる脳の価値は、そこにある。

都市は設計できない、というのは、都市を対象にすると「設計」の意味が変わる、ということである。

そこでの設計とはおそらく、都市の「発生」を「誘導」するという作業になるだろう。

ブレイン／コンピュータ系がそれを可能にする。


繰り返すが、部分のコードだけあれば十分で、全体を通したグランドデザインが要らないというのではない。

プログラムはビジョンを生まない。グランドデザインとは、遠くを見る眼のことだ。

全体を、遠くを見通す眼は、目的を、価値を選択する視線であり、それこそ、ひとの仕事だ。

理想都市は、ひとつではない。それは脳の数だけあるのかもしれない。

04

最初の試行

Sun God City
The first trial

「誘導都市」第1期
「太陽神の都市」（1994年）

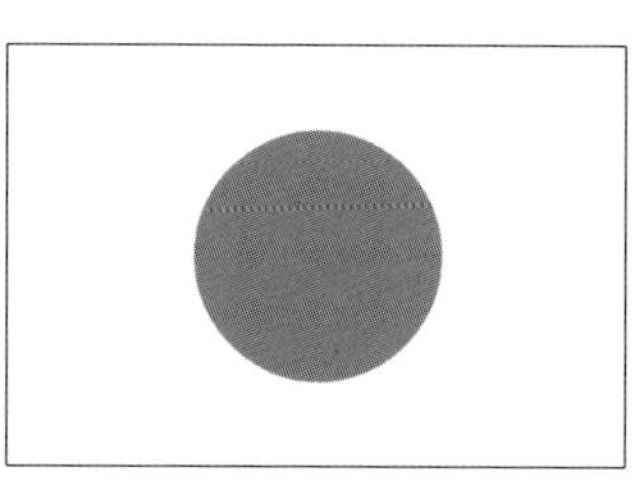

陽当たりの論理：オオ・ソレ・ミオ

「誘導都市」の最初の「試行品」は、「太陽神の都市」と名づけられている。

そこでは、「ラブ・トライアングル・セオリー」で取り上げた異性への「愛」の代わりに、集合住宅の「太陽への偏愛」を課題にした。

集合住宅のどの住戸も、太陽の光が一定時間以上欲しい（光を愛している）。

住戸のすぐ後ろにもうひとつの住戸をぴったりつけたのでは、後ろの住戸には陽が当たらない。

だから、後ろの住戸は、前の住戸の影に入らない距離だけ離すことになる。これが、「隣棟間隔」である。

住戸を集めたものが板状でも塔状でも、この原理は変わらない。さまざまな変形で配置しても、とにかく、「日陰になることを避けて、ある距離を離す」というしくみは共通である。大きな板や箱がある距離を置いて立ち並ぶこの形式は、日本に限らない。ヨーロッパでもアジアでも新開発の都市には同様な配列が見られる。

では、この形式は、はたして唯一の解なのであろうか。

という疑問から、この研究プロジェクト「誘導都市」は始まった。今から12年前、ちょうど地下鉄「飯田橋駅」の設計が始まったころである。

都市上空に育つ植物（右）
植物の葉の配置には、どのような原理があるだろうか。その設計コンセプトは、何か。

並べる代わりに、孔をあける：方法の転換

「住戸ユニットを並べて箱や板をつくり、その影にならないように次の箱を配置する」という方法を採る限り、この形式から出られない。

そこで、まったく違う方法を考えてみる。

まずいちど、住戸ユニットをぎっしり集めてしまう。

当然、巨大な箱ができる。箱の外側の住戸には陽が当たるが、中の住戸は真っ暗だ。そこに孔をあける。

すると、その孔を通して、中の住戸に、陽が当たる。ひとつの孔から当たる時間は短いが、孔をふやしていけばやがて必要な時間だけ、日照を得ることができる。

やがて大きな箱は孔だらけになる。残った住戸の数が予定されたものになるようにすればよい。

しかしここで問題がある。この方法は、実行不可能なのだ。

ひとつの住戸のために孔をあけるということは、他の住戸を取り除くということである。そうすると、せっかく前に光を当てた住戸が取り除かれてしまう。つまり、ひとつの処理が、他の処理に影響を及ぼす。

あちら立てればこちら立たず、という相互作用の絡み合いである。だから、この過程をひとつひとつ解いていくことは、ひとの能力を超えている。

ここに、コンピュータプログラムの出番がある。

しくみが記述できれば、プログラムはそれを解くことができるはずだ。

御用聞き方式：反フラット化

プログラムから生まれた多孔質の立体は、在来方式で解いたものと、敷地面積、住戸数、そして全住戸の日照時間の下限は、同じ条件である。

同じ条件をクリアしながら、その空間と形態は大きく違う。どちらがいいかは、この時点ではまだ分からない。

ただ、新しい解では、旧来の解にはない特徴が見られる。自分の家と隣の家は同じではないし、さまざまな大きさの共用空間が発生している。

こうした多様性は、現在の方法からは生まれない。それは、今の方法が、日照という課題を解くために全戸に

日出づる国のマーク（34頁右）
制定は１８７０年だが、「続日本紀」によれば８世紀には使われていた。古来より、陽当たりは信仰に近かった？

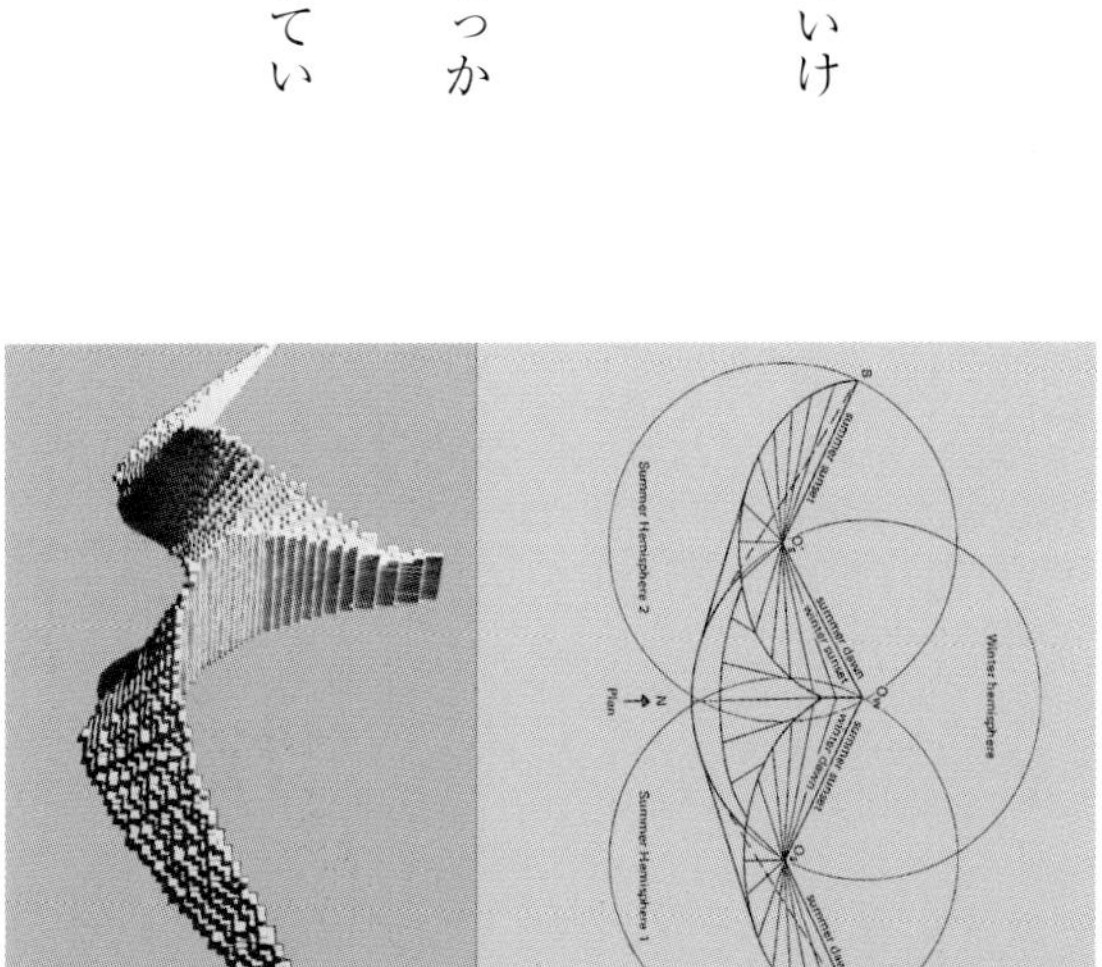

日照による計画研究例（右）

省エネの観点から、日照を基準に建築の形状を研究した例。ラルフ・ノーレスによる、受照効率を最大化する形の追求。

この研究は、ユニット相互の日陰を考慮したものではなく一次受照面の形状を対象にしていることと、全体が単純な幾何学形状をしているという点で、「太陽神の都市」とは、発想も目的も、別なものである。多様性をかなえるのではなく、単一基準による単一形状を求めようとしている点がまったく異なる。

ただし、「建築に要求される条件を明確にすると、どういう解ができるかを示す」という「科学する建築」、という点は共通する。

（Ralpf L.Knowles著『Energy and form』The Massachusetts Institute of Technologyより）

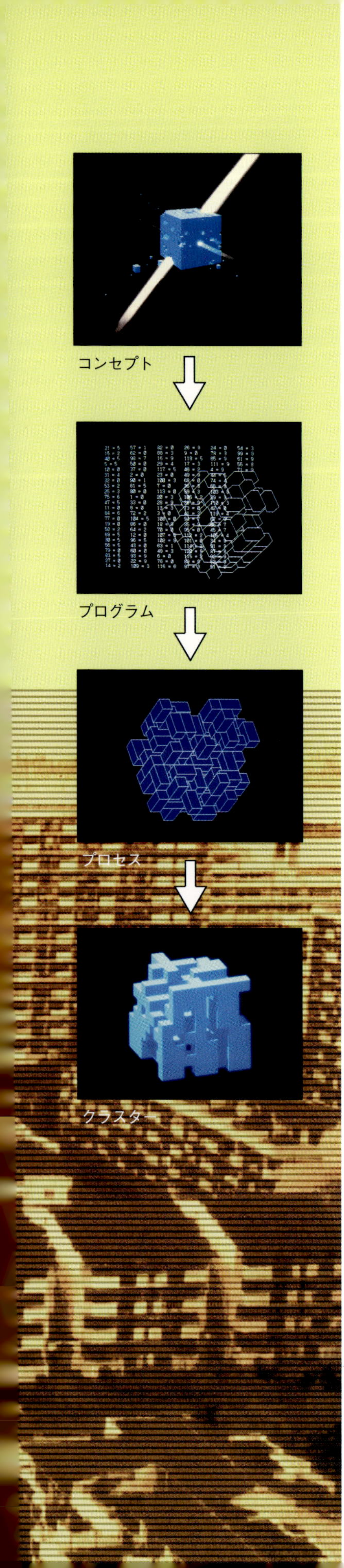

「一律の」規律を適用しているからである。個別の事情に個別に対応することは、対象の数と相互関係が多い場合は不可能である。そこで一律な方法、まとめて距離を空ける、という方法が採られている。

「個別でない一律」は、「多様性」とは対立する概念である。

こうした方法を採る限り、原理的に多様性は得られない。

「太陽神の都市」のプログラムでは、ひとつひとつのユニットの個別の事情を聞いていく。どのユニットの置かれた状況も、もともとそれぞれ特殊だ。家々で、個人個人で、それぞれ事情が違うように。その特殊な例をひとつひとつ解いてしまう。そのとき生じる膨大な相互関係の調整は、これまた膨大な計算で処理してしまう。

これがプログラムの力である。

今までの方法は、すべての個別の事情に対応していけばもっと自由であるはずのレイアウトに、ひとつの規定を適用することで枠をはめてしまっている。

日照の不利な住戸を救うために、他の位置でもよいはずの住戸も、一律に遠ざけて配置する。これは、下を救うために、上を犠牲にする、というようなものだ。凹凸をならして、フラットにしてしまうのだ。欲しいものを個別に聞かずに、同じものを全員に配給してしまう。

一方、「個別御用聞き」の方法は手ではできない。コンピュータプログラムを開発して初めて可能になる。

この方法の特徴は、「ひとつの基準の下で、均一な結果を得る」のではない、という点だ。多様性を許容していること。板や箱をグリッドに区切ってそこにズラッと住戸が並ぶという、世界中でよく見る集合住宅の形式ではない、ということ。

それぞれの住戸のカタチは違うし、組み合わせもいろいろ。個別な注文をある程度組み込むことも可能である。

太陽神の都市（左／右）

日照ばかりが集合住宅の設計条件ではない。しかし、陽当たりがよければ同時に視界やプライバシーもよい可能性が高い、という点で、設計条件としては優先度が高いといえる。

その大事な条件である陽の光を受けるために、今まで、「隣棟間隔を空ける」という、たったひとつの方法しかなかったのは、おかしいと思いませんか。

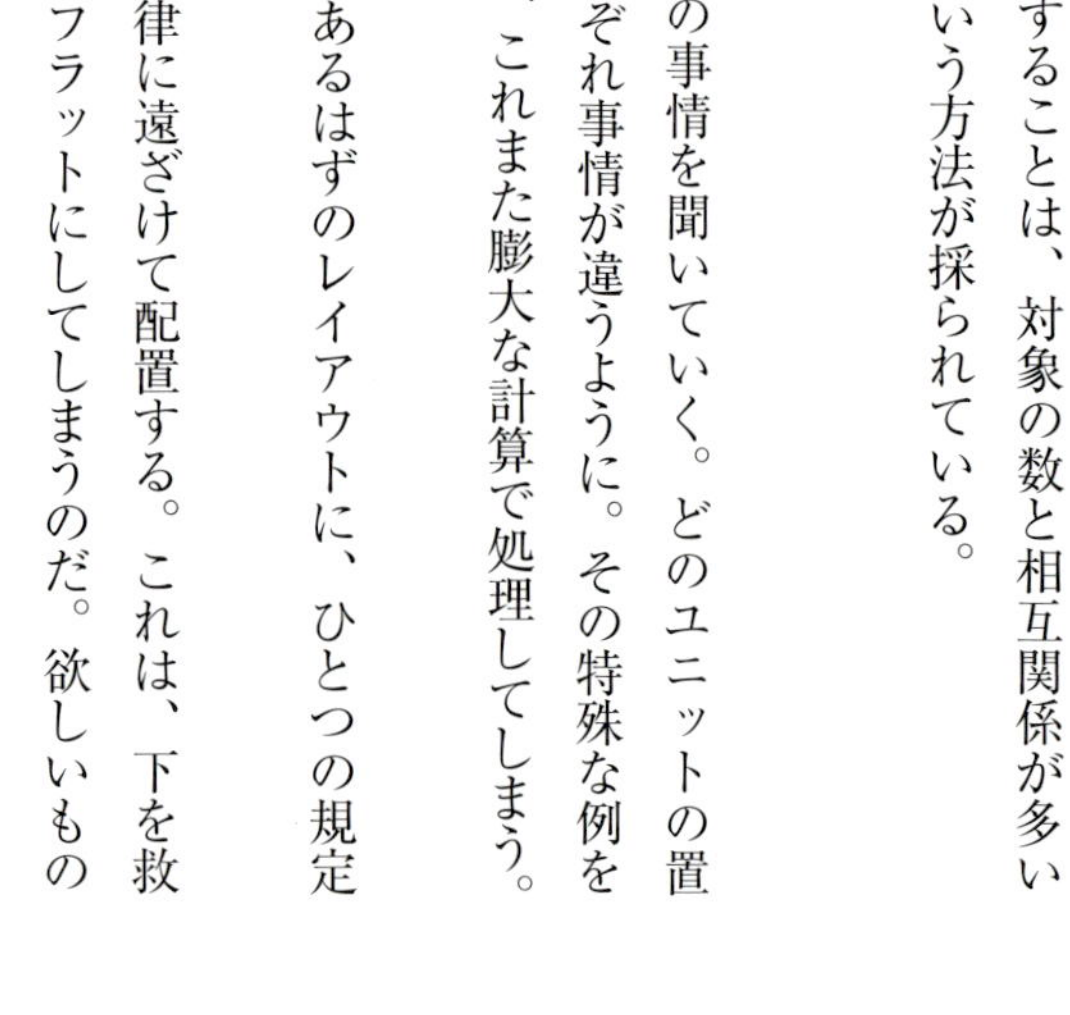

課題
所定の日照時間と密度を満たす集合住宅をつくる

現在の方法

日照を確保するためにふつう用いられているのは、住棟が隣の住棟の「影に入らないように離す」という方法である。
これは「隣棟間隔方式」と呼ばれる。
その結果、間を空けて箱を並べた「団地」状の住宅地ができあがる。

箱でなく塔にしたり、配置をずらしたり、中庭型にしたり、住戸のカタチを丸くしたりしても、間を離して置く、という「原理」は変わらない。

この方法だと、隣の住戸と自分の住戸は同じような箱に並び、また、戸外のパブリックスペースも均一である。

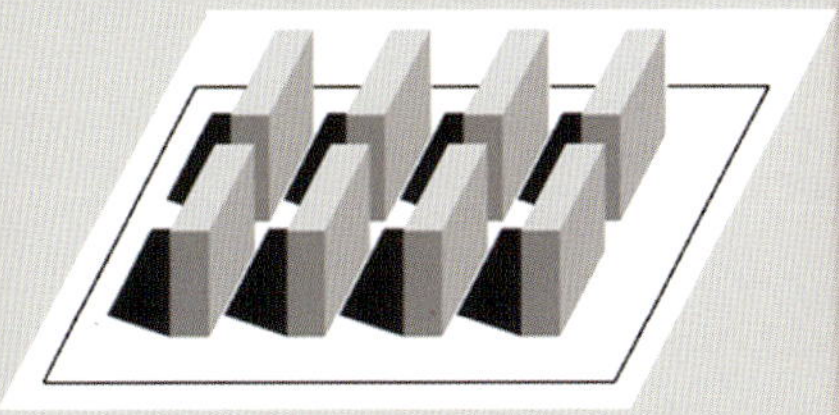

「太陽神の都市」の方法

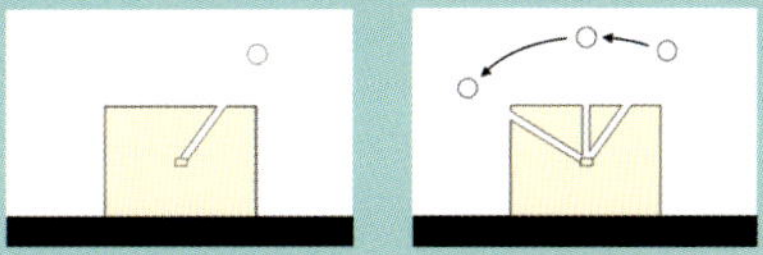

まず、住戸を集めて大きなかたまりをつくってみる。そのかたまりの中の住戸には、陽が当たらない。しかし、孔をあければ、そこから住戸の中にも陽が届く。

もっと孔をあければ、やがて必要な時間の日照が得られる。残った住戸の数（密度）が予定のものになるようにする。
この過程では、あちら立てればこちら立たずの関係で、ひとの脳では解くことができない。そこで、これを自動的に行うコンピュータプログラムをつくる。

この方法では、隣の住戸と自分の住戸は、もう同じではない。戸外のパブリックスペースも、さまざまな大きさと位置だ。高い自由度がありながら、しかし全体はバランスしている。

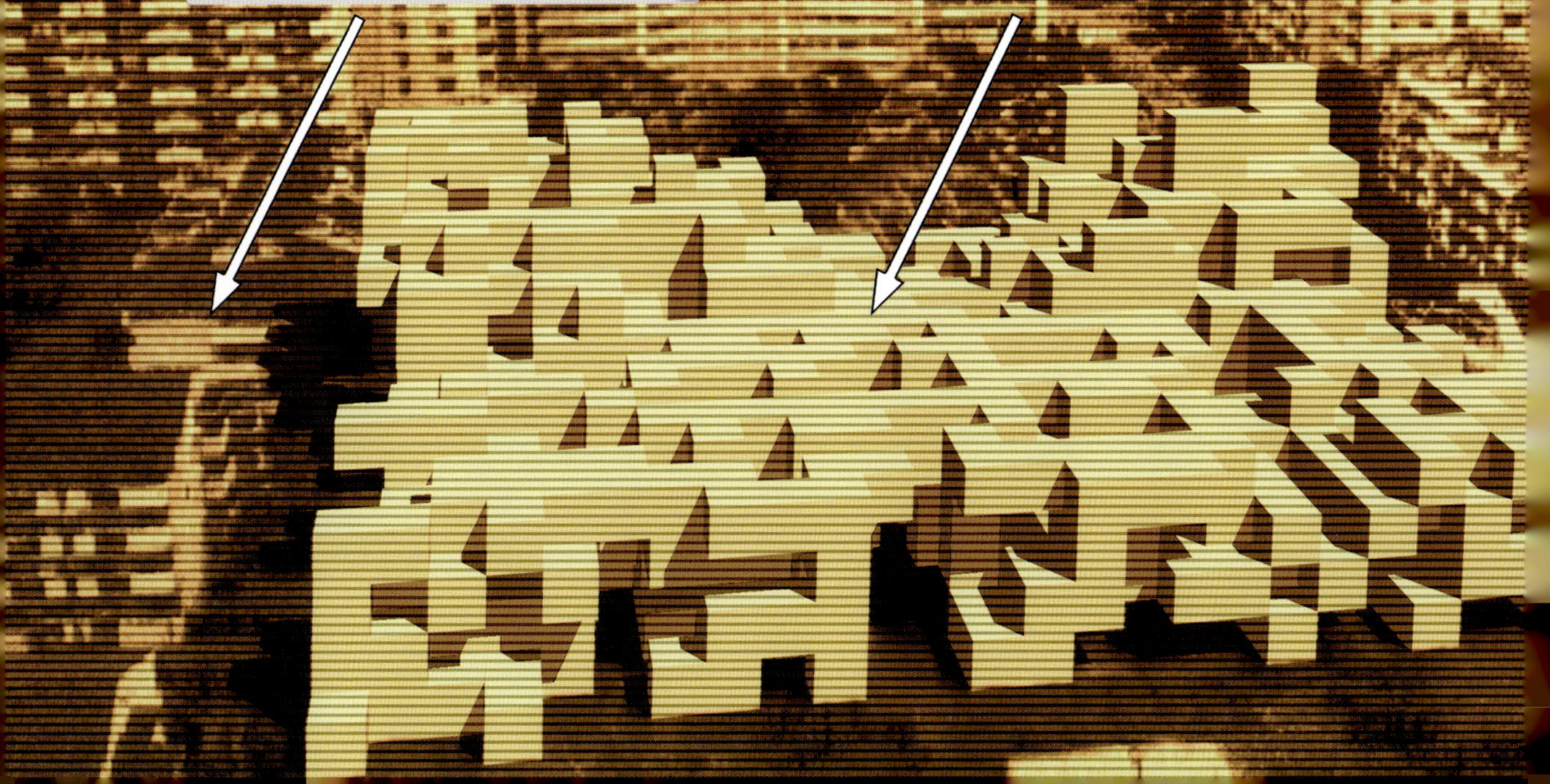

これしかない、より、あれもある

なにも、均一な箱が整列した今の住宅がイケナイというのではない。

それが好きな人は、そこに住めばいい。ただし、隣も上もみんなおんなじのはイヤ、というひとにも、今は他に選択肢がないことが問題だ。

ひとりひとりの個別な要求に応える選択肢も用意されている社会のほうが、住みやすいと思う。

集合住宅プロジェクト「ＡＴＬＡＳ」（１４６、１４８〜１４９頁参照）は、このプログラムで生成したものではないが、その考え方は近い。

都市の住まいには、規格外のもの、ひとと違うもの、自分だけのもの、が欲しいとは思わないだろうか。

それでいて無秩序ではないものが。


夕暮れの街に霞む高層住宅群は、きれいな風景である。

世界中どこでも見かける光景だ。しかし、あの窓のどれかが自分の家であると思うと、ぞっとすることもある。

そうでないものをつくるために、いちばん大事なのはイメージだが、その実現にはコンピュータプログラムが役に立つ。

プログラムは無機的な均一品をつくるのではない。

「ラブ・トライアングル・セオリー」の項（22頁参照）で述べたように、テーブルの上の愛を解くことも、できる（かもしれない）。

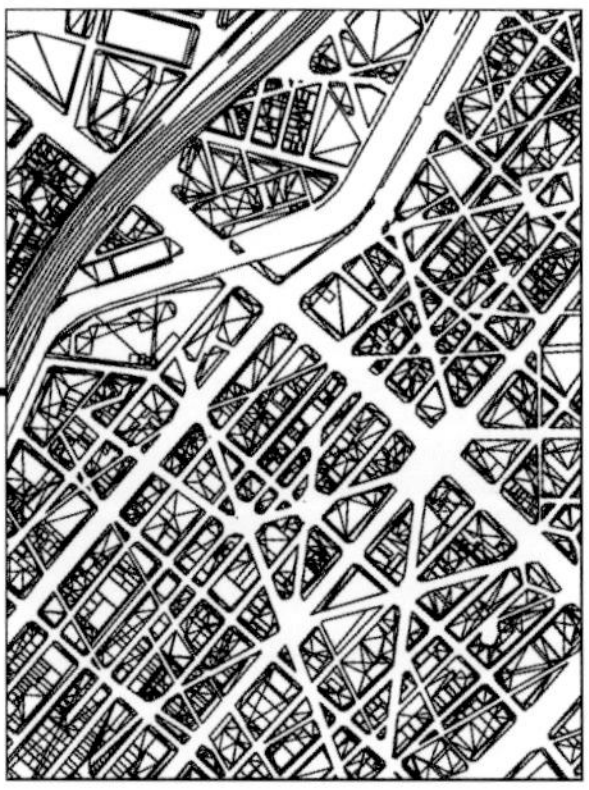

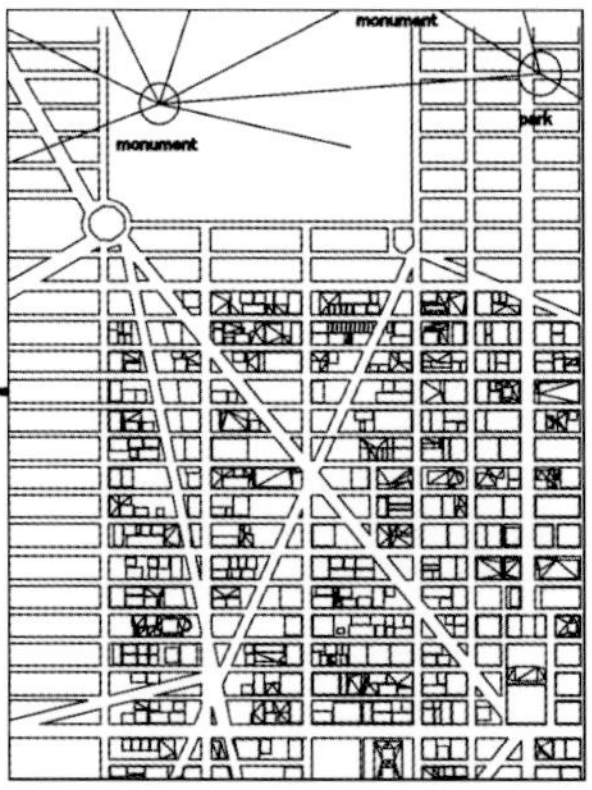

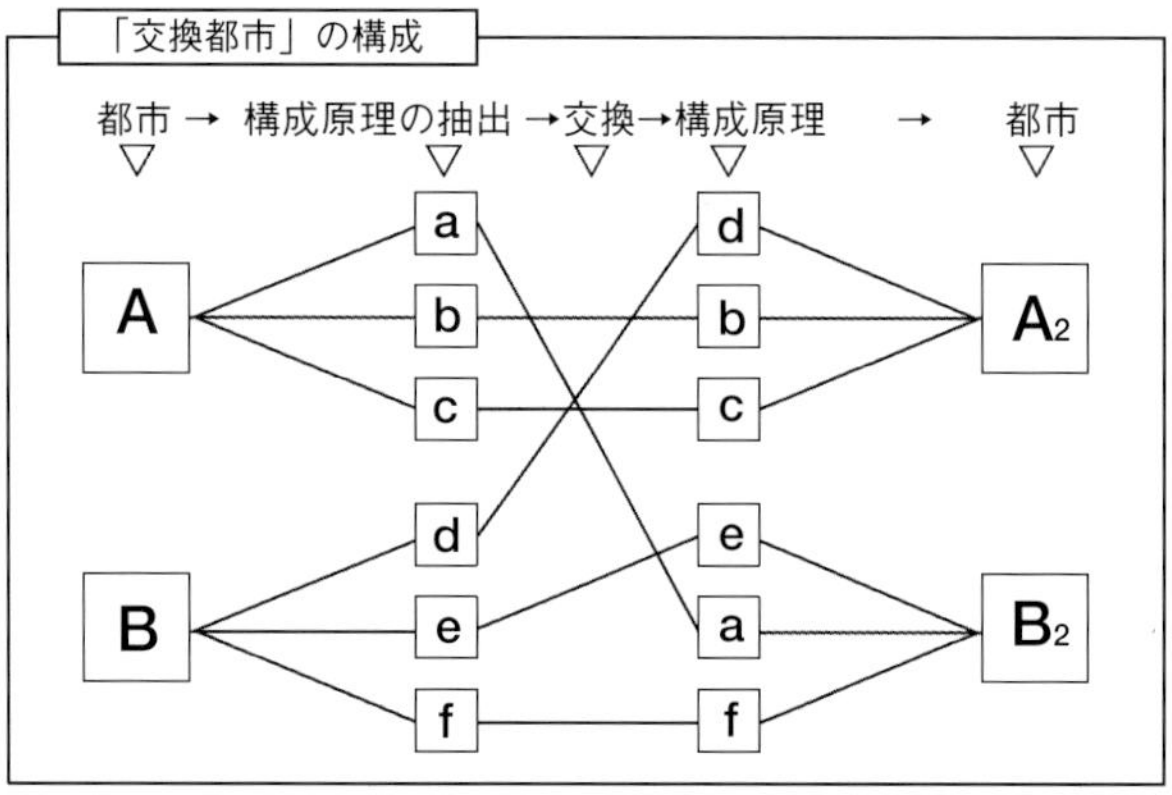

「交換都市」（左）

都市間の「遺伝子組み換え」ワーク。

ある都市を構成する「原理」を抽出して、それを他の都市に適用してみる。都市をつくる構成原理はもちろんひとつではないので、そのどれかを選んで操作する。その際、容積率など、他の条件は一定に保つことが肝心だ。

これはいわば、都市の「取り換えばや物語」。

たとえば、道路パターンの原理、街区のサイズ、街区内の建築の構成原理とスケール、高さの基準、方位、等の条件を抽出する。

それらは都市形成のＤＮＡのようなものだ。

その遺伝子を、他の都市と交換する。

この段階の操作は、まだ「誘導都市」のような厳密なプログラムによるものではなく、思考ゲームの性格が強いが、そこで生まれてくる「変種」都市の姿から示唆されることは多い。このスタディは、「誘導都市」を補完するサイドメニューとして進められている。

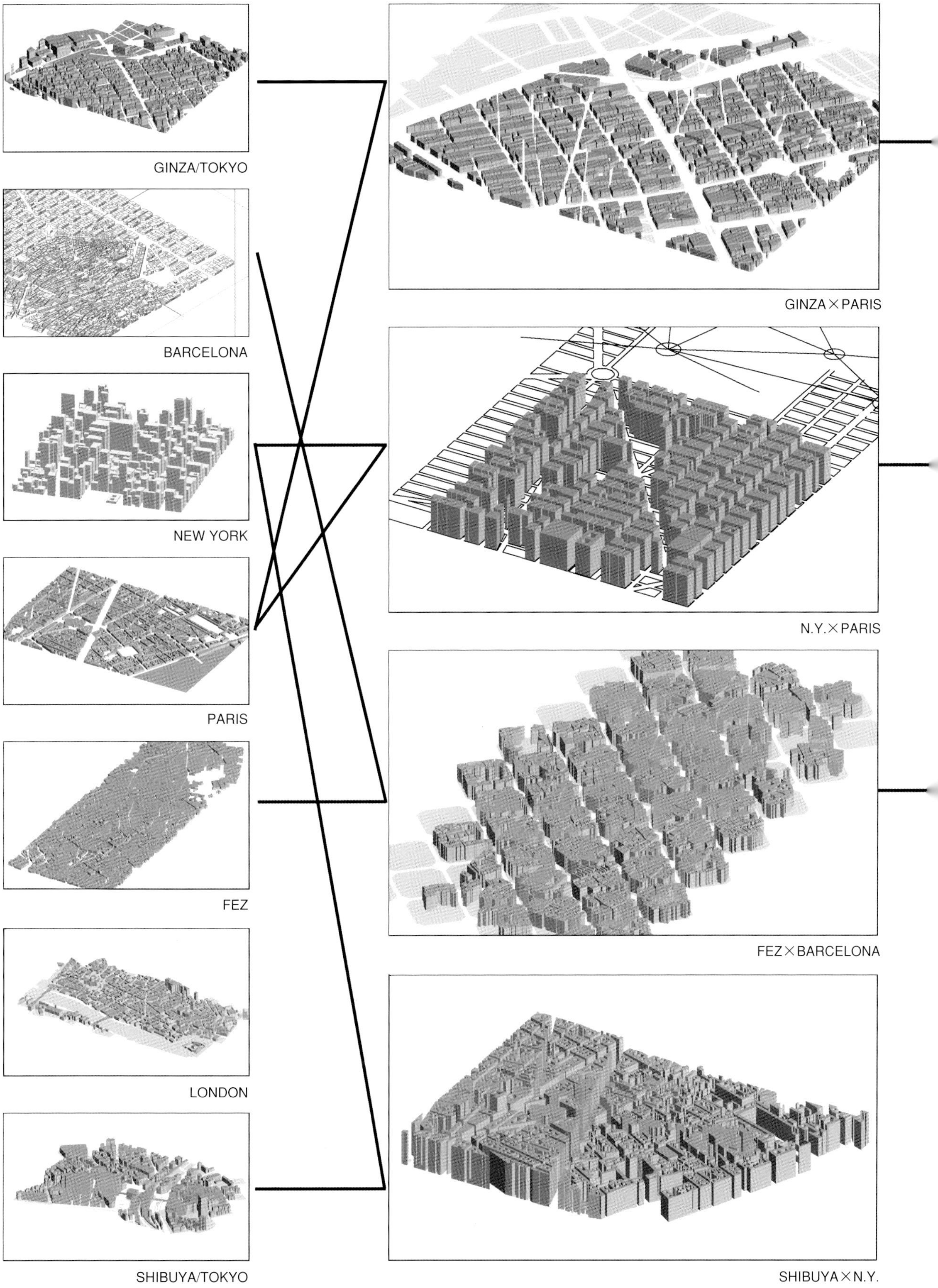
GINZA/TOKYO
BARCELONA
NEW YORK
PARIS
FEZ
LONDON
SHIBUYA/TOKYO
GINZA×PARIS
N.Y.×PARIS
FEZ×BARCELONA
SHIBUYA×N.Y.

05

ちいさな約束

Partial Promise

「誘導都市」のしくみ

価値を翻訳する方法

発生プログラムと評価プログラム

誘導都市の研究は、いくつかの大学とオフィスのメンバー、それに外部のシステムエンジニア諸氏が、入れ替わりながら継続している。

これは大学の正規のカリキュラムとは別の、バーチャルで柔らかい研究体の活動だ。

12年前の開始時点ではまず、そもそもこうした試みに例はなく、それが可能かどうかを確かめようとした。

手作業による「ゲーム理論」のいくつかの試行の後、「太陽神の都市」のコンピュータプログラム[*]を製作した。

これが第1期。

その結果、どうやらできそうだということになり、都市全体をひととおり組み立ててみた。これが第2期である。

そして第3期では研究を超えて、「地下鉄飯田橋駅」で実施を行った。

さらに進行中の第4期では、その先の段階を目指している。(国の「未踏ソフトウエア創造事業」の一環)

第1期を始めたころはこうした研究は見当たらなかったが、近年は学会論文等にも関係する意図を持った研究が見受けられるのは喜ばしい。

ただ、誘導都市の特徴は、研究に留まらず、実際に使える設計の方法を開発しようとしている点にある。

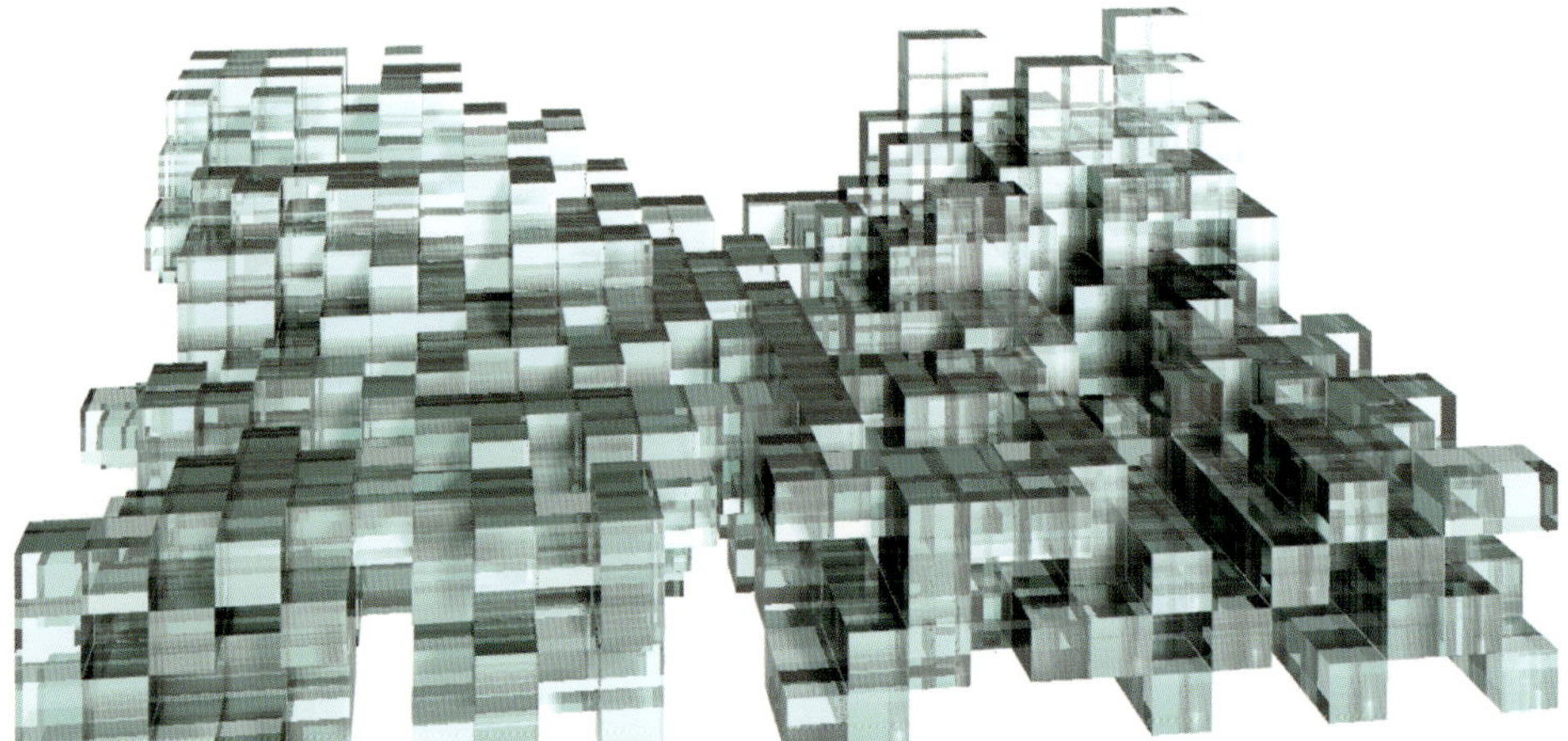

誘導都市の第2期では、単体建築よりも、都市や街区の設計方法を開発することを目指していた。

そこでは都市の設計要素をいくつかに分け、それぞれを解く「要素プログラム」を開発した。

たとえば「いい」街路と、「無理のない」起伏。「快適な」風に、「ふさわしい」配置。そして「適当な」機能配分。

それらをかなえる個別のプログラムをつくり、結果を重ね合わせて全体を構成する。

もちろん、都市設計に必要な要素はこれだけではないが、要素プログラムはあとから組み替え可能だ。

つけたりはずしたりが容易なこと、閉じていない柔軟性が、誘導都市の特徴である。

誘導都市プログラムの基本的な構造のひとつは、たとえば次のようになっている。

（これとは違うタイプのものもある）

①「価値基準」

②「評価プログラム」

③「発生プログラム」

④「接続」

⑤「生成」

要するにいろいろな案を自動的につくるプログラムを用意し—③、他方に案を採点するプログラムを置く—②。

ふたつをつなげ、つくる端から採点させるようにして、家に帰ってしまう—④。

所要時間はコンピュータの能力次第。数日後に来てみると、膨大な案の中から高得点の案が見つかっている、というわけである。

その結果、高得点であったもの（正確には高得点の案を発生させたプログラム）を敷地に適用してプランを「生成」する—⑤。

さらに—⑤の結果を組み合わせ—⑥、「変異」を組み込んで—③に戻して以後繰り返し、とすると、遺伝的アルゴリズム等に近づく。（「フィードバック」—⑦）

誤解されやすいのだが、この方法はコンピュータに無数の案をつくらせてその中からいいものを選ぶ、のではないことに注意してほしい。誘導都市では「いい案」は自動的に「生まれる」のである。

では、何が「いい」案、なのか。

上記の項目—①の「価値基準」とは、いったいどこにあるのだろう。

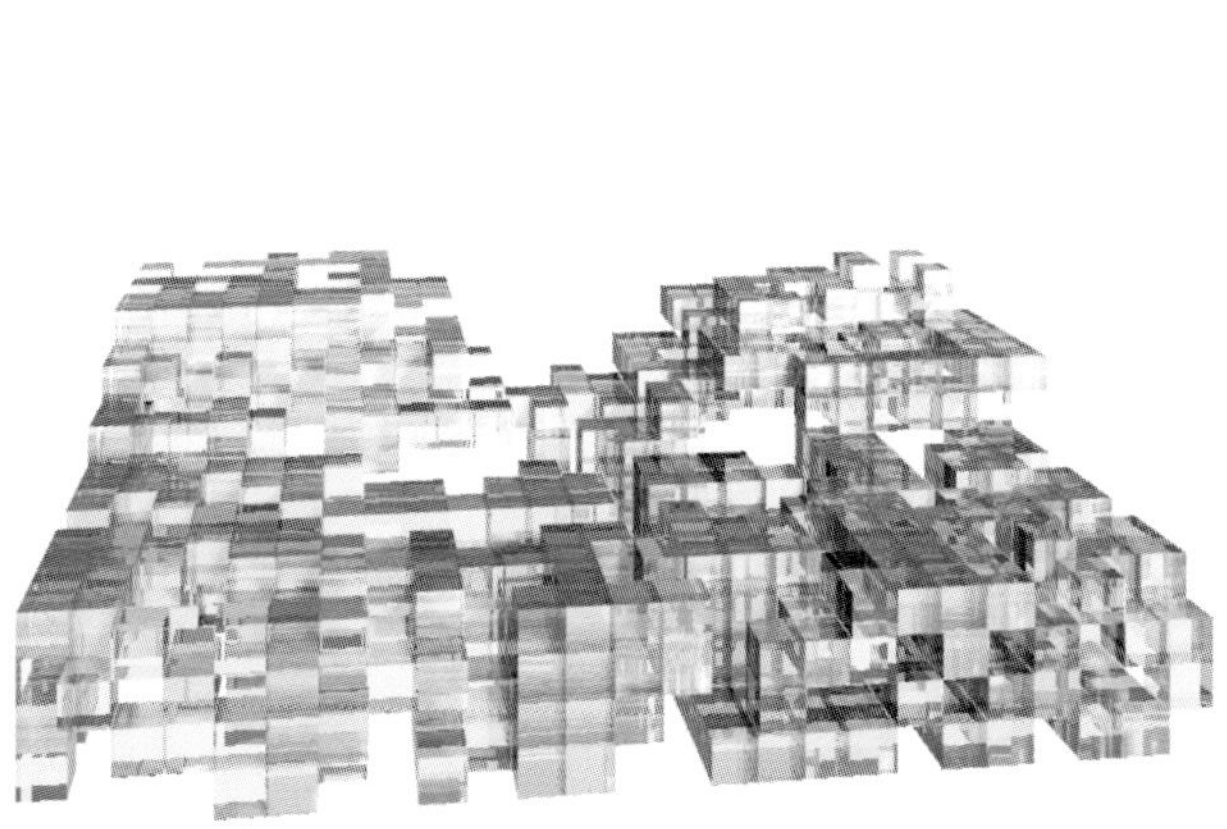

「太陽神の都市」ネガ版、「陽光の都市」

日照という「ちいさな約束」から生まれた多「孔」質立体（40頁）。逆に、その「孔」の部分だけを実体にした「陽光の都市」（41頁）。

＊プログラムとは何か

ワープロもCADも市販のソフトウエアはみな、「コンピュータプログラム」である。しかし、「誘導都市」のプログラムは、ショップでは売っていない。だから、自分でつくらなければならない。

プログラムとは、「手順」を一定の「ルール」に従って記述したものである。（その手順を「アルゴリズム」と言い、「ルール」をプログラム「言語」と呼んでいる）つまり、プログラムとは文章の一種である。ただし、ふつうの文章のような解釈のあいまいさはなく、数式に近い厳密性を持っている。

プログラムとは、数式と自然言語との間に位置する、第3の言葉だといってもいい。

価値の決定：いいもの、とは何か／価値セット

最初に開発した「太陽神の都市」では、価値を日照時間に置いた。

これは分かりやすい。どの住戸も一定時間以上の日照を受けること、という条件だけで解いた結果、従来使われている「隣棟間隔方式」とは大きく違う、自由度の高い集合形式が得られた。

次の「発生街区の都市」では道をつくった。

そこでは「いい道」の定義を「目的地に早く着く」と「過程が楽しい」こととした。

「早く着く」は、交差点の数と交差道路の数から数式を立てた。電気回路にたとえれば抵抗値を定義したようなものだ。

「楽しさ」のほうは、経路の変化の変化率とした。

まっすぐな道はつまらないが、同じリズムでうねっていても単調だ、という理屈である。それは回路を流れる電流の微分値のようなものだ。

道の楽しさはそんなことで決まらない、どんな店があるか、何しに行くかでも違うぞ、という声が聞こえてくるが、そのとおりである。また、学生と老人とでは、いい道の基準は違うという意見も、もっともだ。自分自身でさえ、今日と明日では評価が違うかもしれない。一律で絶対の価値設定など、できるものではない。

だから、価値基準は、そのつど「選択可能」と考えている。

情報ディスクのように、「価値ＳＥＴ」をときに応じて選んで、入れ替えればよい。子供用、わたし用、あなた用の、価値セット・カセット。

そのディスクを入れるドライブをつくろう、というのが誘導都市である。

正確には、ドライブというハードウエアではなく、ドライブを成り立たせるアルゴリズムという、ソフトウエアをつくること。

「誘導都市」でまず確かめたかったのは、選んだ価値の当否ではない。

いったん価値を選んだら、その価値を満たす答えをプログラムが紡ぎ出せることを実証しようとしたのである。

＊カオス理論（49頁）

街がカオスだなんて昔の流行語、などといってはいけない。そういう一過性の雰囲気的な話とは違い、ここでいうカオスは科学用語である。

科学でいうカオスとは、混乱のことではなくて、秩序の一種を指す。ただしその秩序では、理屈を知ってみても、先の予測ができるわけではない。しくみが分かっても使えないという、これまでにないタイプの秩序である。そういう新種の秩序を、大学院生の李と数学教授のヨークが１９７５年に、カオスと命名した。

カオスの発見はそれまでの世界観を変えたといってもいいほどのインパクトを与えた。「混乱は、でたらめではない」とか、「知っているのに、分からない」、と、不思議の国のアリス（または赤の女王）のようなことをいうのだから、当然である。（その１００年前の１８９９年に、ポアンカレが天体の運行でそうした現象を予言していたことが、あとから分かった）。その後しばらく、カオスの挙動をグラフ化した「ローレンツ・アトラクタ」の渦巻き模様（63年にローレンツが発表）が、新しい科学の紋章のようになった。

日常用語のカオスは、「でたらめ」と同義語であるが、科学でのカオスは、「秩序」の一種である。ただ、普通の秩序と違って、しくみは「決まって」いるのに、結果は「分からない」ということ。（＝決定論的カオス）

ニュートン力学なら、方程式が分かれば投げた石の落ちてくる場所を計算することができる。だから宇宙船は飛べる。ところがその一方、木から落ちる紅葉の行方は、予測できない。流体力学の方程式は分かっているのに、木星にも行けるのに、１枚の木の葉の軌跡は分からない。これが、カオスである。

かつては、木の葉の軌跡を予測できないのは、そこに関わる要素が複雑だからだと考えられていた。風の挙動や葉の空気力学、表面の抵抗など、そうした個々のしくみが絡み合っているので、予測できないと思われていた。しかし、そうした個々の力学が解明され予測可能になっても、葉っぱの動きは相変わらず

「誘導都市」の全体像：ユニット・プログラム／要求仕様書の翻訳

「太陽神の都市」のあと、「誘導都市」第2期では、ひとつの都市をこの方法でつくってみようとした。「誘導都市」は、いくつかの要素技術をパラレルに開発しながら、適宜それらを組み合わせて試行する、というしくみである。各要素デバイスをカードのようにスロットインすれば、ホットインサーションのようにそのまま使える。

都市を成り立たせる要因をいくつか選び、その要因ごとにユニットプログラムをつくる。たとえば、街路の生成、その勾配、住戸配置、よい?風の吹く道や広場の発見、機能の最適配置、など。具体的な敷地を選び、そこにまずひとつのプログラムを走らせ、その結果を次のプログラムに順次受け渡していくことで、最後にはまとまった都市ができあがる。

もちろん、ここで取り上げているユニットは、都市を形成する要素の一部である。都市がこれだけでできていると考えているのではない。しかしこれらが、都市形成（設計）の重要な要素であることもまた、確かである。これまでに開発したいくつかのユニットを使って、実際の敷地で街をひとつ、つくってみることにした。プレイの実行。そこで、臨海副都心の、まだ新規開発が行われていない島を対象にした。


この例では、都市の発生に次のようなプロセスをとっている。

まず、「発生街区の都市」で街区を生成する。そこに、「太陽神の都市—2」で建築を発生させる。そして「風神の都市」で快適な風の吹く場所を選び、そこを公園とする。同時に、風の道も見つける。そのうえで、「オン・デマンド・シティ」を作動させ、施設機能を割り当てる。

「坂道の都市」は、「発生街区の都市」の次の過程で、街区に快適な起伏を発生させるはずのものだが、工程上間に合わなかったので、今回の例では組み込んでいない。

趣旨から当然のことだが、誘導都市が描き出す結果は、試行のたびごとに違った姿をしている。結果としてのカタチや空間や構成、すなわち「デザイン」を指示するものではない、からである。

答えは、試行の数だけある。

ということは、答えは無数にある、ということだ。しかし、どの答えも目的をクリアしている。

「誘導都市」では、デザインするとは、線を引くことではなく、「要求仕様書をつくり、その優先順位を決める」ことである。


分からなかった。

　理論が分かるのに、結果が決められない。最初のちょっとした角度や風の違いで葉の次の位置が大きく変わる。それが蓄積されると、どこに落ちるかは毎回まったく変わってしまう。ほんのわずかな違いで、結果が大きく動く。そういう現象が、カオス。

　もちろん、でたらめに見える現象は何でもカオスというわけではない。ランダムとカオスは違う。たとえば乱数表にはどんな秩序も見つけられない。なんの秩序も見つけられないようなものを乱数と呼ぶのだから当然である。

　カオスは、「バタフライ効果」としてたとえ話になっている天候の変化が有名だが、株価の変動、心臓の拍動など、さまざまな領域に発見されている。多くの例で、「カオスの淵」と呼ばれるカオスと従来の秩序の境界位置にシステムの最適状態があるとされる。

　カオスは「偶然を手なずける」方法として、分析だけではなく「操作する」試みも続けられている。その応用を、合原一幸は「カオス工学」として提唱している。

ランダムではないこと：偶然には期待しない／設計しないこと

「誘導都市」は、「コンピュータにたくさんのカタチやプランをつくらせて、その中からいいものを選ぶ」のでないことは先に述べた。ランダムに案をたくさんつくらせる、のではないのだ。

ランダムな方法は以前からあるが、その骨子は、数打てば当たる、偶然への期待、である。いわば、宝くじに当選することを期待しているようなものだ。

ごくまれに当たることもあるが、ほとんどはずれることは、くじを買わなくてもみな知っている。知っていても、もしかしたらと買うのであるが、その期待がかなえば、事件だ。

「誘導都市」では、事件に遭遇するまでじっと買い続けるのではなく、当たりくじが出るような「仕掛け」をつくるのである。

プログラムに案の候補をたくさんつくらせるというのは、所員がおおぜいいる事務所に相当する。無数の所員？に無数の案をつくらせて、それを壁に貼って、その中からいい案を選ぶのと同じだ。つまり、この方法は、プログラムを使わなくても、人海戦術でできる（はずだ）。

しかも宝くじと同じで、結局、無数の駄作が壁に掛かっているだけかもしれない。

それより、優秀なひとりの所員が、優れた案をひとつポンと出してくれれば、それでＯＫだ。

「誘導都市」で目指しているのは、この、優秀な所員のようなプログラムである。

（プログラムがあれば所員が要らない、というのではない。誤解なきように）

プログラム自体に、「いい案」を生み出すしくみが備わっているようにしよう、というものである。

人海戦術方式は今までも行われてきた。それと同じことをコンピュータにさせるのは、コンピュータを「手の延長」として使うことである。

優秀な所員のような？コンピュータの使い方は、コンピュータを「脳の拡張」として使うことである。

それは、旧来の設計とは質の違う方法だ。

（プログラムは生身のひとの代わりにはなりません。もういちど、念のため）

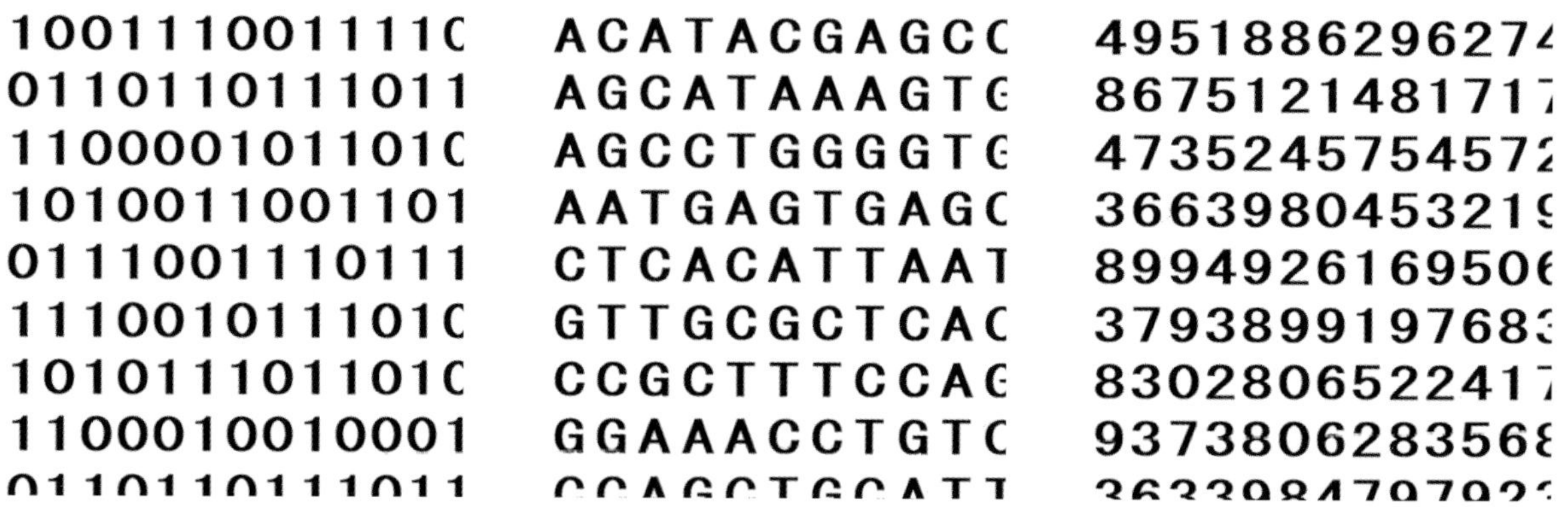

ランダムでもあること：禁欲／現象としてのデザイン

ランダムではない一方、ランダム性を使ってもいる。これは矛盾ではない。

誘導都市では、プログラムの働きをはっきりさせるために、指示することと指示しないことを明確に分けた。

自動的にクリアしてほしい価値基準は数式で明瞭に定義する一方、それ以外は手を加えずにランダムに任せる、という組み合わせである。

手を縛って、手を使わずに設計する。

したがって、できあがったプランや形態は、従来の意味では、設計者がデザインしたもの、ではない。

いわゆる（狭い意味での）「恣意」を排除してある。徹底した禁欲主義が貫かれている。

デザインレスデザイン。いちど縛った手は、まだ解かない。

手を解きたいという衝動を抑えるのには、かなりの努力を要する。

だから、結果も、カタチの上では抑えてある。カタチは控えめにして、その分、何をやろうとしているのか、分かりやすくした。

その意味では、「誘導都市」の描き出すデザインは、雪の結晶や、蝶の羽の構造などに近い。

結晶や羽は、いかに見事にデザインされたように見えても、設計者の「手で」つくられてはいない。

それらは、有名な（世界を7日間でつくったこともある）設計者の「言葉」（＝自然の法則）から発生した「現象」なのだ。（光あれ）

営為ではなく、現象。ただし、背後に意思があるように思える、絶妙なバランスの現象。

そういう現象を「誘導」する方法、それが「誘導都市」である。

「記号」はいつ意味を持つのだろうか（右頁）
ランダムな数字の羅列（右）。ATGCの4文字の組み合わせによる、DNAの文章（中央）。そして、二進法による、飯田橋駅設計図のコンピュータプログラム（左）。

***DNA**（46頁）
いわずと知れた、生物の設計図。遺伝子の本体、デオキシリボ核酸のこと。
DNAの発見は1869年、それが遺伝子の本体であることが確認されたのは1944年であるが、DNAをスターにしたのは1953年、ワトソンとクリックによる立体モデルの発表である。（理論の実証は70年代末）
「DNA語」には、「文字」が4つしかない。A、T、G、C、の4文字だけだ。アデニン、チミン、グアニン、シトシン、の4つのヌクレオチドがすべて。簡単である。この4文字を使って「単語」をつくる。その単語を集めた「文」が、生物のからだのデザインを決める「設計図」である。だからこの設計図を開けてみると、ATGCGACTATGCA……と、延々4文字が書いてあるだけだ。（アルファベットですら26文字あるのに）　4文字だけで、この複雑で精緻なヒトのからだができるのだから、（ヒトのからだほど複雑ではない）建築の設計図は、もっと簡単に描けるかもしれない。（もっとも、コンピュータの文字は、1と0のふたつだけと、さらに少ないが）
その設計図が描かれているのは有名な「二重らせん」の用紙だ。この用紙をまたらせんに巻いてそれをまた巻いてと4回繰り返すと、「染色体」ができる。この染色体を23対集めてセットにしたものが、ヒトの「設計図書一式」で、「ゲノム」と呼ばれる。（ヒトのゲノムは、約30億文字のDNA語〈ATGC〉で書いてある）この設計図から、からだの部品であるたんぱく質が「製作」され、たんぱく質（と他の部品）から、からだという建築が「施工」される。ちなみにチンパンジーとヒトとのDNAの違いは全体の1.2％にすぎないとされる。
なお、ネオダーウィニズム批判論には、生物の形質を決めるものはDNAだけではなく、生物を構成する物質自身の自己組織性にあるという説もある。

部分のコード、全体の自由：ちいさな約束

コンピュータを動かすには、プログラムが要る。プログラムとは、規則のつながりである。

ここで、たとえば斜線制限のように全体にひとつの強力な規律をかけると、システムが硬直して結果から多様性が失われやすい。「誘導都市」のプログラムの多くは、要素相互の関係という「部分のコード」だけを設定し、それ以外は要素群のダイナミズムに任せる、という方法を採っている。

全体を律する強い規則を使うのではなく、部分の単位の間に働く単純な規則を決めるというのは、複雑系の常套手段のひとつである。それは、たくさんの個々の単位の間で、簡単な約束をするようなものだ。

法律のように一律に強制する規則ではなくて、近しい間だけの簡単な取り決め、「ちいさな約束」。

しかし、もしたとえば、渋谷の街を歩いている１０００人のひとびとが、近くの数人ごと、お互い「ちいさな約束」をすれば、街を歩くひとびとの様子に変化が現れるだろう。

いっせいに指示したのではないのに、全体のパターンが変わる。その全体のパターンを望ましい方向にするための、どういうちいさな約束をしたらいいかを考えるのが「誘導都市」の方法である。

エンドレスデザイン：決めないこと／たくさんの兄弟

「誘導都市」が在来の設計と大きく異なる点のひとつは、試行のたびに答えは違う、ということである。

プログラムを走らせるたびに毎度まいど、ひとつとして同じ案は出てこない。ひとつの案を選ぶのではないのだ。評価プログラムが選ぶのは、ひとつの「案」ではない。いい案を「生んだ」プログラムを選び出す。

いい子犬ではなく、いい「子」を産む（はずの）ＤＮＡ*を持った「親」犬を選ぶ。

だから、その子供である解答は、これっきり、ということはない。

在来の設計では、いちど設計ができてしまうと変更は難しい。完結してしまった全体は、妥協できない。

一部を変更すると、全体のバランスが崩れてしまうからである。

しかし誘導都市の解は、完結したひとつの解ではないため、柔軟だ。子犬は1頭ではない（クローンにすれば無限？）。目の前の解答は絶対の結論ではなく、絶えず変化しているプロセスの一環となる。

現実の都市も、成長し、変化し続ける。街は、ひとつの案に留まってはいない。

第3期

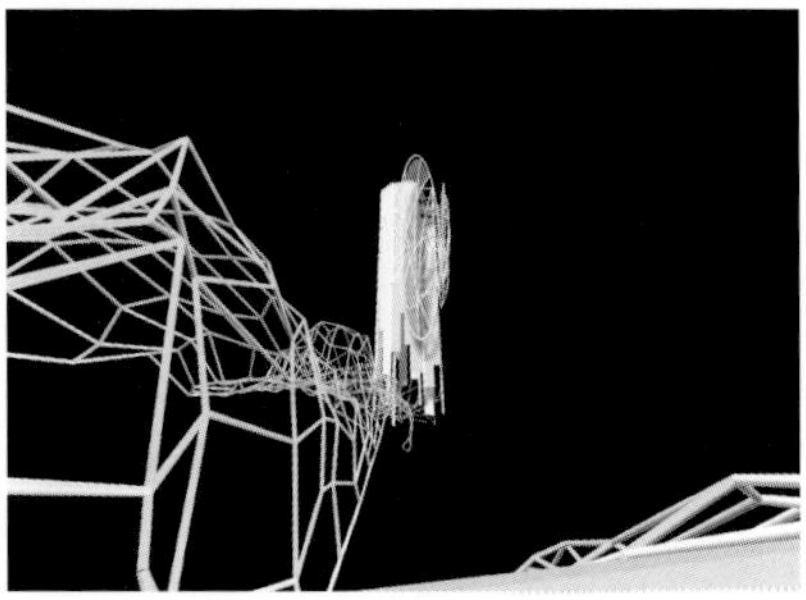

「誘導都市」第3期（～2000）
第3期は、初めての実施版である。「地下鉄飯田橋駅」の「ウエブ フレーム」で、世界初の、コンピュータプログラムで生成される建築を実践した。

第4期

「誘導都市」第4期（2001～）

まず「誘導都市」の可能性を確認した第1期、次いで都市全体を対象にした第2期、さらに単体建築で「実施」した第3期に続いて、「誘導都市」第4期では、汎用性のあるプログラムをつくろうとしている。

また、第3期の「ウエブ フレーム」で導入した設計者の「恣意性」を、さらに発展させたテーマを設定して、ニューラルネットとAIを使って開発を行う。その点で第4期はいわゆる「感性工学」にも関係する。

この研究は、国のITプロジェクト、「未踏ソフトウエア創造事業」の一環として進行している。成果の一部は、「新駅プロジェクト」で実施することが考えられている。

「誘導都市」の全体構成

「誘導都市」第1期・第2期

「誘導都市」第1期は、こうしたことがそもそも可能かどうかの試行であった。

その成果を受けた「第2期」では、都市を成立させる街路パターンや機能配置といった課題ごとにそれを解くユニットプログラムをつくった。具体的な敷地に最初のプログラムで街路を発生させ、次のプログラムでその街路に起伏を発生させる、という具合に次々結果を受け渡して、ひとつの都市全体を形成する。

もちろん、このプログラムはまだ、都市に必要なすべての条件をカバーしているわけではない。その意義は、こうした方法で建築や都市を生み出す可能性を証明していることにある。

第1期

1990-94

「太陽神の都市—1」
「自己／他者決定の都市」
「比較街区の都市」
「歪曲空間の都市」
「相関波動の都市」
「瞬間実体化の都市」

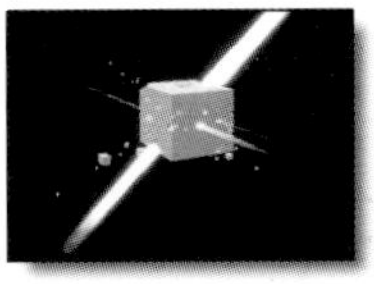

第2期

1994-95

「発生街区の都市」

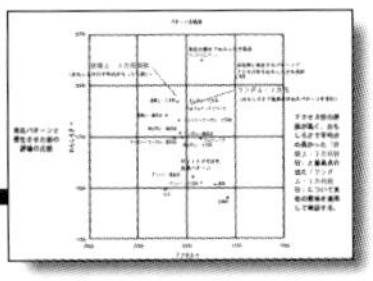

「坂道の都市」

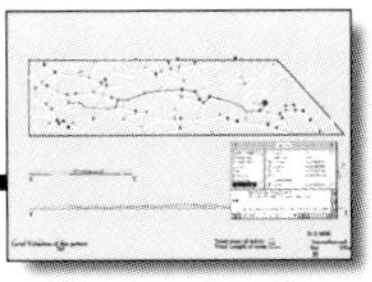

「太陽神の都市—2」

「風神の都市」

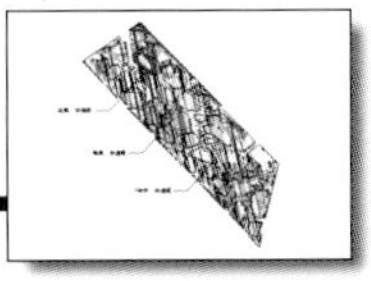

「ON-DEMAND CITY」

	12	10	8	14	18	10	20
	8	15	2	3	6	3	6
	18	3	0	2	2	3	2
	18	6	2	3	6	5	4
	18	3	1	8	4	5	4
	6	6	3	4	6	2	4
	20	6	2	2	5	10	4

EXERCISE

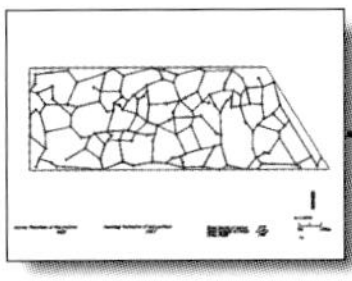

streets & blocks
（街区の発生）

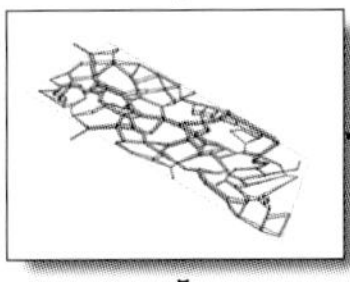

hills
（起伏の生成）

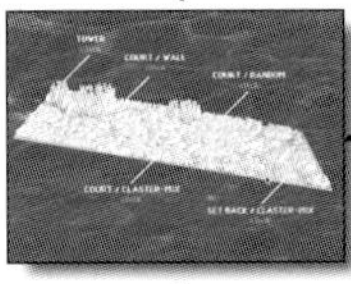

volume & form
（建築の生成）

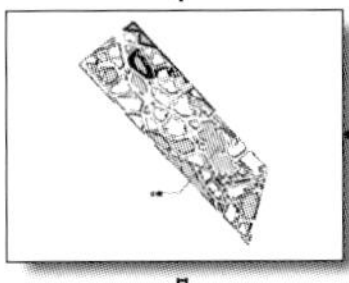

parks & streets
（公園と散策路の策定）

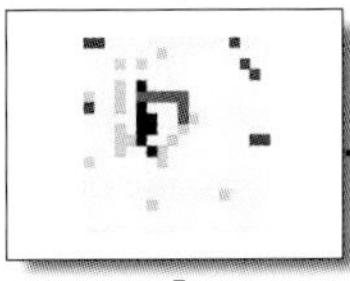

function layout
（機能配置の生成）

site

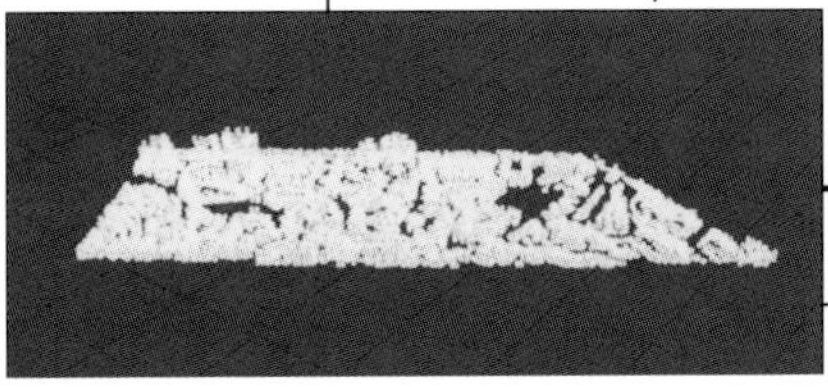

practice 1
（統合された都市全体）

PRACTICE

06

揺れるほうが強いこと

Why sameness bad ?

多様性は、なぜ必要か

いわゆる、還元主義ではなく：一律でないこと

「太陽神の都市」で例に挙げた従来の隣棟間隔方式のように、「個別ではない」一律の処理は、「(要素) 還元主義」と呼ばれるものに類する。

それは社会科学を含めた近代科学・工学の基本的な方法である。

対象から規則を抽出し、それを適用してこんどは対象を再現する。その際、抽出する規則以外の要素は捨てて、できるだけノイズのない理想的な場で「純粋な」仕事（＝論理化・実験・生産）をする。

これを理論上で行うのが科学であり、実験室で行えば工学、工場で行えば産業だ。

規格化された製品の大量生産、マニュアル化された制度。

「制度」の代表、たとえば学校。どの学校でもしくみは似たようなものだ。ひとりひとりの能力と程度に応じたカリキュラムなんて、ない。試験、授業の形態、課題の評価方法、教師と生徒の関係。違いはわずかである。

こうした近代の方法に対して、その行き詰まりを指摘する声は以前から多かった。

植生のパターン（49頁左）

大きな木の下にはふつう、小さな木が生えている。日照をより多く受けるには、背の高い木が有利なはずだが、自然生態系では、森の木々がみな背の高いものばかりになることは少ない（人工の植林では、それが起きるが）。高さの違いによる陽当たりの違いに応じて、それぞれ、日照要求の異なる木々が育つ。

生態的多様性は、こうして生まれる。

（日照だけがその理由ではないが、大きな要因であることは確かだろう）

生態系では、みんな同じ、にはならないしくみが働いている。

（水野丈夫 他編『図説生物』東京書籍 準拠）

70年代に盛んになったニューサイエンスもそうだ。西欧近代の思想への疑問から、東洋哲学へ近接したそれらの主張は、しかし結局、具体的な「方法」を提示することはなかった。思想として反還元主義を語れても、それではその思想で自動車ができるのか、街は維持できるのか、と言われれば、そうした実務は（そして研究も）、やはり従来の還元主義的方法に頼らざるをえなかった。

うたい文句だけで、再現実験のできない「科学」は科学とは呼べない。ましてや、工学にはならない。

多様な対象を多様性を生かしたまま扱うことが求められている、と言うのはやさしいが、実行は困難であった。

近代科学の使う「抽出（＝選択）＆理想化（＝ノイズ削除）」という原理と、「多様性（＝あいまいなものの許容）」は仲が悪い。


この、多様なものを切り取らずに多様なまま扱うことはできないか、という課題に、近代科学の方法で挑んでいるのが、「複雑系」の科学、である。その分かりやすい例は、カオス理論*であろう。

これとて、具体的に使う方法は、旧来の分析的科学である。まるごとすっかり新しいわけではない。

「太陽神の都市」でも、適用している日照基準は一律である。一律な点は、今までと同じだ。

違うのは、その解き方である。解き方が、一律ではない。多様性を保存するように解いていく。

ただしここでは、その手立ては、コンピュータは膨大な量の計算を短時間に行えるという、いわば力わざによっている。

「地下鉄飯田橋駅」の「ウエブ フレーム」や「換気塔」では、その点でも次のステージを目指した。

コンピュータの力任せではない、次のプログラムを。

みんな同じは、なぜよくないか：日陰の戦略／多様性の意義

みんな同じでは、何がよくないであろうか。

みんな同じほうが、選ぶ手間もつくる手間も省ける。単一系のほうが、経済的だ。

ほんとうに、そうだろうか。


少し外に出て、林を歩いてみよう。歩くことはからだにも、あたまにもいい。

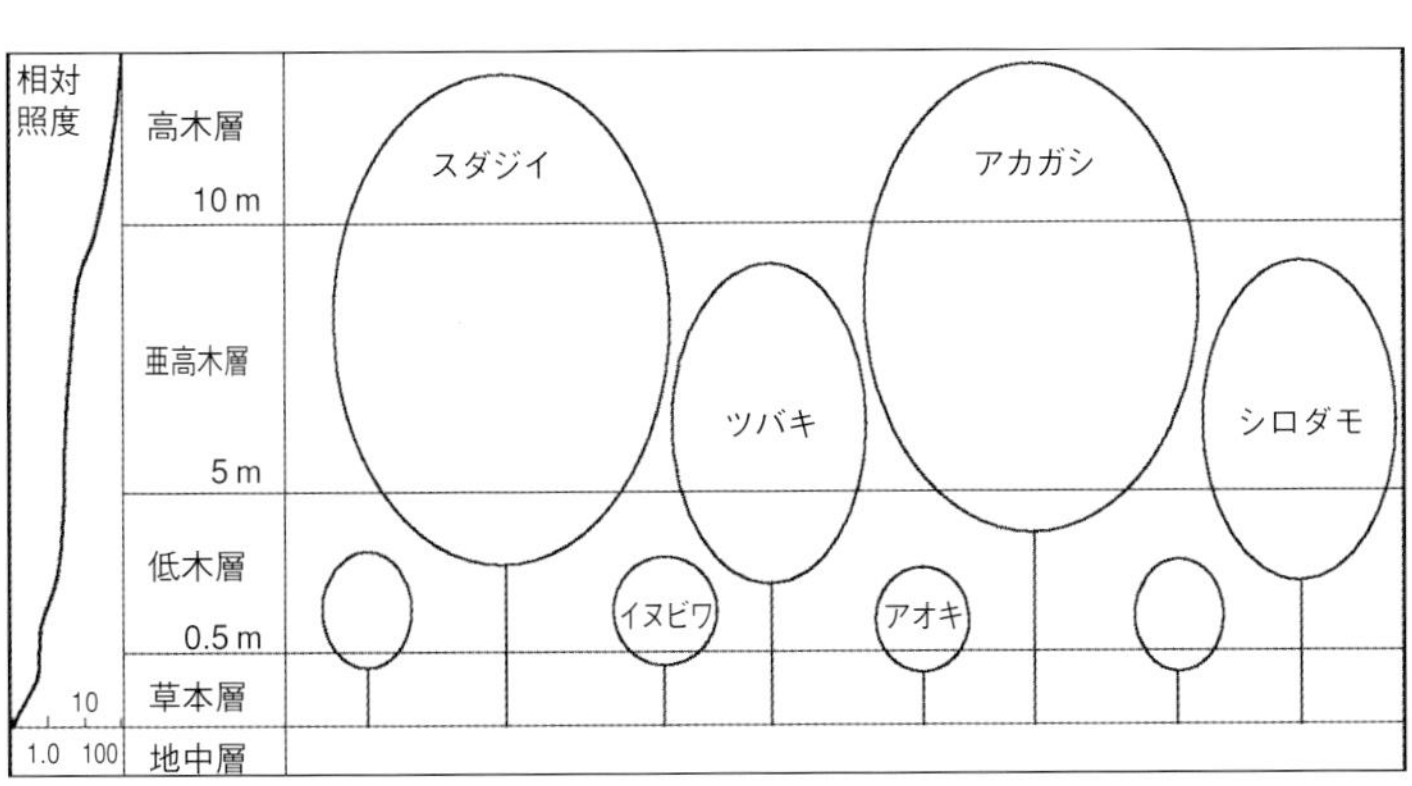

よく茂った樹木の下は、昼でも暗い。地上にまで届く光はわずかだ。

しかし、その暗い地表にも木が生えている。その木の根元には、キノコが育っている。

それぞれの光の量に応じて、光の要求条件の違う生物が生きている。

いち早く上に伸びて葉を展開し、光を受けてしまえば、その下には光は落ちない。光の独占状態だ。

しかし、高く伸びて大きく枝を広げるには、太い幹が要る。太い幹を支えるための深い根も必要だ。

この構造にはコストがかかる。

一方、細くてやわな幹で低く立つなら、コストはかからない。もちろん、それでは光は少ししか受けられない。

しかし、省エネルギーでゆっくり生きていけば、それでもやっていける。

さらに足元のキノコは、植物ではなく菌類である。光合成はしないので、そもそも光は不要だ。

真っ暗でも生きていける。上に伸びないでいいから、躯体の建設コストは最小限ですむ。

かくして、三者三様、それぞれの生き方で共存できる。

光を求めて枝を広げた広葉樹、日陰でゆっくり生きていく低木、光を必要としない菌類。それぞれは、同じ場所に居ながら、違う世界に棲んでいる。モニター上のレイアのように、ひとつところに重なってはいるが、互いの世界を侵食しない。

生態系の多様性は、こうした重なり合いの結果である。

このレイア共存は安定していて、壊れにくい。（ひとの手が「加わらなければ」）


さて、少し足を延ばして山に行ってみよう。

遠くから見る杉林は美しい。（下欄右は、「村のテラス」（１４６頁）の周囲の山である）

きれいに揃った幹の直線と、整列した緑の三角形が、見事な景観をつくっている。

しかし、これは、ひとの手が「加わっていれば」の話である。

管理がなくなれば、杉林はやがて崩壊する。浅い根は山の斜面の土壌を維持できず、降雨に耐えられない。

倒れたあとには、別な木が伸びてくる。１００年も経てば、違う生態系に遷移しているだろう。

それは今のような整った景観ではない。しかし、崩壊後の別な生態系のほうが、「自然」なのだ。


ここで山を下りて、里に来る。

金色に実った水田。風渡る麦畑。これも美しい景色である。

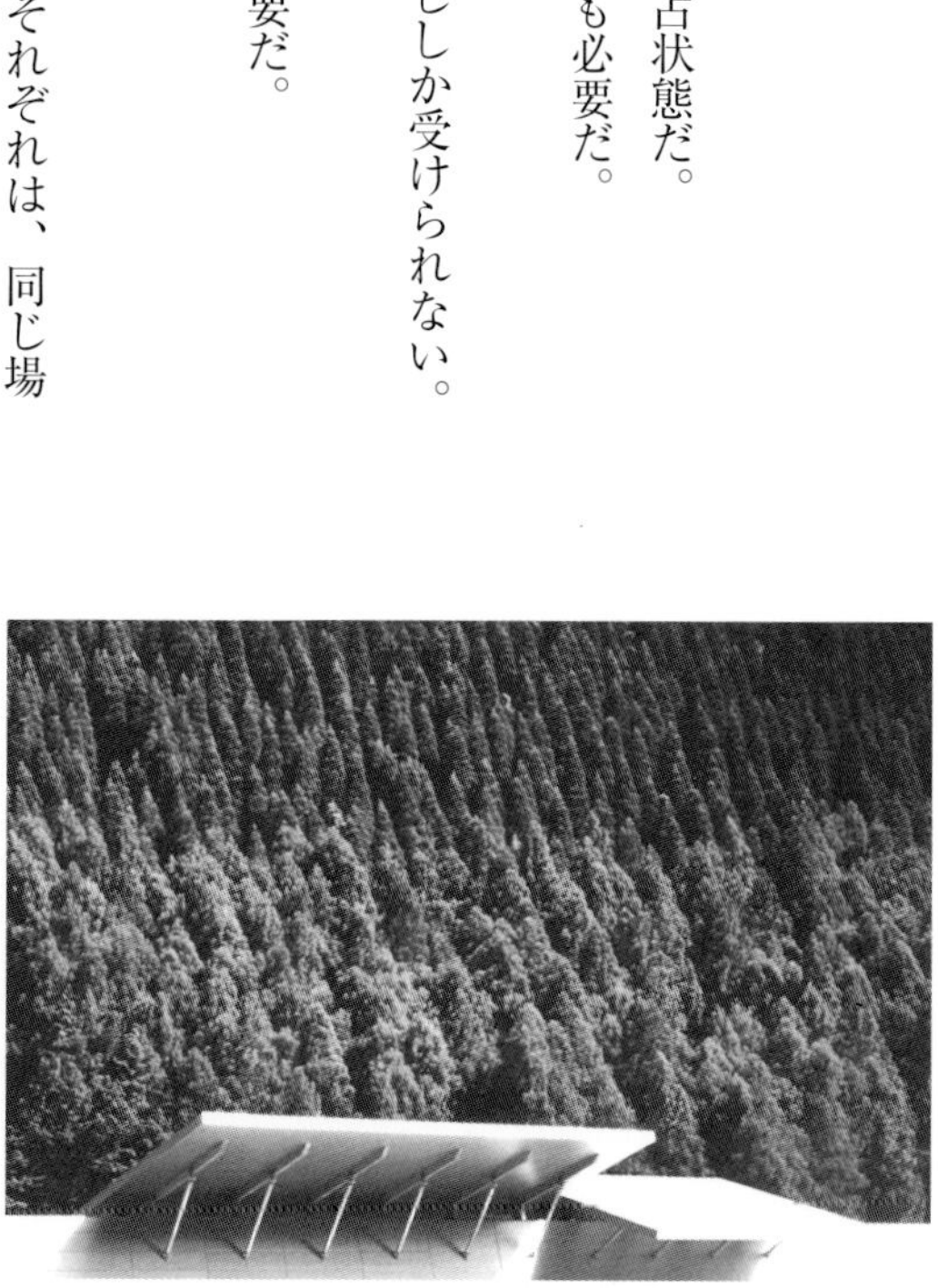

＊単一植生都市
美しい緑の山は杉という1種類の木だけでできている。そうした単一植生は、自然生態系では稀有な例外だ。しかし人工の系では、ひとつの要素で全体をつくることが多い。

しかし、ふと見ると、傍らの休耕田は草で覆われている。絶えず手を入れていないと、水田も畑も消えていく。単一植生で埋め尽くされた山や田や畑は、ひとが維持管理しないと、姿を変えてしまう。

姿を変えて、別な力学の安定状態に移る。それは、多様性のある状態だ。

単一性を要求するシステムには、どこかに無理があるのだ。

単一系を維持するためには、大きなエネルギーを必要とする。そのエネルギーの注入が絶たれたとたん、より楽な（＝自然な）状態に移行する。単一系は、多様系（＝複雑系）より、維持コストがかさむのである。

そして、自然は倹約家である。自然はふつう、「成果が同じなら」、維持コストの少ないほうを選ぶ。

自然はミニマリストである。（ミニマリストなのに多様性。一見矛盾するようなこの点については、63頁で）

もし脈が規則的なら、すぐ病院へ：冗長性の役割／単一系は、弱いこと

三内丸山遺跡。４０００年前の日本で、ひとつの集落が滅んだ。

大規模な栗林を人工的に管理し、その単一収穫に依存していた縄文人の、大規模な集落である。

気候変動により、気温が3〜4度下*がり、栗林の収穫では集落の人口を維持できなくなったことが原因だといわれている。栗の実という単一植生に依存したための、悲劇である。


生物が育つ環境は、初めは均一ではない。

土も光も水も、ときにより、場合により、変化する。

一方、生物自身も性格がいろいろだ。自分のDNAを残すという目的は同じだが、そのための戦術は多種多様。日なたを求めるものもあれば日陰を好むものもあり、湿り気が必要なものもあれば、乾燥していないと生育できないものもある。

この生物の戦術の違いが、環境のばらつきに対応する。自分に合った敷地を見つけて生長する。それぞれの好みの椅子がある。だから、環境全体がひとつの種で埋め尽くされることはない。

そういう環境でひとつの種だけを育てようとすれば、環境をその種に合ったようにつくり変える必要がある。光をもっと当てる、水を絶えず供給する、土中の窒素をふやす、などの操作をして、一タイプの椅子だけをずらりと並べて、座るものを選んでしまう。その状態を維持するには当然、エネルギーがかかる。

雑木林都市
雑木林は整ってはいない。しかし生態系では、その多様性のほうが「自然」である。ただし、その多様性には規則が潜在する。「都市の雑木林」には規則があるだろうか。

だから、エネルギーの注入がなくなれば、この状態は維持できない。維持できなくなって椅子のタイプが変わってしまうと、新しい椅子に座れるものは追い払われていなくなっているから、全員が死滅してしまう。


一方、いくつもの椅子と性格の違う種が混在している場合は、椅子が変化しても、その椅子を好む種がどこかにいる。だから、構成員の変化はあるが、全体は維持される。

多様性があるほうが、環境の変動に強い。


単一系には、冗長性がない。うまくいっているときは効率がいいが、いったん調子が悪くなると一気に破滅する。ちょうど、高い山脈の切り立った尾根を歩いているようなものだ。景色はいいが、強い風が吹けば終わり。

一方、多様系は、谷筋を行く。景色は悪いが、風に飛ばされることはない。

ところで、では、谷を歩いていて洪水が来たらどうするか。

そのときはみんな流されてしまう。多様系でも、大きな環境変動には対応できない。冗長性にも対応の上限がある。しかし、その規模の変動は、タイムスパンが長い。めったに来ない。恐竜が6500万年前の中生代末期に滅びて以来、その規模の隕石は地球に衝突していない。

(ちなみに、その前は2億5000万年前の古生代末期であった)


こんどは自分の胸に手を当てて、心臓の鼓動を聞いてみよう。

規則正しいリズムが分かる。時計を見ながら数えてみると、脈は一定ではない。

しかし心配する必要はない。脈拍には揺らぎがあるほうが正常なのだ。

逆に、揺らぎがなかったら、即入院したほうがいい。脈の揺らぎが小さい場合は心臓に障害がある可能性が高く、心臓発作直前には、完全に規則的になることが知られている。

心拍の揺らぎ*は、からだがさまざまな状況に即座に対応できるように設計されたものである。それはカオスである可能性が高いという。からだという複雑なシステムには、カオスという多様性が必要らしい。

整然とした規則正しい心拍が正常と思われていたのだが、実は、規則正しさは「異常」であった。
みんな同じより、わたしはわたし、いろいろあるほうが自然なのだ。そのほうが、社会システムとして強い。
多様系は単一系より効率は少し落ちるだろう。(大量生産のほうが単品製作より安くできる)
しかし、滅びてしまっては単一系の高効率も、意味がないのだ。

＊心拍の揺らぎ
誰でも、からだの中心部にカオスを持っているという例。左図で、心拍数の変化が常に異常な場合1.は、下段の位相グラフは一点(＝特異点)にきれいにまとまる。周期的な異常2.ではきちんとした繰り返しのリズムになる。そして健康な場合3.ではカオスパターンを描く。整列は異常、ということである。

(合原一幸編『複雑系が開く世界』日経サイエンス社 準拠)

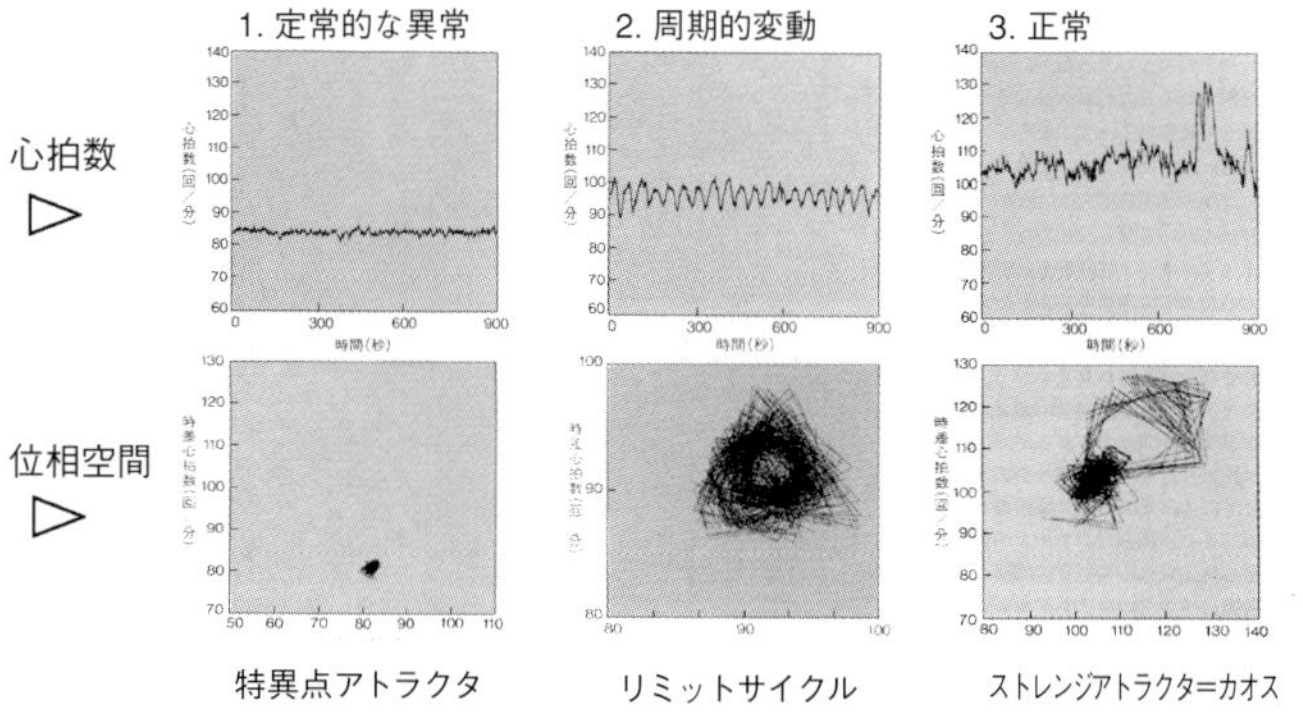

工事中の飯田橋駅の「ウイング」(左)
「整列していない」ほうが「自然」とはいえ、実際の設計・製作はその分難しくなる。各「ウイング」は、工場でいちど完成させたあと、また分割して現場に移送し、再び接合している。ヘリコプターによる搬入が認められなかったため、そういう手順となった。

07

生物

Bi-Organic @rchitecture

アナロジーを超えて

マネしないこと：似て非なるもの

「生物から学ぼう」という考えは、建築の歴史上、過去何度となく登場している。

またか、という気がするかもしれない。

そうした過去の例と「誘導都市」との違いは、カタチではなくシクミを、メタファーではなくモデルを、使うところにある。

生物は生長するから建築も成長できるように、という「たとえ」を使ったのは60年代の先駆、「メタボリズム」であった。その意義は高いが、「誘導都市」では、たとえではなく、意思決定の「方法」に使おうとしていることが違う。

まして、「誘導都市」には生物の表層のカタチを模倣するというような意図はない。アールヌーボーとは違う。

学ぶべきは、「シクミ」であって、カタチや比喩ではない。

生物は、環境との関わりの中で、ある種が（結果的に）選ばれ、ふえていく。

そこに働く淘汰／選択のしくみのように環境（＝条件）に適合した設計を得よう、というのが誘導都市である。

＊ライフゲーム
コンピュータ上の格子状の世界で、ひとつの升目にひとつの点を置く。左右や上下に他の点がいくつあるかでこの点の生死が決まる。こういう単純なルールだが、ここにいくつもの点を入れて様子を見ると、やがて点どうしが集合離散して思わぬ形になったり、複雑な動きを示したりする。１９６８年に数学者ジョン・H・コンウエイが提唱した。

あたかも生物の行動や進化の過程のように見えることからライフと名づけられたこの「ゲーム」は、研究者の間で大流行し、多くのバリアントを生んだ。今日のコンピュータウイルスは、その「進化」版といえるかもしれない。実験室を脱走した「ライフ」は、ウエブ上に生息場所を見つけた？

（17頁の「人工生命」の項参照）


（左）「**ON-DEMAND CITY**」（66〜69頁参照）の生成プロセスの、小規模でのシミュレーション。

これは人工生命のプログラムに近い。

蟻の生活：ＡＬＡ

たとえば、人間以外に集落や社会?をつくる例としてよく引き合いに出されるものに、蟻がある。蟻は小さな生きものだが、そのしくみは複雑で精緻だ。現在の技術では蟻と同じものを人工的につくることなどとうてい不可能である。そもそも、庭にまいた砂糖に蟻がどうやって集まるのかさえ、十分には分かっていない。

ここで、コンピュータの中の光の点に、いくつかの単純な規則を与えて、ディスプレイの庭に放してみる。その点々が、砂糖に集まる蟻のような行動をとったとする。生きている蟻とコンピュータの蟻は、姿かたちはまったく違っていても、行動様式は同じになったわけだ。ということは、現実の蟻も、実はコンピュータの蟻のように単純な規則の組み合わせで行動しているのではないか、と推理することができる。

それならば、こんどはコンピュータの蟻を、たとえば、寒い（とコンピュータが理解する）場に放って観察してみれば、本物の蟻の冬の行動が予測できるかもしれない。

1匹の蟻の精密な組み立ては分からなくても、このようにすることで蟻の行動が予測できる。予測できれば、制御もできる。これがシミュレーションであり、コンピュータの中の光の点々が「人工生命」である。

人工生命とはロボットをつくることではない。とりあえず形はなんでもよくて、ここで大事なことは、単純な規則を与えられたたくさんの点＝生物が、勝手にコロニーをつくったり増減したり、他人のプログラムを取り込んで進化?するとか、実際の生物のような多様な行動パターンを描くというところにある。（ライフゲーム）*

ここで、蟻を観察すれば都市が類推できるといっているのではない。

両方とも「たくさんの構成要素があり、その各要素には比較的単純な規則が働いていて、しかしその要素が互いに絡み合い（かつ非線形の規則が混じるため）、全体としては多様で予測のつきにくい結果をもたらす」という共通点がある、ということである。

逆にいえば、これを人の世界で行ったものが都市だと定義してしまってもよい。

こうしたしくみを持つものは、一般に「複雑系」と呼ばれる。生物以外にも、気象や経済は複雑系とされている。都市が複雑系であるかどうかは検証が必要だが、もし作動様式が似た系ならば、同じような方法で対処できるかもしれない。都市を律するすべての法則?を知らなくても、部分的なコードを設定することで複雑な都市をシミュレートできるとしたら。ＡＬＡ（Artificial Life Architecture）が成立する可能性もある。

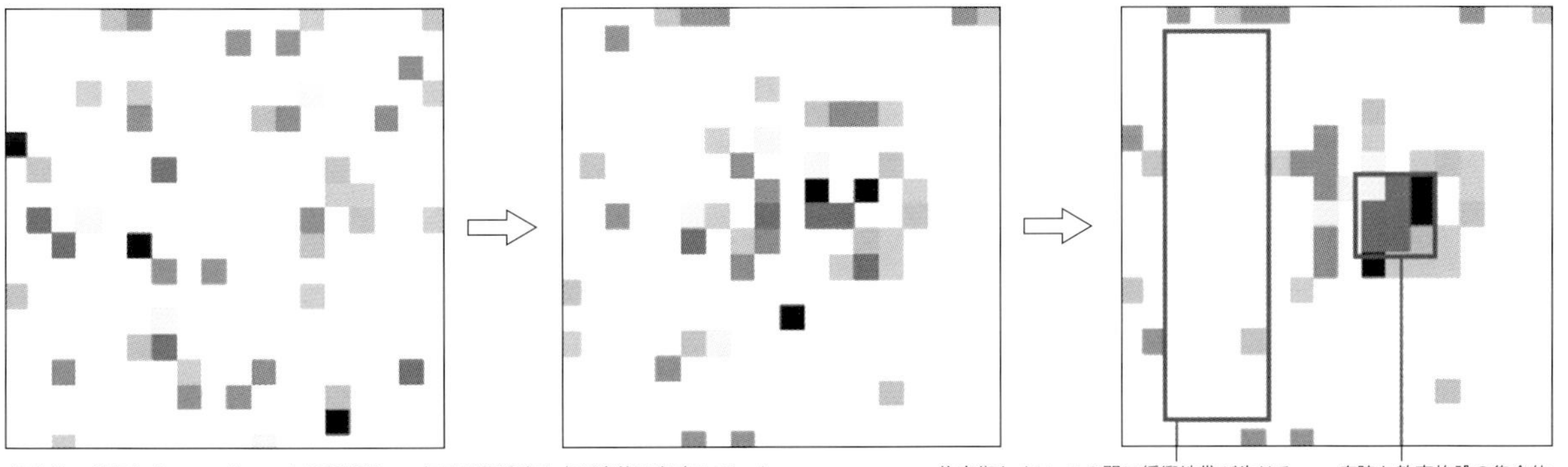

各点は、住宅やオフィスといった施設機能　初めは無秩序な点が次第に収束していく　住宅街とオフィスの間に緩衝地帯が生じる　病院と教育施設の集合体

形が似ていても、機能が違う場合がある：しくみと働きの違い

「太陽神の都市」で生まれる解は、箱のユニットを積み上げたような形をしている。

ユニットを箱にしているのは、前述したように、受照と密度以外は手を触れないほうが、成果が分かりやすいからだ。べつに、箱でなくても球でも、ぐにゃぐにゃでもいいのだが、ユニットの形に気を取られないように、直方体にしてある。

その結果、できたものは一見、かつての集合住宅プロジェクト、「ハビタ67」*に近いようにも見えるかもしれない。しかし、その成り立ちは、まったく違う。

「ハビタ67」は、住戸ユニットの立体的組み合わせを追求した優れた設計であったが、その組み合わせの仕方は、設計者の感覚と判断によって決められていた。

あっちかな、こっちがいいかな、という、いわば美学上の試行の結果、生まれたものである（と思われる。それがイケナイというのではない。それはそれで大事なことである）。

しかし、太陽神の都市の例は、そうした個人の試行の結果ではない。明確なコードと、それ以外のランダム性の、合成された結果なのである。

見た目が似ていても、目的も生成原理も違う。

かたや、従来の設計方法によってできている。

他方はまったく新しい設計方法によるもので、確たるパフォーマンス（＝達成機能）を持つ。

要求された日照条件をかなえるという「機能」と、その機能を果たすための「方法」の存在が、一見近いように見えるふたつの結果の、実は大きな違いである。

「見た目」の背後には、まったく違う「しくみ」が潜んでいるのだ。

樹木の設計：陽当たりの論理―2

ここでまた、ドアを開けて外に出る。

もういちど木の下に立って、上を見上げてみよう。そのほうが目も休まる。

よく茂った、大きな木がいい。

＊ハビタ67（右）
　1967年のモントリオール万博のシンボルのひとつとして、モシェ・サフディによって設計された集合住宅。箱型のユニットを組み合わせて、全体は単純な箱型でない凹凸の多いものとしている。当時の時代背景から、プレファブ化工法が大きなテーマで、隣地で製作しながら158戸のユニットを施工した。
　見て分かるように、「太陽神の都市」のように光や風を通す多孔質のものではなく、また構成に「誘導都市」一般のような課題を解決する潜在規則があるのでもない。
　しかし、単純な単位による複雑な全体、という点では、近いところがある。

木の設計（59頁）
　ここに樹種による日照特性等を加えて、たとえば植林した山の将来を3D表示することも行われている。（神原武志　他著『パソコンで遊ぶ物理シミュレーション』講談社 準拠）

もし、木の下から空がほとんど見えなければ、その木は「成功」している。空が見えないということは、葉が空の光を漏れなく受け止めている、ということである。空のかけらが見えれば、それは、光を取り漏らしているということだ。

葉は、ただ適当に茂っているのではない。上下の重なりを調整して、最大効率で光を受けられるように、レイアウトされているという研究がある。

葉の配置計画は、明確な要求に従って「設計されて」いるのだ。


その設計原理は、「太陽神の都市」に似ている。

住戸ユニットひとつが、葉ユニット1枚に相当する。木の葉も住宅も、「重なりを少なくして効率よく光を受け止める配置を考えなさい」という課題に応えようとした。

木には、小ユニットを集めた巨大な葉を数少なくつくる、[*①]という案もあった。在来型の集合住宅のほうはそれに近い案を出した。しかし木の解答は、ちいさなユニットをばらばらに配置する案であった。巨大葉は効率はいいが、コストもかさみ、ダメージを受けた際に回復が難しい。木は、個別分散型の案[*②]を採用したのである。

「太陽神の都市」の答えは、（経緯は違うが）それに近い。（34〜39頁参照）

バオバブはなぜバオバブか：パラメータによる形の違い

もう少し木々の観察につきあってほしい。

広葉樹と針葉樹は、形が違う。葉の形が違うだけではなく、枝の広がりや、全体の樹形も違う。

同じ広葉樹の中でも、ケヤキはすっと伸びているし、クスノキは横にも広がる。

近所の公園では見つからないと思うが、星の王子様のバオバブの木は、太い寸胴の頭にちょんと枝が載っている。変といえば変な、不思議な形だ。樹木といっても、カタチはいろいろである。

あれこれ、気まぐれにデザインした結果のようにも見える。細い、長い、太い、丸い、上、中、下、というようにキーワードを決めて、バリエーションをつくったように思える。

そういう方法は、建築の設計でも採用することがある。

＊日照を受ける方法①
1枚の平面を広げて陽を受ける。平面が水平でも垂直でも、原理は同じ。現在の方法。

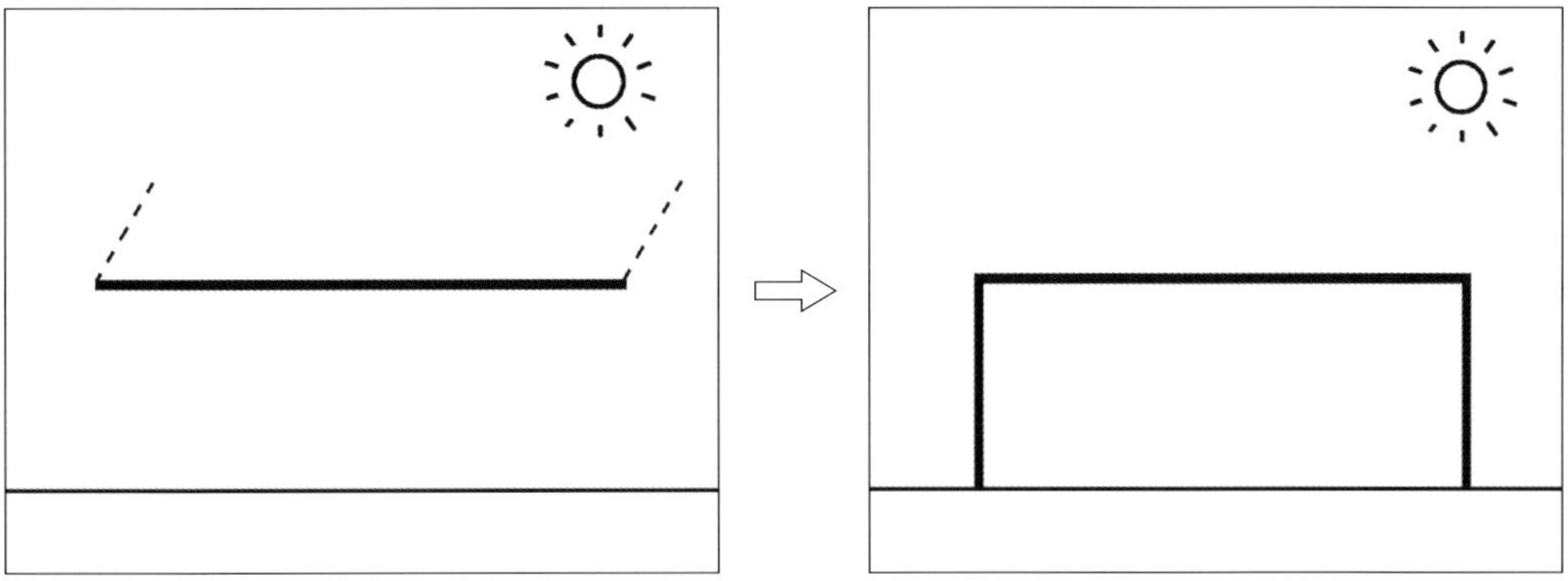

敷地にどう配置するか、囲む、並べる、前にする、後ろにする、中央に立てる、などの方針に基づく案をそれぞれスタディしていく方法。

では、樹木もそのように、方針を決めたスタディから設計されたのだろうか。

ところが、どうも違うようなのだ。


ではここで、樹木の設計をしてみよう。（これはよく知られたプログラムで、筆者が開発したものではない）

これは基本設計なので、要素を単純化して、幹も枝も線で表す。

幹から枝が分かれていく。枝分かれの数、角度、縮小率、拡大率を選べるようにする。指定するのはこの４つの数値だけだ。プログラムは指示されたとおりに枝分かれをふやしていく。それだけである。

それ以外のことはしない。かんたんである。

さて、この数値を適当に選ぶと、①のようなものができる。これは木に似ている。広葉樹に見える。数値を変えると、②になる。これは針葉樹に見える。

この調子で、羊歯のようにも、草のようにもなる。バオバブ③もできる。

このプログラムは、広葉樹のような、あるいは羊歯のような、カタチを描こうとしているのではない。カタチを真似ているのではない。プログラムが決めているのは、４つのパラメータだけである。カタチはその結果だ。描かれた木のようなデザインを決めるのは、この４つの変数だけなのだ。とすれば、本物の木のカタチも、実はこの４つの変数が決めている、という可能性もある。

本物の樹木の形状は、ＤＮＡ*が決めている。

ＤＮＡは設計図である。そこには、ＡＴＧＣという4種類の塩基が並んでいる。ＡＴＧＣＡＧＣＴＡＣＧ……という具合に、延々と続く。それはＡＴＧＣの4文字の組み合わせによるプログラムだ。

木のカタチを決めるプログラムもそこに書き込まれている。それも、先ほどの枝分かれ数など4つの変数の組み合わせで書かれているのかもしれない。（これは証明されたわけではなく、別な変数による可能性もある）

ちなみに、広葉樹も羊歯も、（細菌もひとも）、地球上の生物は同じＡＴＧＣ文字（＝ことば）を使ってプログラムを組んである。だからＤＮＡは種を超えても機能する。樹木のＤＮＡをひとのからだで働かせることもできる。（したくはないが）

余談ながら、コンピュータプログラムでは、この汎用性が完全ではない。ＯＳという種を超えて、どこでも同じ言葉（＝プログラム）が使えるようにはなっていない。生物のプログラムの汎用性には、遠く及ばない。

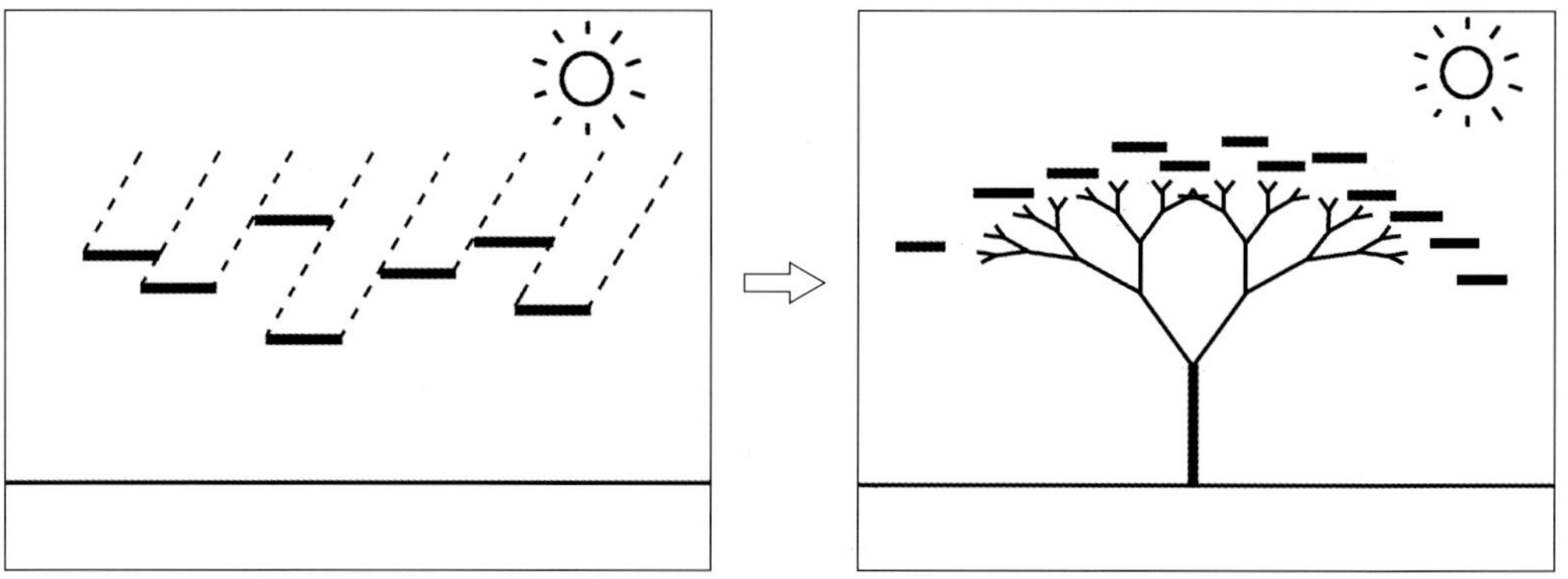

＊日照を受ける方法②
１枚の大きな平面をつくる代わりに、たくさんのちいさな単位で陽を受ける方法。
上下の重なりを避けて単位を配置する、木の葉の設計コンセプト。「太陽神の都市」の方法は、このしくみに近いともいえる。

木の設計

条件

2分枝の法則

右枝　角度　：θ_1

縮小率：r_1/r_0

左枝　角度　：θ_2

縮小率：r_2/r_0

分岐回数：n

3分枝の法則

角度：$\theta_3=(\theta_1+\theta_2)/2-\theta_1$

縮小率：r_3/r_0

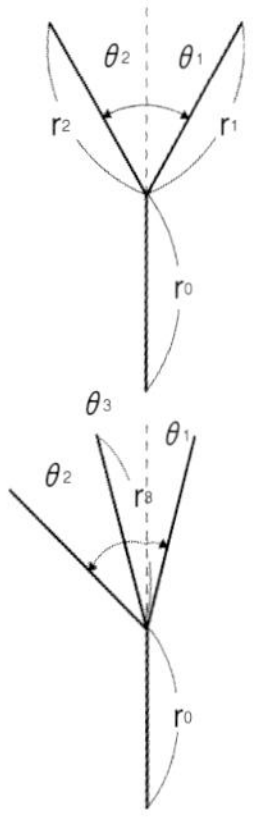

実行

$\theta_1=15^\circ$

$r_1/r_0=0.7$

$\theta_2=15^\circ$

$r_2/r_0=0.7$

n=7

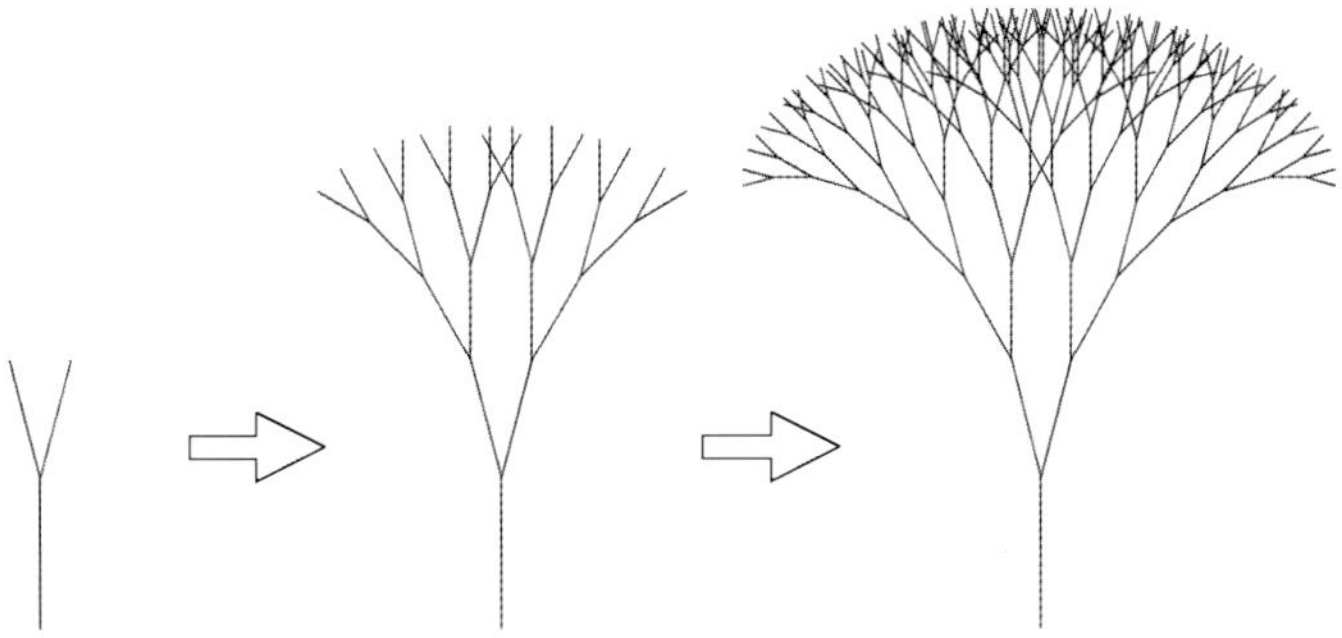

25°、0.7、25°、0.7、7

①広葉樹

30°、0.5、30°、0.5、6

②針葉樹

20°、0.6、20°、0.6、7、間引き

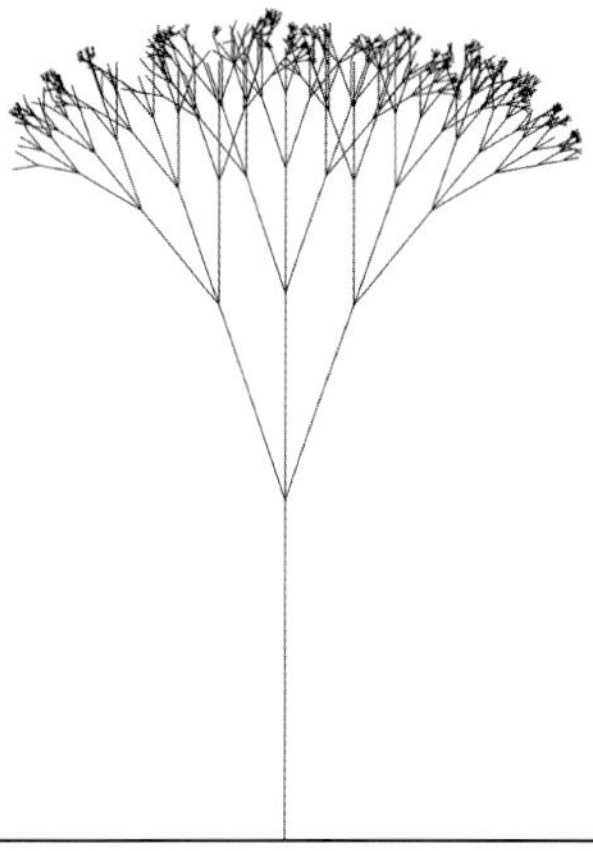

③バオバブ

設計に理由はない？

さて、木の設計の話である。

樹木の形は、なんらかの必要性があって今のようになった。

松の葉が細い針のようになったのは、水分の蒸発を減らしたい、しかし同時に、光合成をするための受光面は欲しい、という難しい要求への解答だった。

矛盾する要求を解決した設計者の、得意気な顔が見えるような、見事な答えである。

しかも、針状の葉案を採用してみたら、とげとげしているので食べられにくい、というおまけのメリットがあった（のかもしれない）。

いい設計とはそういうものである。問題を発見する前に、もう先に解決している。結果が、原因より早い。

設計をしていると、ときどき（しばしば？）そういうことがある。（あってほしい）

枝ぶりにも幹のサイズにも、そうなった理由がある。形には、理由がある。

その理由は、環境と個体との応答の中にある。環境が、個体の形をつくるＤＮＡを進化の過程で選んだ。

カタチの「理由」と、カタチをつくる「ＤＮＡのプログラム＝設計」とは、別である。

カタチをつくるプログラムに、理由はない。

ある手続きをすれば、あるカタチが生じる、と設計されているだけだ。

そのどれがいいかを選ぶのは、まわりの環境である。

ケヤキとスギと羊歯の違いは、それぞれ別の設計に思える。

ところが前述のように、同じ設計のわずか４つのパラメータを変えるだけで、どれでも生まれる。

複雑多様に見える樹木の設計にも、意外に単純な原理が隠れているのかもしれない。

魚の設計*：全体を決めないこと／天才の技

こんどは山や野ではなく、海に潜ってみる。

ちなみに、水中では重力がキャンセルされる。これは地上では味わえない感覚だ。

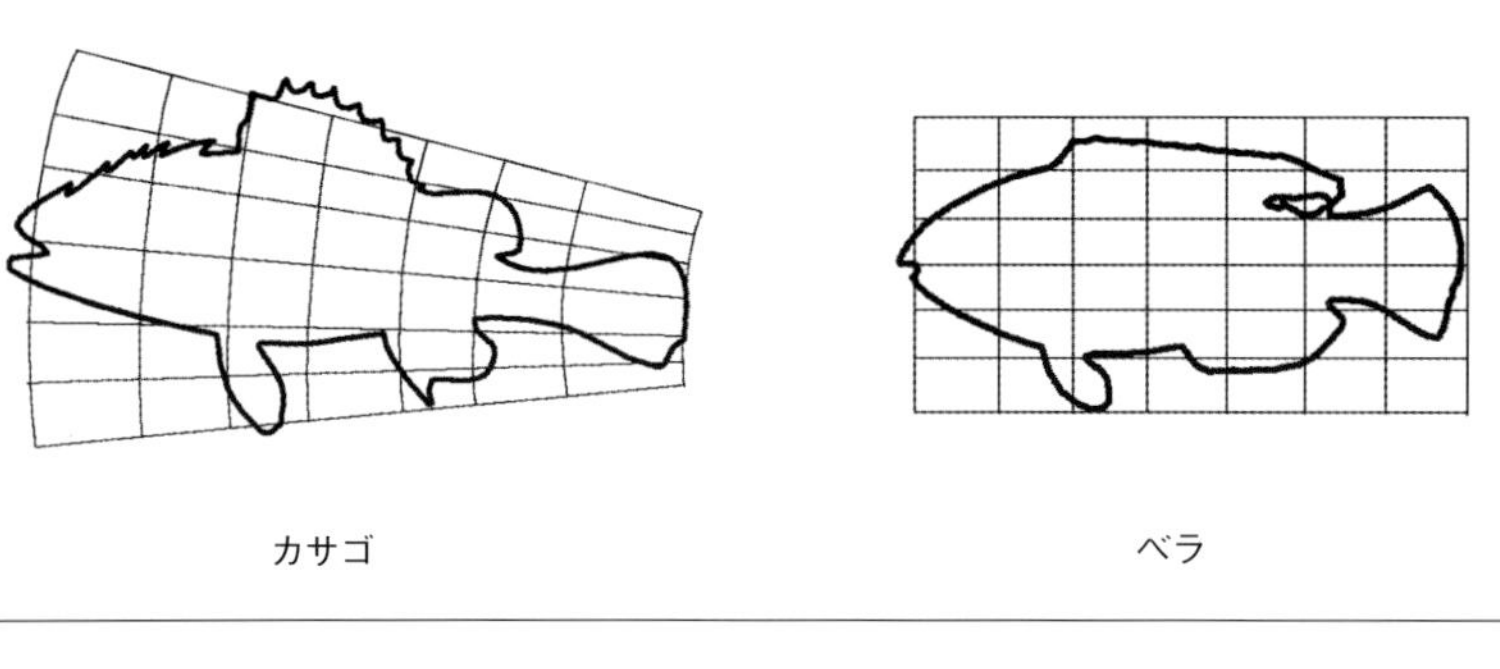

カサゴ　　ベラ

＊魚の設計
基本グリッドへの単純な変形操作から、さまざまな種類の魚（の形）が生まれる。
自然界の多様な形も、意外に単純な規則からできている（かもしれない）。
自然の形に、そうしたシンプルなしくみがあるとしたら、形だけではなく構造や機能にも同じように、「単純なルール」→「複雑多様な成果」、という原理が隠れているのかもしれない（と推測できる）。引用されることの多い古典的な研究。（本当かどうか実行をお勧め）
（D'Arcy Thompson著『On Growth and Form』Cambridge University Press等 準拠）

郵便はがき

料金受取人払

豊島局承認

2824

差出有効期間
平成15年11月
30日まで

(切手はいりません)

171-8790

184

東京都豊島区池袋2-72-1
日建学院2号館

㈱建築資料研究社
出版部 行

お買い上げいただいた本の書名	お買い上げ書店名

小社出版物についてのご意見・ご感想などお書きください。

書籍雑誌注文書

書店様へ

このハガキは番線ご記入のうえ投函して下さい。

(番　線)

お客様へ

小社出版物のご注文はこのハガキをご利用下さい。

ハガキは①お近くの書店にお渡しになるか、②直接投函して下さい。

①の場合、書店よりご購入いただくことになります。

②の場合、小社より代金引替(送料は一律600円)の宅配にてお送りさせていただきます。尚、ご注文の代金は本体価格＋税となります。

書　　名	部 数	本体価格
合　計 (②の場合のみ送料 ¥600)		

送付先 住　所	〒　　自宅・勤務先（どちらかに○）	
氏　名		
TEL	(自宅)	(勤務先)
会社名 所　属		

正確には、衛星軌道上のような遠心力による無重量状態ではない。重力と浮力が釣り合って無重量になったように感じるわけで、全身を持ち上げられているのに近いが、とにかく、三次元空間を、上でも斜めでも、好きなように移動できる。これはキモチイイ。

建築に課せられた最大の、そしてまぬがれえない条件は重力だと思うが、それが海の中ではキャンセルできる。設計に携わるひとは、いちど、スキューバダイビングを体験することをお勧めしたい。（3D空間の「実体験」には、宇宙に行くよりだいぶ安くすむ）　建築学科の課外授業に入れてはいかがかと。


とにかく海で、魚を捕ってくる。

なるべく、魚らしい形の魚がいい。その魚のエレベーションを、PCに入力する。特別なプログラムは要らない。ふつうのCGでいい。このエレベーションにグリッドを重ねる。

そして、適宜、グリッドの間隔を変化させる。

すると、さまざまな形の魚ができる。そのうちのいくつかは、実物の魚に似ている。

グリッドの変形を調整すると、タイに似たもの、マグロ、マンボウ、と、実物の種類に近いものが得られる。

どれでもお好み次第。（この研究は筆者によるものではない）

ここでも、樹木のときと同様、実物の魚に似せて絵を描いたのではない。

操作したのはグリッドの変形という数値だけだ。基本の形に単純な数値変換を行うだけで、実際の魚の「種の違い」が現れる。

このことから、実際の魚の形を決めているのは、DNAのいくつかのパラメータだけかもしれない、という推測が成り立つ。

種の違いで設計図がまったく違うのではなく、設計図はほとんど同じで、ほんの数個の入力値を変えることで、タイからマンボウまでの、一見まったく違う形を生み出しているのかもしれない。

だとすれば、魚の設計者はやはり天才といわねばならない。

極限的な汎用設計を開発したことになる。

パラメータは違うが、先ほどの樹木の場合と、しくみは同じである。

（木の設計者も天才であることは、いうまでもない）

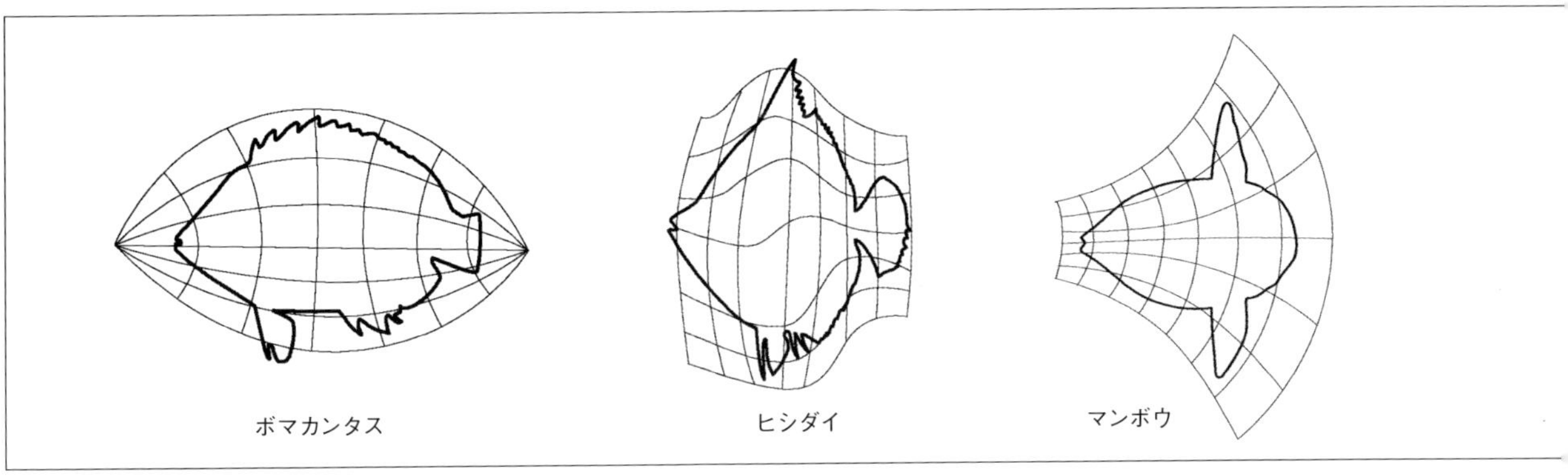

1000万年ゲーム：絶対に、とはいえない

基本的なルールをひとつつくる。そのルールの中に、変数をいくつか用意する。

変数の入力値はランダムに設定する。あとは、ルールに従ってできた形を環境に放り込む。

そしたらこの件はもう忘れて、遊びに行ってしまう。

そして1000万年くらい経って、もういちどのぞいてみると、いろいろなカタチが生き残っている。

それぞれの環境に適したそれぞれのカタチが生き残り、ふえている。長いのや短いの、丸いのや尖ったもの、千差万別に見える。が、どれも、もとのパラメータの違いから生じたものだ。

生物は多様だといわれる。海に潜ってみれば、寄ってくる魚の色や形の違いは驚くほどだ。確かに多様性、複雑系、と思える。

しかし、その見かけの多様性の背後には、こんな簡単なしくみが潜んでいる（かもしれない）のだ。

もちろん、生物界の多様性とは姿かたちの違いだけではない。からだの内部のしくみから生活様式、繁殖システムまで、それぞれの分野で多様性がある。カタチはそのひとつのジャンルにすぎない。しかし、多様性を形成する重要なひとつのジャンルであるカタチが、実はかんたんなしくみで決定されているということは、残りの多様性も、同様にかんたんなしくみで決まっているという、可能性がある。

（「可能性」ばかりだが、これらをすべて「絶対に」そうだと言うためには、生涯を魚や植物の研究にささげなくてはならず、そうすると設計している時間がない……それはそれぞれ専門の優れた研究者に期待したい）

言いたいことは繰り返されているが、都市でも建築でも同様なことがいえるかもしれない、ということである。

（こちらは、「可能性」よりもう少し確度は高い。「誘導都市」の「発生街区の街」などは、その証明のひとつ、でもある）

複雑系に潜む、単純な原理。しかも、この原理は、全体を決めない。

魚の例では、変数は、グリッドの変形である。樹木の例では、4つの数値である。

全体の形状を決めるのではなく、グリッドの線の傾斜や枝分かれの数という、部分の関係だけを決めている。

それでいて、結果は、バランスした全体と、多様な生態系が得られている。

（魚の例では、基本形状を決めるプログラムが別に必要だが）

全体を強制することなく、しかも統合性を持ち、それぞれの要求に的確に答えた、自由度の高い解答。

その解答の群れが、都市という無重量空間を、ゆっくりと泳いでいく。

恐竜の設計

恐竜の中には、極端に首の長いものがいる。長い首を支えるのは簡単ではない。どうやって支えるか、構造をどうするかは、「設計者」の腕の見せどころだ。（橋梁設計と似ている）

首の骨は椎骨というユニットをたくさんつなげてできている。その椎骨の数をふやして長い首をつくったのは、クビナガリュウ（上）。

一方、タニストロフェウス（下）は、椎骨ユニットの数を変えずに、ひとつひとつの椎骨のサイズを伸ばして首を長くした。同じ目的に対し、同じ規模の課題に、同じ材料を使って、違う答えが生まれた。生物の設計は、一律ではないのである。

さて、この課題で、成功したのは、どちらの設計でしょう？

（S.Romer著『Vertebrate Paleontology』、『かたちの進化の設計図』岩波書店 経由）

課題：長い首の支持方法

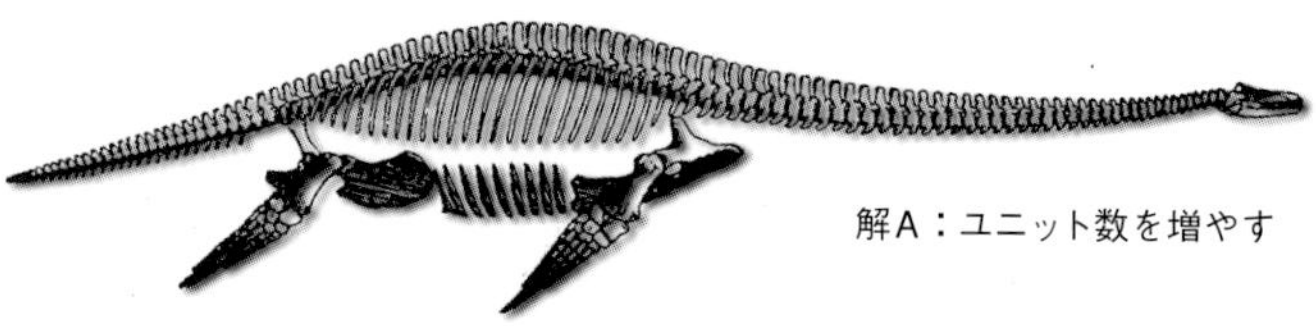

解A：ユニット数を増やす

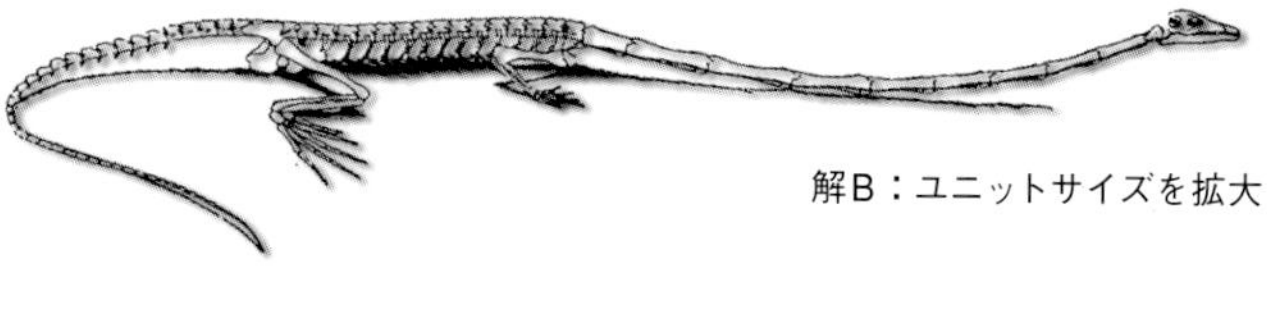

解B：ユニットサイズを拡大

生体ミニマリズム：適材適所の構造力学／単純な原理による多様性

条件を解く方法を単純化して一律の解を強要するという在来方法は、集合住宅の住戸配置に限った話ではない。

それは、工学や科学一般に共通の、要素還元主義的と呼ばれる方法である。

たとえば、構造力学。単純なラーメンでも、荷重によっては各柱に働く応力は均等ではない。

しかし、応力に応じて柱の太さを変えることは少ない。

さらに1本の柱でも、その上と中と下で応力は違うが、ふつうは床から天井まで、柱の断面が随時変化するようにはしない。

ではどうしているか。いちばん応力の大きい部位で、それに耐える断面を選び、全体をその断面でつくる。

もっと細くできるところがあるのに、そこは必要以上に太い部材を使うというわけだ。

この点を課題にしたプログラムが、「換気塔 WIND WINGS」である。（１０８〜１１３頁）

ここで、骨の断面を拡大して見る。なんの骨でもいい。

骨の中身はスカスカだ。無数の小さな孔がある。孔があるというより、微小な立体格子が集まって骨をつくっているといったほうがいい。隙間が多いから、骨は軽い。立体格子だから、強い。

骨のこの構造は、最小限の材料で最大の力を支える解であることが知られている。* 構造上必要でないところには、むだな投資をしない。こうした適材適所の構造は、生物一般に見られる原理である。

それだけではない。骨は、断面が変化する。

右腕を伸ばしてみよう。そして左手で右腕の骨に触れてみる。手と肘に近いところの骨は太く、その中間の骨は細い。応力の多くかかるジョイント付近は太く、応力の少ないところは細いのだ。

必要以上に太くはしない。可能なところは材料を節約している。

ここに働いている原理は明確だ。最小限の材料で、最大の荷重を支える。それを、最軽量の構造でつくる。材料は手に入る身近なものを使う。これが、骨の設計原理である。

最小・最軽・最短による、最大効果。ＭＩＮＩ−ＭＡＸルール。これは、ミニマリズムだ。

生体ミニマリズム。


「生体ミニマリズム」は、建築のミニマリズムとは違う。

＊骨の構造
「生物の設計者」は、優秀な構造設計者と共に仕事をした、という証拠品のひとつ。

骨の縦断面には、たくさんの線が見える（右）。この稜線（骨稜）のパターンは、骨が荷重を受けた際の応力線（左）に一致することが知られている。稜線が微細な梁であり柱なのだ。

この観察結果は、骨は最小限の材料で最大の強度を出すように「設計されて」いる、という推論を導く。こうした視点は、１８７０年に、数学教授のクルマンが提示した。

なお、生物の構造設計については、「連続的な張力と局所的な圧縮力」で成立する「テンセグリティ」構造（バックミンスター・フラーとケネス・スネルソンによる）を使って、最小材料による最大強度を得ているとの指摘もある。（D・E・イングバー「日経サイエンス」９８０４）

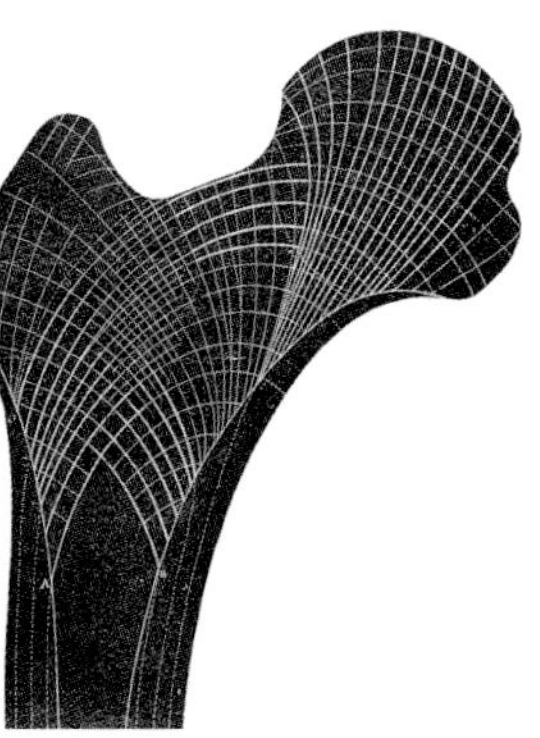

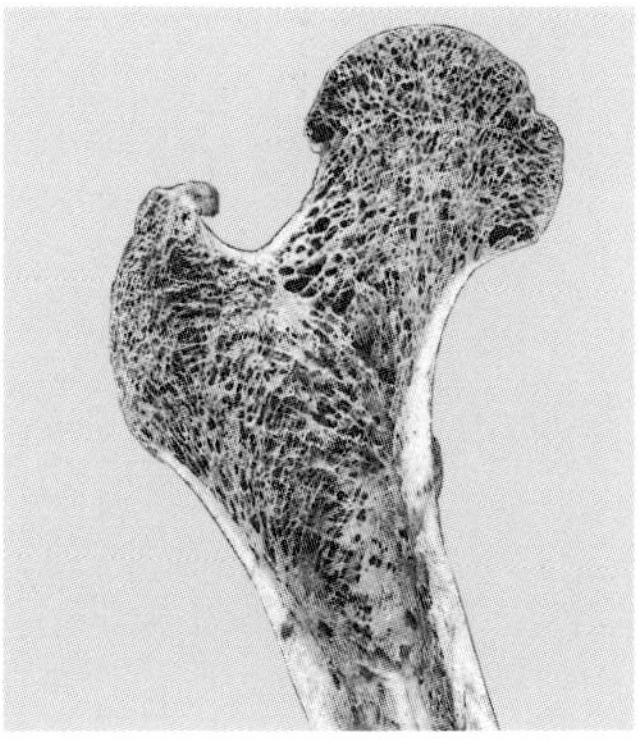

どこが違うだろう。

生体ミニマリズムでは、カタチは単純にはならない。

形は多様で、一見自由奔放なデザインのように見える。

それでいて、実は架構にミニマリズムのルールが強力に働いている。

見てくれのカタチだけ単純にするより、構成原理を単純化する生物方式のほうが、たぶん高等であろう。

その原理はしかし、外から、つまり形態からは、見つけにくい。

原理は単純だが、結果は多様、という自然界のしくみ。多様性の中に潜む、ひとの目では見えない、規則。


ひとがコントロールできない世界を自然と呼ぶならば、現代の都市はむしろ自然の生態系に近いかもしれない。

であれば、その「自然」の中にも、同様な規則が潜んでいる可能性がある。

街を眺めても発見できない規則。その規則を発見し、プログラムにすることができれば、都市は、建築は、より環境に適応し、それでいてもっと自由なものになるだろう。

「誘導都市」、そして「ウエブ フレーム」と「換気塔」で行った試行と実践はその可能性を求める過程である。

ヒトの設計（左）
ヒトとチンパンジーは、どう見ても違う。しかし、どちらも子供の頭蓋骨は、よく似ている。子供の頭蓋骨にグリッドを重ね、その格子に変形操作を加えると、それぞれの「大人」が誕生する。（A・モンターギュ著『ネオテニー』どうぶつ社 準拠）

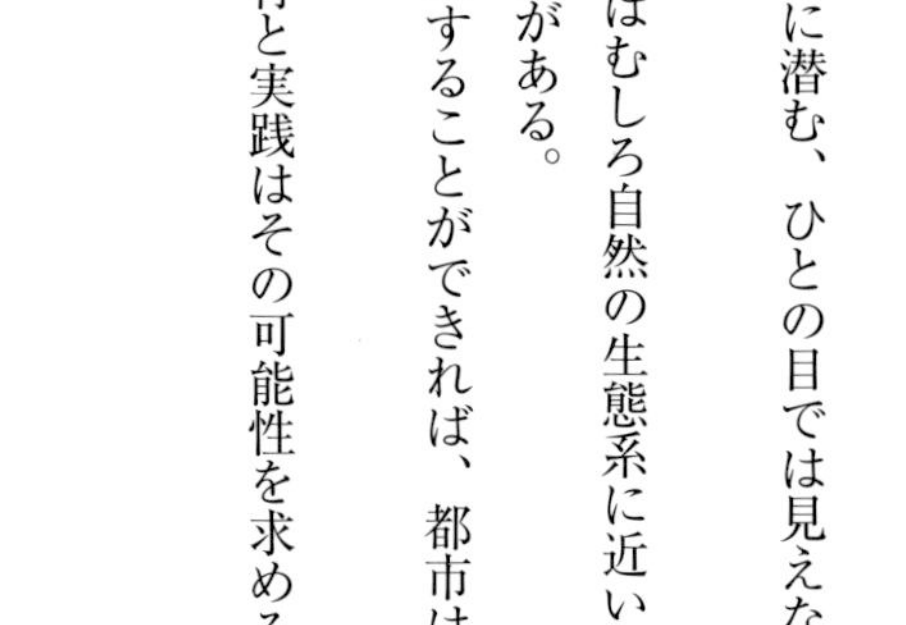

08

都市を生む

The INDUCTION CITIES-2
Generated cities

「誘導都市」第2期
いい街、とは何か

欲望の街：「ON-DEMAND CITY」（1995年）

「ON-DEMAND CITY」は、必要なところに必要なものがある、そんな街をつくるためのプログラムである。

つまり、施設機能の「最適配置」を得るプログラムだ。最適なんぞ決められない、という声はもっともだが、その点は、前述の「05 ちいさな約束」の項を見てほしい。

都市の中の施設機能、たとえば、学校と家とマーケットとゲームセンターと病院。それらはどんな位置関係にあったらいいのだろうか。機能配置を最適化することができるだろうか。

施設機能の配置は経済原理で決まりそうな気がするが、実際には街の初期のゾーニングに大きく左右されている。昔ながらの住宅地が、突然、歓楽街に変わることはあまりない。歴史的というべきか、初期条件の拘束が強い。その拘束を解いて、望ましい関係に忠実に機能配置が動けるとした場合、いかなる配置パターンが生まれるか、このプログラムは、それを見る。

このプログラムでは、各施設間の「距離」を価値の指標とした。

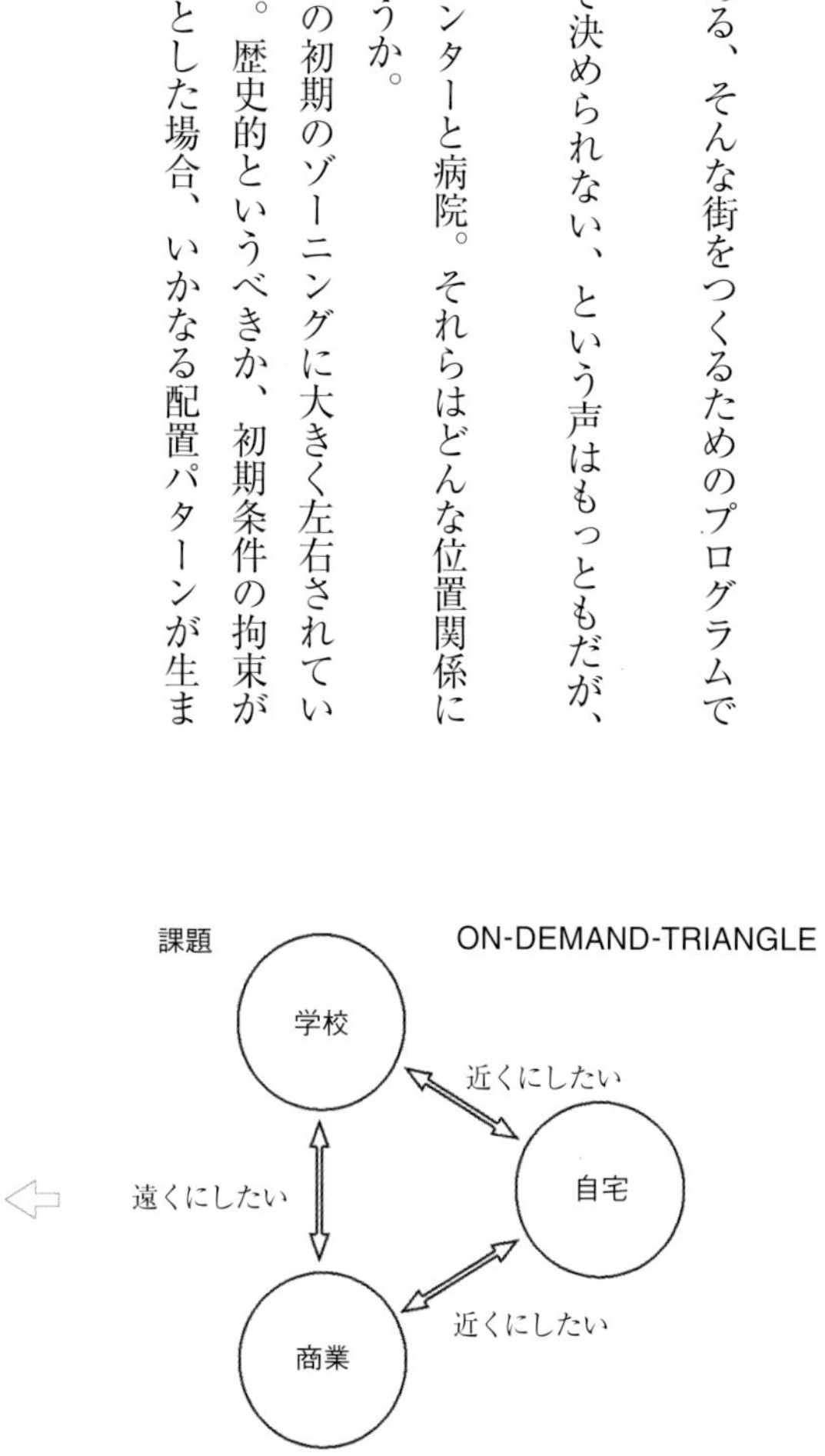

たとえば、家とコンビニは近いほうがいい、でも家と工場とは離れていてほしい、というように、各施設の望ましい離れ具合に、1から10までの（いくつでもいいが）段階をつけて「設定マトリクス」をつくる。

（実際の施設間の距離は、道なりであるが、ここでは直線距離を使った。また、徒歩とクルマはどう分けるのかなど未処理の事項があるが、それを研究しているといつまでも終わらないので、ここでは単純化してある）

一方で、ある地域内の全施設の相互距離（膨大な組み合わせになる）を最適距離と比較計算する「評価プログラム」を用意する。施設の必要数は、一般の計画手法から算出する。


それらの施設を、対象地域にまずランダムにばらまく。

そのうちのひとつを、少し動かして、評価プログラムにかける。動く前より評価点が上がっていたら、また他のひとつを動かす。もし評価点が下がっていたら取り消して、別なものを動かす。これを延々と繰り返す。

これは必ずいいほうに向かう。評価点を高める方向に行く。そうなるようにプログラムしたのだから当然だ。

すべての施設が互いに最適距離となれば、評価は理論値の最高点になる。しかし、そういう事態は起きない。

ひとつの要素が少し動けば、同時に他の複数の要素との距離も変化することになるため、結果は一律にはならない。ひとつの施設は他のすべての施設と相互関係にあるから、こちら立てればあちら立たずという具合で、必ずよくなる動かし方はまず見つからない。もちろんひとの手で行うのは不可能である。

片方にはいいことも、他方にとっては困った事態を引き起こす。

そういう複合状態の、行く末に何があるのか、プログラムはその一端を明らかにする。

何日もずっと計算させていると、いつかプログラムは停止し、それ以上いい点が出なくなる。その状態が、可能な限りいい配置、ということになる。理想にはたどり着かないが、理想に近い解答が得られる。（ベストではないが、ベターの答え。「ラブ・トライアングル・セオリー」（22頁参照）を思い出してほしい）
この状態は、経済学でいう「パレート最適」*に近い。
その結果、設定上は接近するはずのない住宅どうしが集まって集合住宅地をつくり出したり、多くの機能が集中するセンターが出現したりする。同じ設定マトリクスでも、試行のたびに結果は変わる。しかし、同じマトリクスから生まれる結果には共通した性格がある。
要素の数が多いということと、関係が絡み合っているということが、単純な設定にもかかわらず、多様なパターンをつくる。その結果は、「要求」の力学を視覚化したものになっているはずだ。

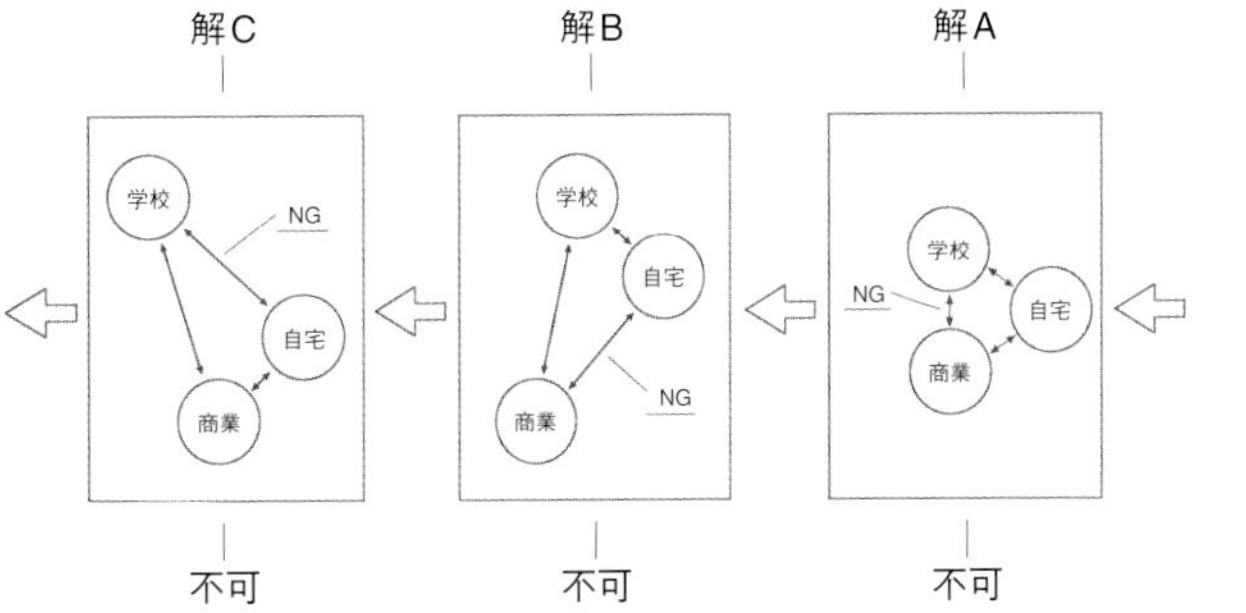

「オン・デマンド・トライアングル」（右）
22頁の男・女を住宅やコンビニなどの施設機能に置き換えると、同様に「解けない事態」になる。ここから出発して「答え」を見つけるのがON-DEMAND CITY。（右図で学校と商業施設を近くにしない、というのは設定の例。筆者としては、近くてもいいと）

＊パレート最適
今よりいい状態になるためには、いったん今より悪い事態になる必要がある、という話。「パレート最適」は経済学用語で、現在の状態を改良しようとして何かを変えると、成員の誰かになんらかの不利をもたらすような、そういう今の状態のことをいう。要するに、変えるより、このままのほうがまだマシだと思う、そういう状態のこと。

ぬるま湯も、パレート最適の一種？　もう、湯から出たいが、出ると風邪をひく。

逆にいえば、「改革には痛みが伴う」ということだろうか。

ここに挙げた例では、結果を分かりやすくするために学校とか住宅といった既存の機能単位を使ったが、マトリクスに入力する単位はそれに限らない。

たとえば、具体的な施設と結びつく以前の、ひとの基本的な要求、寝たいとか、動きたい、といったものを単位とすることもできる。

そうした基本的要求を単位としてプログラムを走らせると、どうなるか。

その結果生まれる要求のクラスターは、現在は存在しない機能の組み合わせとなることもある。遊んで仕事して寝る、というような、今は存在しない施設が発生することがある。

学校とか住宅といった既存の名前では呼びようのない施設が出現する。新しいビルディングタイプが誕生するのだ。

今は、まだない、しかし、もしかしたら潜在的に望まれているかもしれないタイプの都市施設が、見つかる。

名づけようのない施設の立ち並ぶ街。

その街で初めて、都市の欲望は、素直な形を見せることだろう。


このプログラムは、「人工生命」のそれに近い。（17頁、55頁参照）

実際、動作過程の時間を早めて見ると、無数の小さな色彩の点が街をさまよい、やがて居場所を見つけて落ち着く、というような印象になる。

ここで注意してほしいのは、誰も「全体の」配置計画は指示していないということだ。

だれもデザインしていない。つまり、デザインレス。

決めたのは、望ましい「距離」という「部分の関係」だけである。

その結果得られた配置案は、実際の街の地図のように「自然に」見える。

ニュータウンの機能色分け図のような、いかにもつくりましたという「人工臭」が、薄い。


「～のように見える」というのは科学的ではない。

しかし、直感的評価には総合性がある。勘は、手と同じくらいに速い。

「発生したバーチャルなプラン」と、「既存のリアルな街」という、まったく別の「生まれ」のふたつが同じように見えるということは、もしかしたら、どちらも発生原理は同じ、という可能性もあるのだ。

これも、「見えない規則」のひとつの例かもしれない。

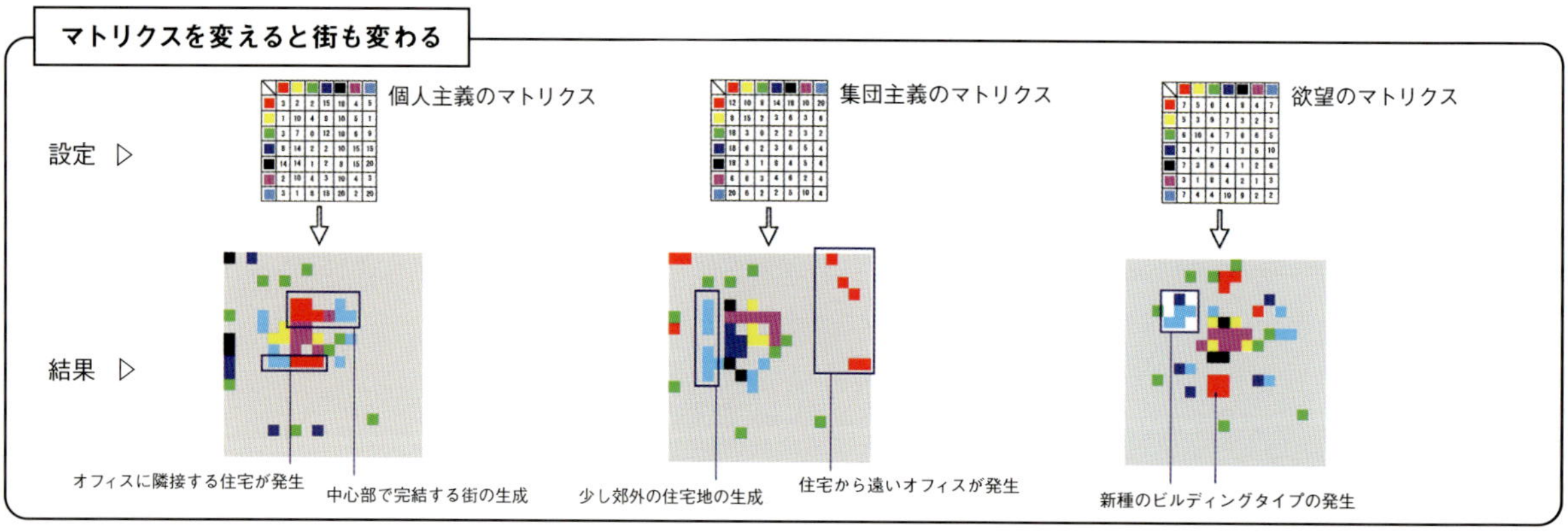

「ON-DEMAND CITY」の構成

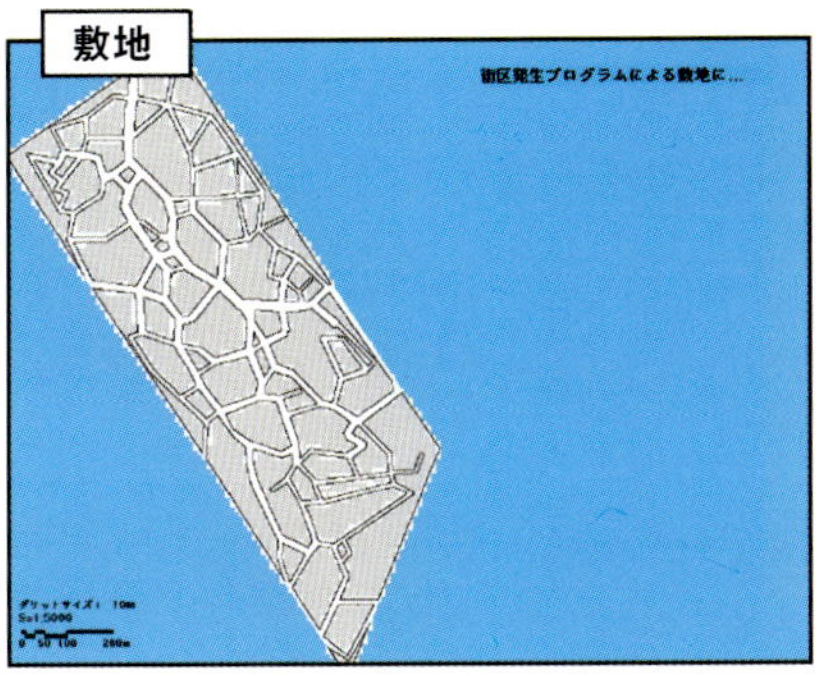

施設のマトリクスを設定

- オフィス
- コンビニエンスストア
- 公園
- 教育施設
- 病院
- 商業施設
- 集合住宅

（施設は例）

	12	10	8	14	18	10	20
	8	15	2	3	6	3	6
	18	3	0	2	2	3	2
	18	6	2	3	6	5	4
	18	3	1	8	4	5	4
	6	6	3	4	6	2	4
	20	6	2	2	5	10	4

数値は各施設間の「望ましい」距離

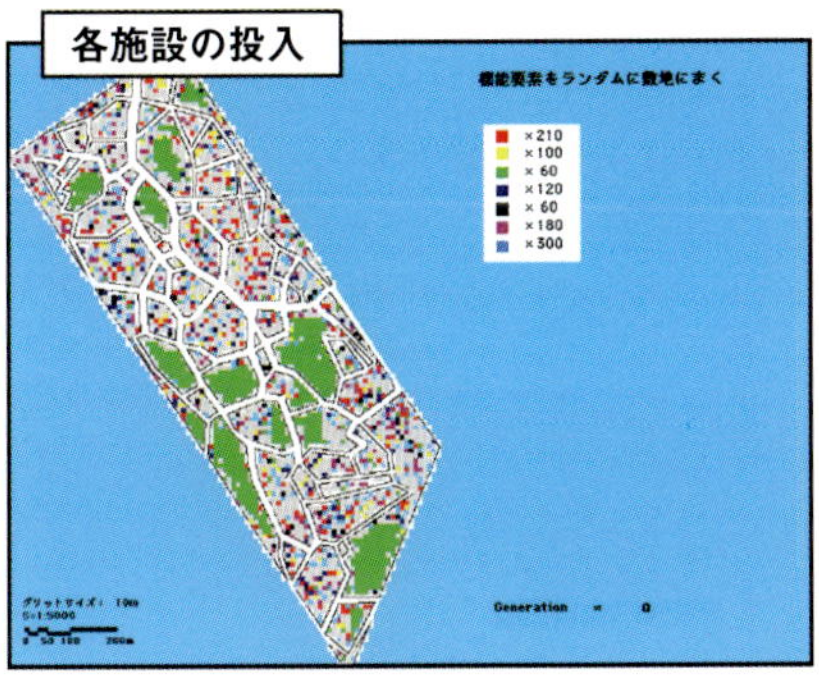

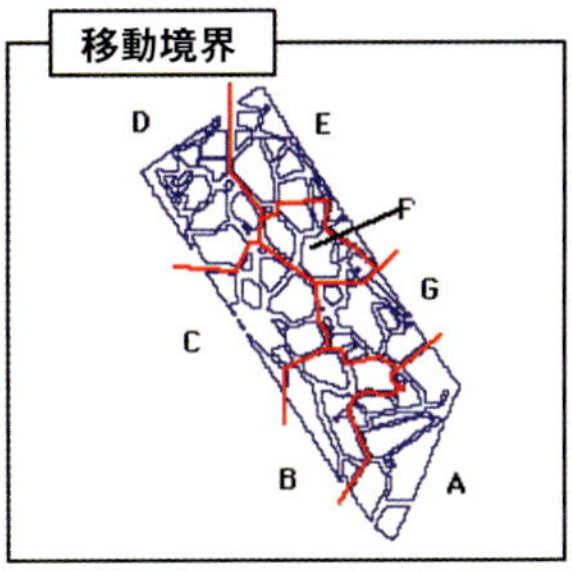

全施設の相互距離をマトリクスと比較する

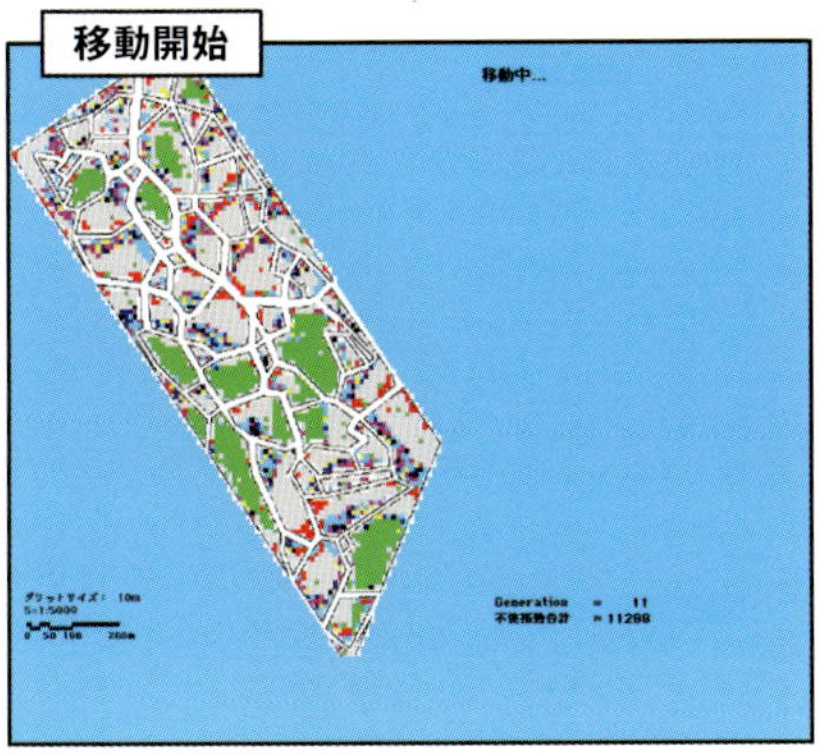

相互距離が「よく」なっていれば次を動かす

この「配置」は、どこかの街の地図のように「自然」に見える。しかしこの配置には、マトリクスで設定した明快な「原理」が潜在している。

「ON-DEMAND CITY」

都市のさまざまな機能の「いい配置」を見つけようとするプログラム。

機能単位の互いの距離を、近くしたいものは近く、遠くしたいものは離すと設定する。結果がすべて設定したとおりになればめでたしだが、そうはいかない。与えた設定に、矛盾が含まれているからである。（「ラブ・トライアングル・セオリー」22頁参照）

まず機能を色分けして、敷地にばらまく。（その数は、他の計画指標から算定する）

すべての点の相互距離を計算して、設定と比較して合計スコアを出す。次にひとつだけ点を動かして、前のスコアと比べる。スコアが上がっていればよし、下がっていたら動いた点を元に戻す。これを延々繰り返していくとやがておおむね動かなくなる。

その状態が、矛盾を解決した「答え」のはずだ。そこには、「意外な結果」も出現する。

けものみちをつくる：下からの設計／「発生街区の都市」（1995年）

ベネチアの小路、バルセロナのゴシック地区、イスラム都市フェズ、東京／渋谷の坂道。

入り組んだ街路が多くの観光客をひきつける。それは、歩いて楽しい街だからである。

しかしその一方、新しくつくる街は、直交グリッドや、せいぜい扇状程度の、単調なパターンになってしまう。

パリ／ラ・デファンス、ローマ／エウル、上海／浦東《プートン》、東京／臨海副都心。

もしそれで十分なら、ひとはなぜ迷路の街を求めて徘徊するのであろう。

歩いて楽しい過去の街を好むのに、新しくつくる際は、そういう街にはしない。

それはなぜだろう。その疑問から、このプロジェクトは始まった。


もちろん、ただ迷路のような街区を生み出すプログラムをつくろう、というのではない。

そもそも、いい道、とは何だろう。道の評価基準を決めること。話はそこから始まる。

その評価基準を、ここではふたつに決めた。

ひとつは「アクセス性」、もうひとつは「おもしろさ」である。

要は、目的地に「早く着き」、そしてその「過程を楽しめる」ような道を、いい道、としたのである。

アクセス性は主に自動車交通を対象にし、おもしろさは歩いた場合を考えている。

そして、このふたつの基準を数式で設定してしまう。交差点のタイプや、曲率の変化、リズム等の組み合わせで、道に点数をつけてしまうのだ。そしてその一連の作業を行うプログラムをつくり、これを「評価」プログラムとする。もとより、「評価」が実際には困難なことは承知のうえである。「おもしろさ」なんて決められるわけがない？

ここでは、評価基準そのものよりも、評価基準を選択したあとの、評価システムの構築に関心がある。


ただし、評価するしくみがあっても、評価対象の質が悪ければ、いい道は見つからない。

そこで次に、評価対象、つまり街路パターンを「発生」させるプログラムをつくる。

街路を発生させるとは、道、すなわち線の、接続の規則をつくることである。

道の接続のしかたは、街全体から見れば部分的なことにすぎない。しかし、この、部分にすぎないところの規則を少し変えるだけで、結果としての街区パターンは大きく変わるのだ。

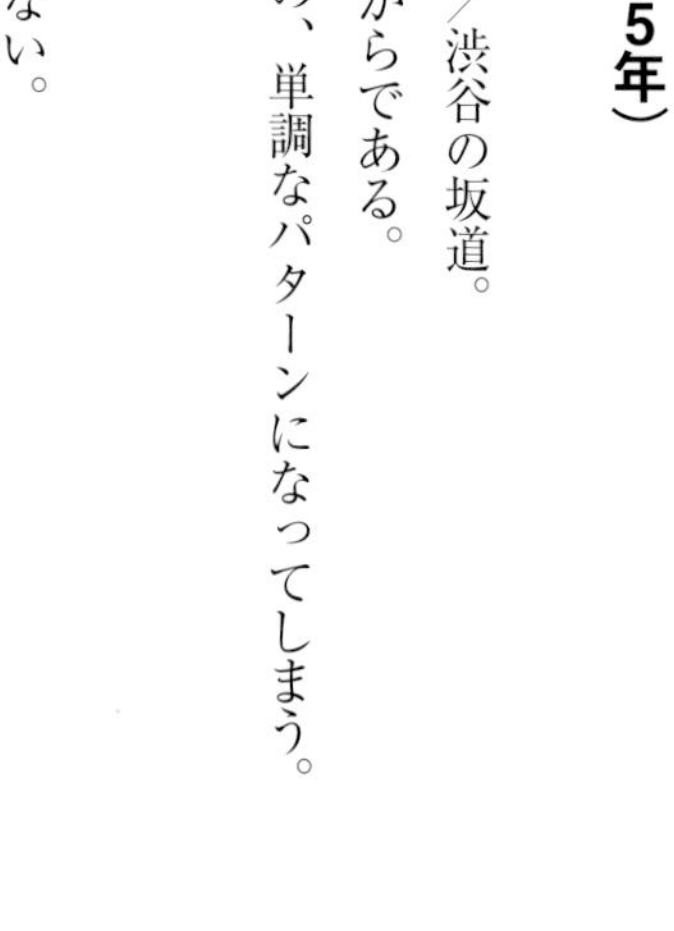

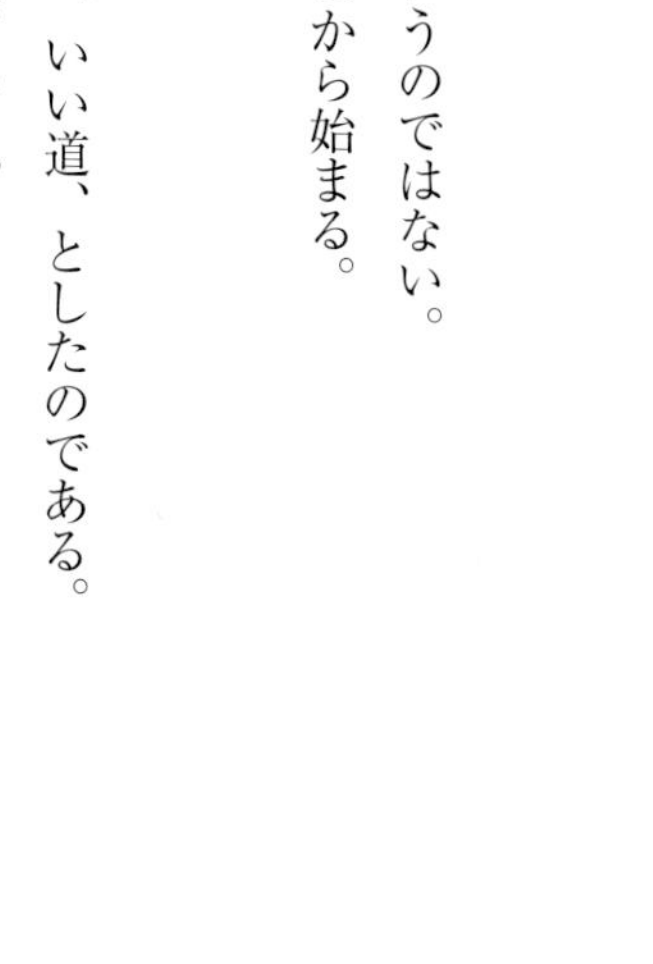

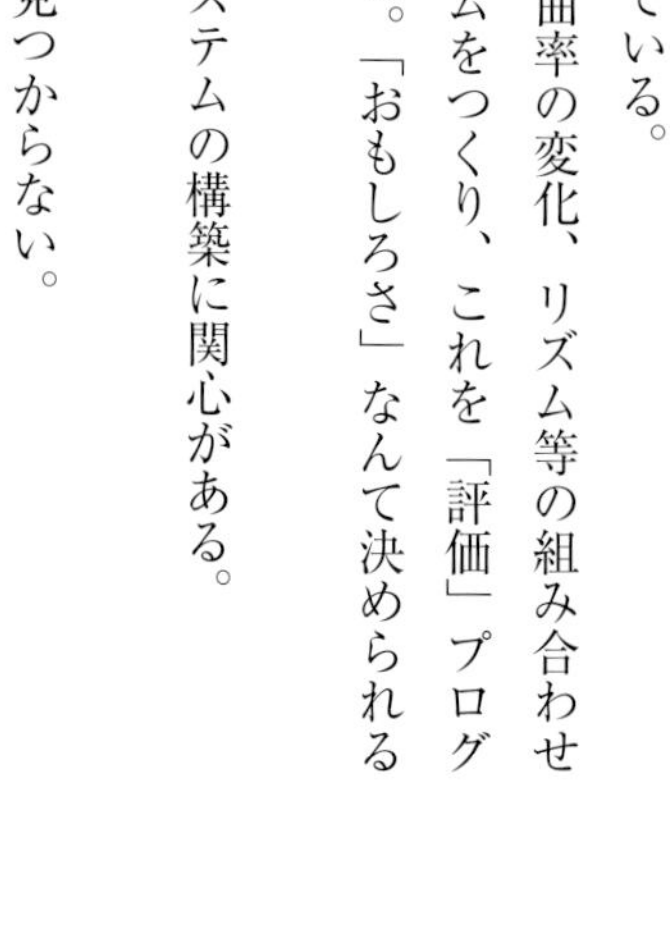

バルセロナ、**フェズ**、**渋谷**（右より）
それぞれ異なった理由と原理によって、今の「迷路状の」街ができた。そこに目に見える均一な規則はないように思える。
しかし、ルールは（おそらく）あるのだが、それが外からは見えにくい、のだ。

こうして「発生」プログラムと「評価」プログラムができたら、そのふたつをつなげてしまう。すると、自動的に発生する街区が次々と自動的に採点され、そのスコアがリストされる。この回路は完結している。勝手に動く。そのまま遊びに行っていい。1週間くらい経って戻ってくると、成績一覧表ができている。


この競技に、既存の街も参加させてみた。*

そこで上位と判定された実際の街と、評価の低かった街とを、自分の足で歩き回ってみることで、評価プログラムの有効性がある程度検証される。このプログラムの担当者は、VTRを片手に、街を歩きまわった。

ちなみに、いくつかの既存の街を評価プログラムに入れてみたところ、その中ではイタリアの中世都市サンジミニアーノ*の評価が高かった。これは予想外の結果であった。非直交グリッドのサンジミニアーノは、「おもしろさ」では高い得点になることは当然として、「早く着く」では低い評価になると思われた。しかし、どちらも比較的高い得点である。ここから分かることは、普通、慣習的にこれはこう、と判断していることの中には、必ずしもそうでないものもある（かもしれない）ということだ。確かに優れた「直感」は、プログラムに勝る。しかし「勝る」には、直感の足をひっぱる「先入観」を、注意深く除くことが必要なのだ。


このプログラムで得られる街区は（設定した評価基準の下では）、「直交グリッドと同等の」アクセス性を持ち、「中世都市に匹敵する」おもしろさを備えている、ということになる。

ここでは、直交グリッドがイケナイと言いたいのではない。直交パターンの京都やNYは、歩いて楽しい街である。問題は、街をつくるときに、選択肢がそれひとつしかないことである。

直交グリッドだっていい。ただし、それ以外にも、いい道があるはずなのだ。


さらに、このプログラムでは幹線はあとから決まる。経路計算でアクセスの多かった道が太い幹線になるのだ。

従来の設計では、幹線は先に決め、次いで支線を決める。設計は、上から下に下りてくる。

「誘導都市」では、設計は下から上に上がる。順序が逆転する。よく使う道が太い道になる。

それは「けものみち」を見つけることに近い。

このように、「下から上がって」いく、という「設計順序の逆転」が、「誘導都市」のひとつの特徴である。

それは結果から原因をつくるようなものだ。

しかし、街はそうやって、末端から成長していくのではないだろうか。

＊サンジミニアーノ（右）
イタリア中部の中世都市。有名な塔の街。最盛期には70余もの塔が立ち並んでいたとされる。塔は教会でも城砦でも、望楼でもない。特に機能はなく、ただ、みんなで高い塔を競って建てていた。
高さへの欲求か、あるいは街を見下ろしてみたいという思いの発露か、それとも全員参加の都市ゲーム。都市をつくる原動力とは何なのか、それを考えさせてくれる街。

＊既存都市を評価プログラムにかける（左）

評価／都市	アクセス	おもしろさ	ルート	総延長m	交差点の数
マルティナフランカ	1,987	1,859	18	8,511	120
サンジミニアーノ	1,920	2,122	964	6,939	119
アルジェ	1,925	1,743	44	8,846	119
荻窪	1,858	1,518	65	9,341	109
山王	2,110	1,493	23	7,995	110
（葉脈）	1,749	2,038	176	8,666	119

評価プログラム

EVALUATION PROGRAM

全交点の組み合わせの経路について、設定した「早く着く」と「おもしろさ」を「評価し」採点するプログラムをつくる

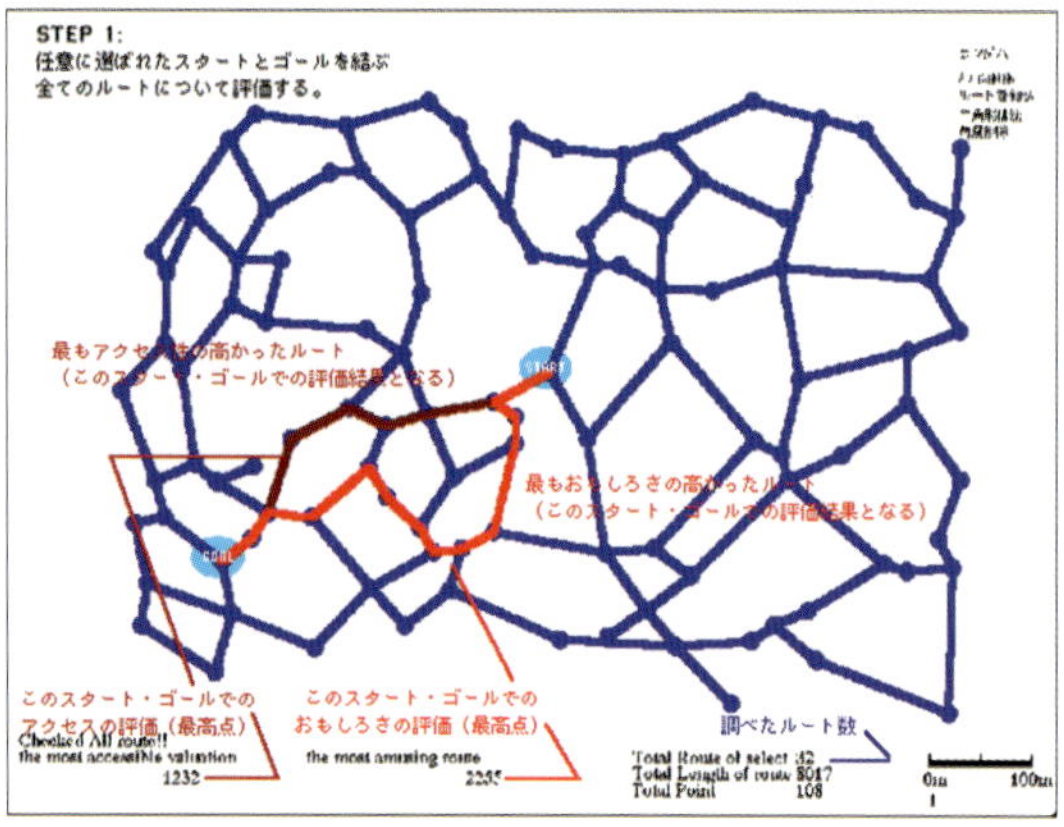

評価基準

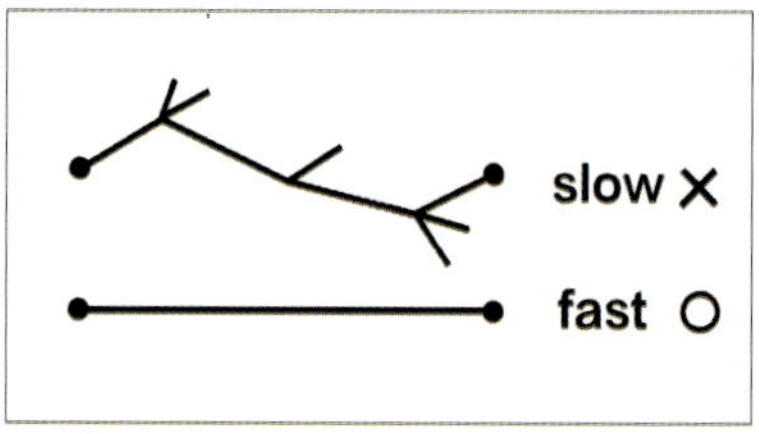

1 -「早く着く」accessibility

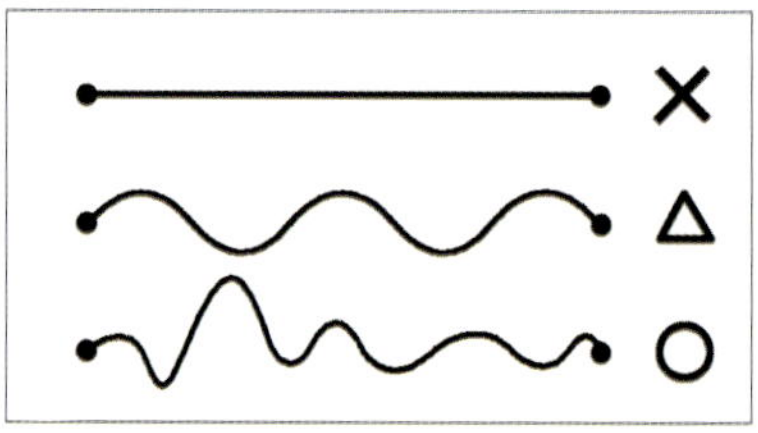

2 -「おもしろさ」interest

選ばれたプログラム

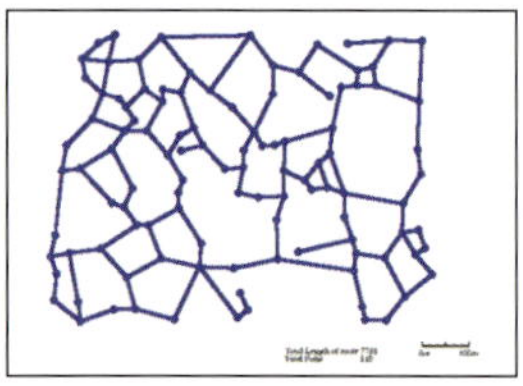

選んだ敷地

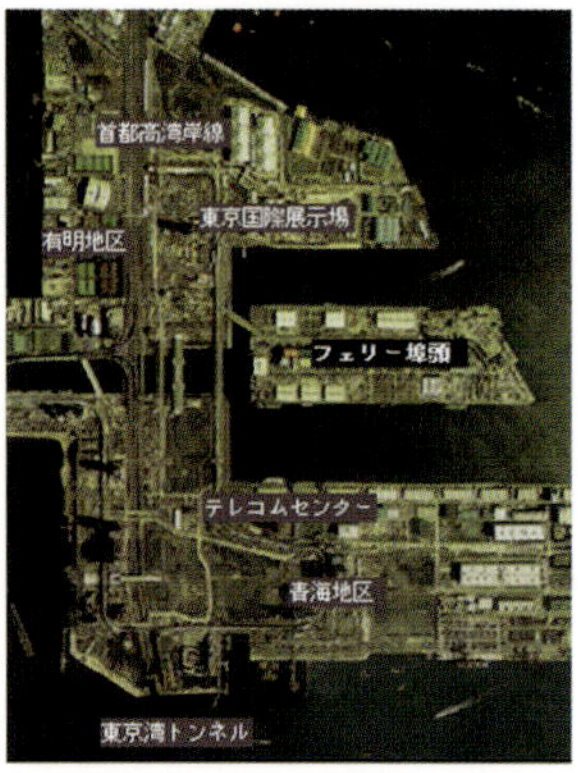

評価マトリクス

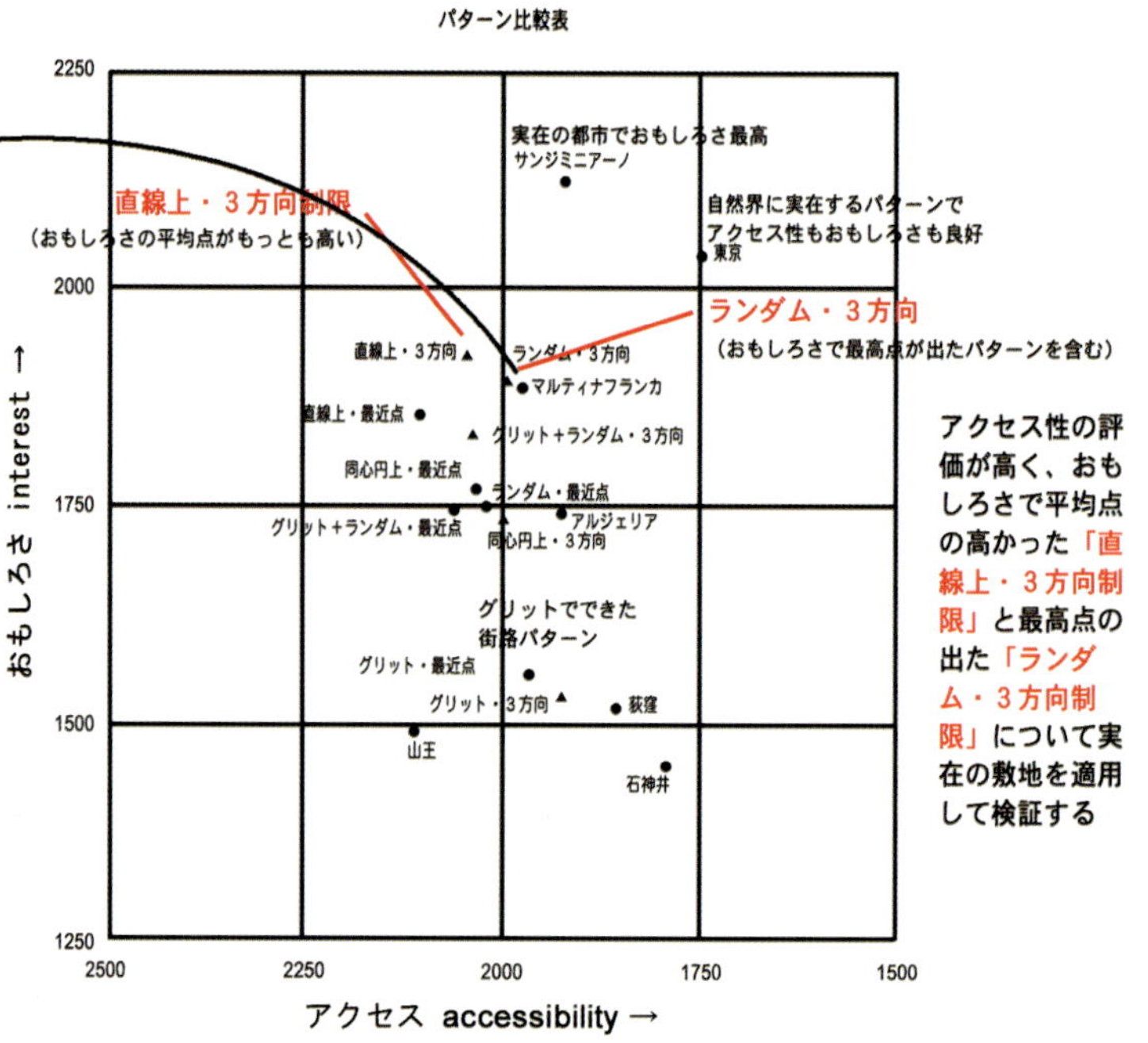

アクセス性の評価が高く、おもしろさで平均点の高かった「直線上・3方向制限」と最高点の出た「ランダム・3方向制限」について実在の敷地を適用して検証する

評価プログラムに「各発生プログラム」と共に「既存の都市」も入れて、比較してみる

「発生街区の都市」の構成

発生プログラム

GENERATING PROGRAM

異なったタイプの街路パターンを発生させる各種のプログラムを用意する

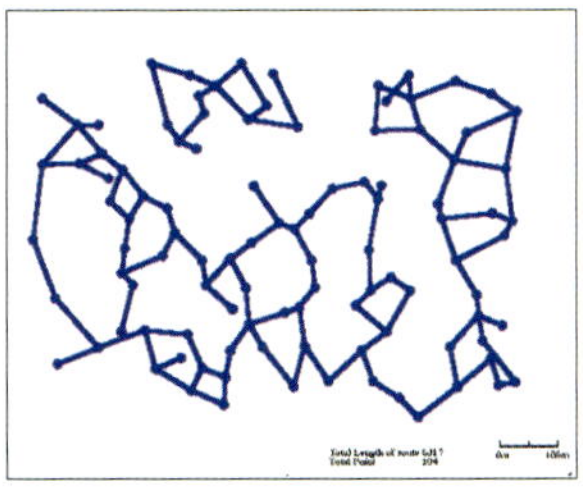

ランダム
×
最近点結合

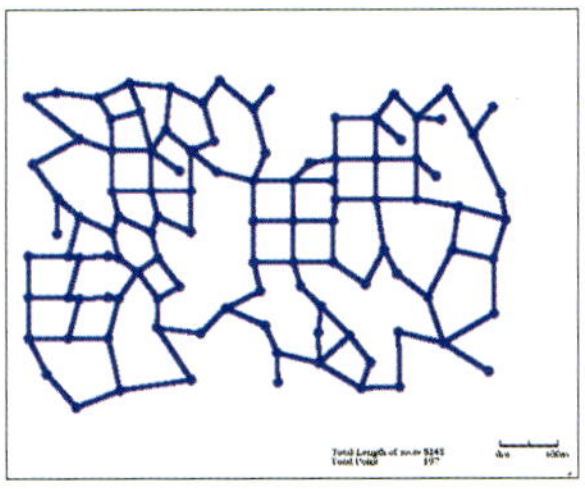

ランダム＋ランダム
×
最近点結合

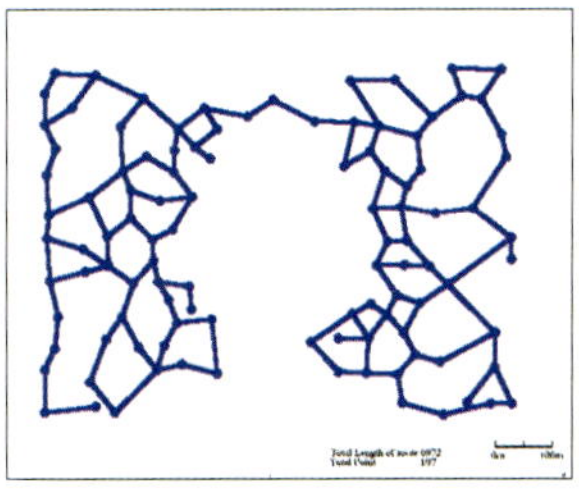

同心円上
×
最近点結合

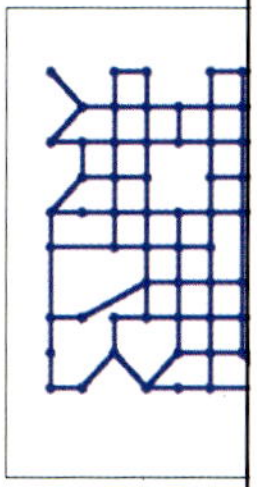

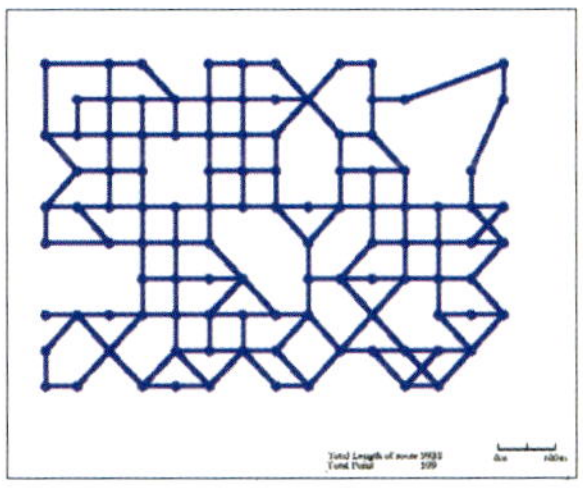

グリッド
×
最近点結合

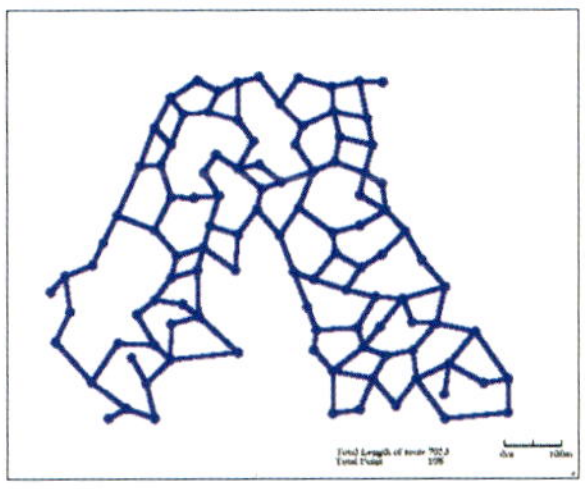

直線上
×
最近点結合

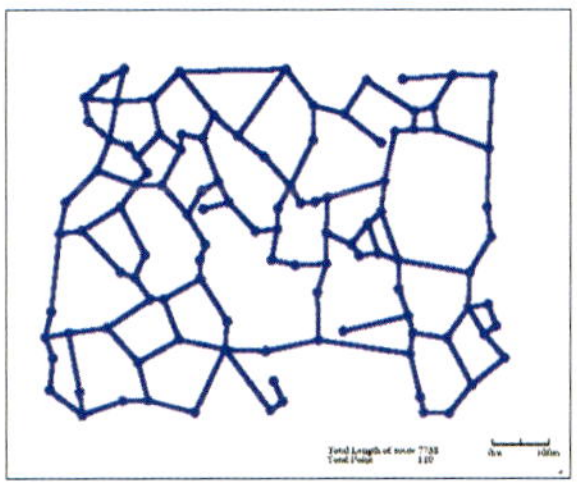

ランダム
×
3方向制限

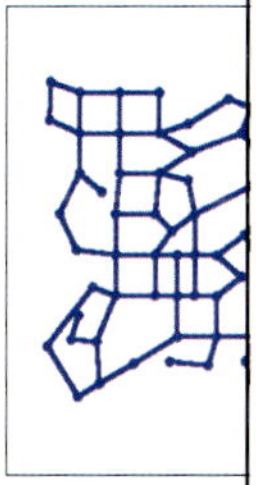

幹線が発生する

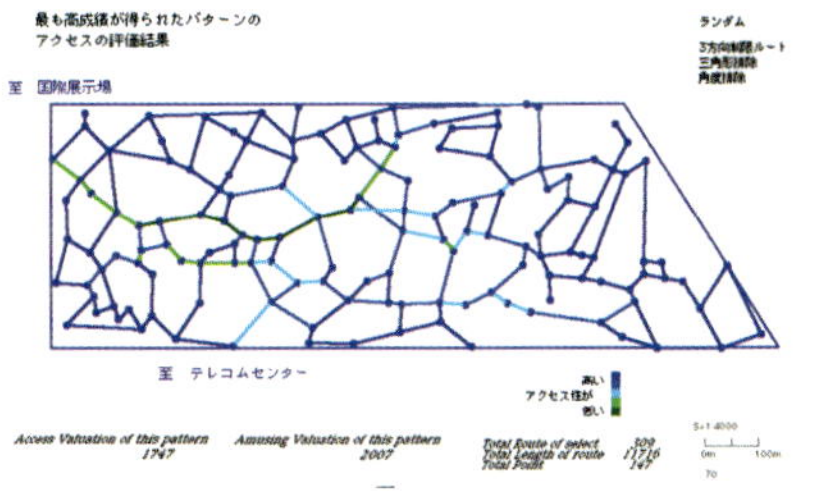

得られた「アクセス性」と「おもしろさ」の評価結果から
街路に大通りから歩行者専用道路の４段階のヒエラルキーを与える。

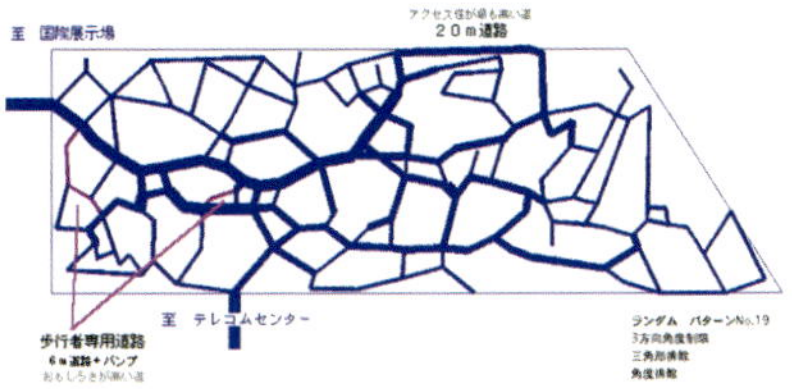

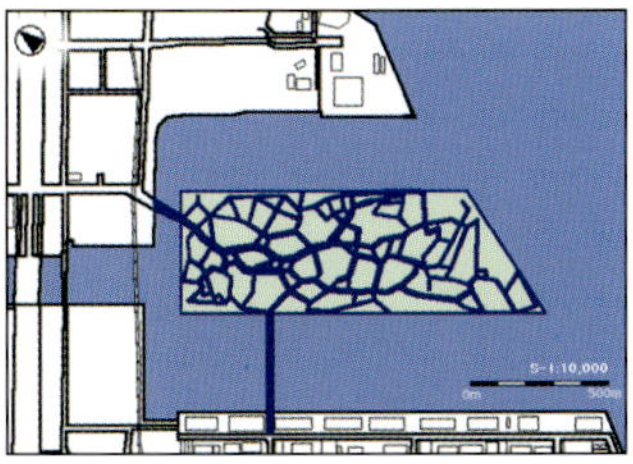

街路を発生させる

選んだひとつの「発生プログラム」を走らせるたびに
パターンは変わる。しかしどのパターンも設定評価は高い

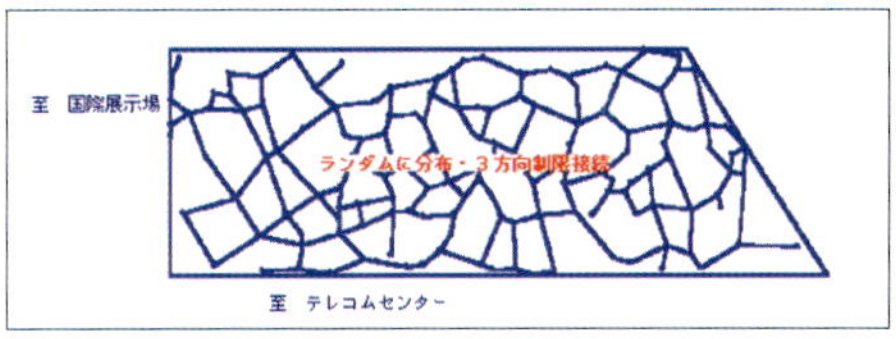

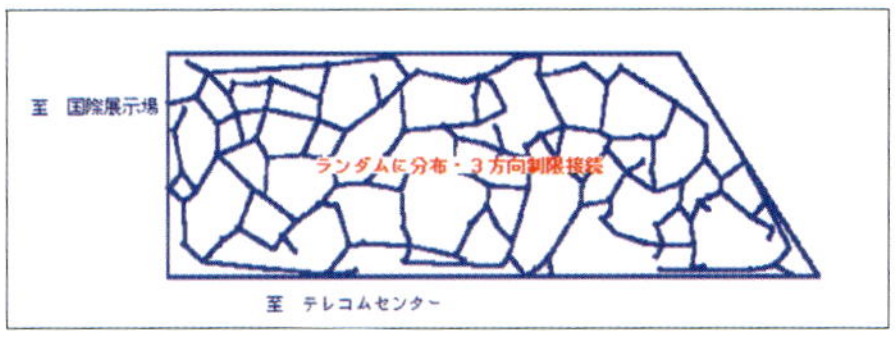

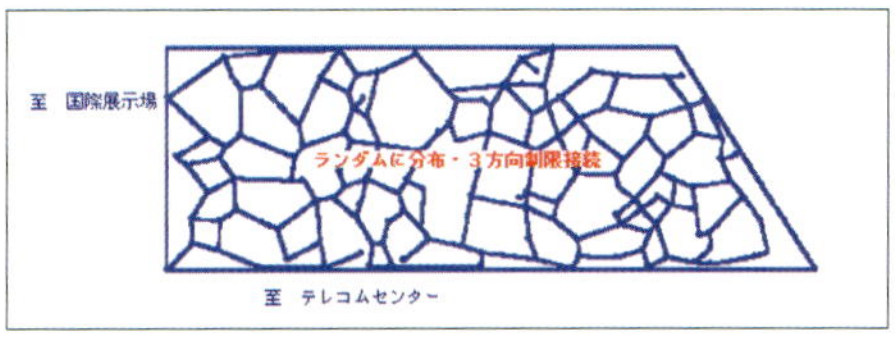

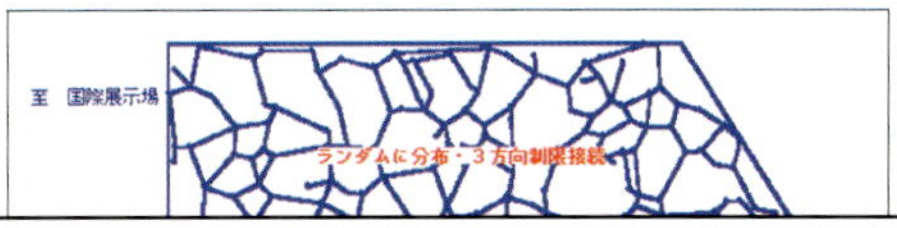

快適な起伏：「坂道の都市」（１９９５年）

坂は、ドラマを生む。坂のある街は、しばしば映画や小説の舞台になる。平らな街は歩きやすいが、坂のある街は楽しい。それも、適度な坂でないと、こんどはしんどい。同じ坂道ならば、快適な坂の街を生み出そうというプログラム。

「発生街区の都市」で「いい道」を定義したと同様に、ここでは「いい坂道」の定義が必要になる。勾配とその距離、それに起伏のリズムをパラメータとして条件式を設定し、「評価プログラム」をつくった。こちらは、「いい道」より定義しやすい。もともと、勾配や起伏といった数値が、坂道の基本的な指標になるからだ。もちろん、心理も含めて深く見ていくほど、指標の決定がむずかしくなるのはいうまでもない。それは感性工学の分野であるが、深追いせずに、選んだ指標でその先を進めている。

ここでは「発生プログラム」は未完なので、とりあえずランダムに生成した起伏の都市を、評価プログラムが次々に裁定していく。やがて、高得点の坂道の街が現れる。

さて、この街は、坂の街リスボンを、尾道を、しのげるだろうか。

なんとなくのカタチ：「太陽神の都市―２」（１９９５年）

これは「太陽神の都市」の進化版である。

「太陽神の都市」（これを「―1」と呼ぶ）は、どの住戸も一定の日照を得るという条件を満たす方法が、今使われているもの以外に存在する、ということを示したプログラムであった。孔をあければ光は届く、というのがその基本であった。それをふたつの面で発展させたものが、この太陽神の都市―2である。

「―1」では、日照を最優先させるといかなる結果が生じるか、という点をはっきりさせるために、それ以外の操作は極力避けていた。操作をしない、ということは、ランダムに任せるということである。

ユニットが組み合わさった結果がどのような状態、つまり、形や空間になるのかは、偶然に委ねていた。もちろん、日照を自動的に確保し、一定の住戸密度を得るという、あらかじめ定めた条件の下でである。

その趣旨は達成したとして、「―2」では、日照以外の条件を加えている。

そのために、ユニットの集合の形式にいくつかの性格を設定した。ユニットの集合の形式に、規則をつくる。

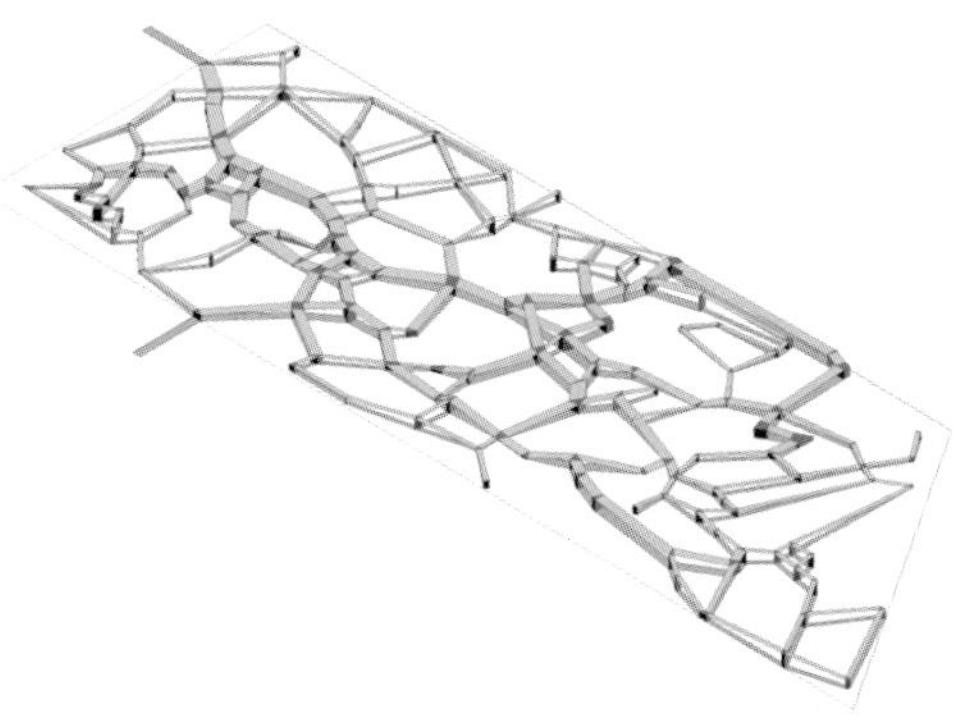

「坂道の都市」（左）
快適な坂というのも、いちがいには決められない。しかし「快適な坂」を定義してしまえば、道がその「快適」範囲にあるような、そういう街を発生させることはできる。

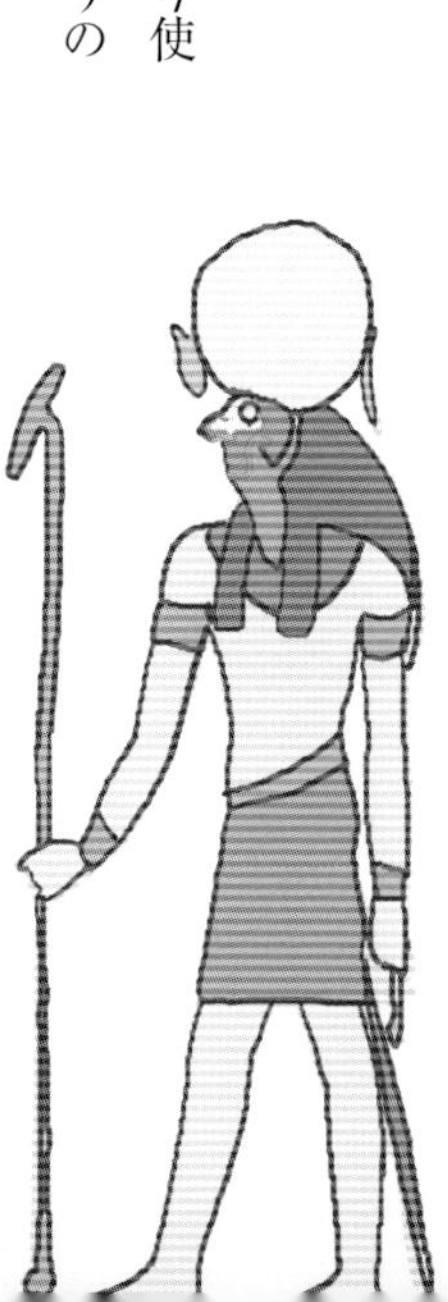

「太陽神の都市―2」（左）
最初の「太陽神の都市」では、日照基準以外はランダムに住戸ユニットを発生させたが、この「太陽神の都市―2」では、ユニットの配列に「柔らかい規則」を与えた。ここに挙げた4タイプ以外にも多数のタイプが検討されている。この4タイプでは、階数と容積率は、6階以下、２００％を条件としている。
（右はエジプトの太陽神ラーの図）

ただしその規則は、結果としての形状を直接指示するものではない。全体の結果ではなく、ユニット相互の部分的な集合規則を規定している。

つまり、大きなランダムネスの中に、秩序を発生する小さなコードを潜ませることだ。


したがって、できあがった全体の姿は、ここでも一律ではない。

プログラムが描き出した建築体の姿は、試行のたびごとに異なる。しかし、潜ませた「部分のコード」の違いは、結果にはっきりと示される。

中庭を生じるもの、壁が立ち上がるもの、セットバックするもの、クラスター化するもの、などの性格の異なった街区が「発生」する。

使用する個々のユニットの形状は、「－1」と同様の直方体にしてある。その変更をしくむこともできるが、「－1」との結果の違いを分かりやすくするために、あえて同じ直方体にしている。

「－1」とのもうひとつの違いは、複数の街区を扱えるようにしたことである。

街区相互の日照関係の検討が組み込まれている。これにより、扱える対象が都市全体に広がる。

こうした設定により、このプログラムは、原理的にはどんな規模の都市にも適用できる。

その限界は、用いるコンピュータのメモリに依存する。記憶容量が、都市の範囲を決定する。

(実施の例は「発生街区の都市」プログラムによって生成した街区の上に行われている)

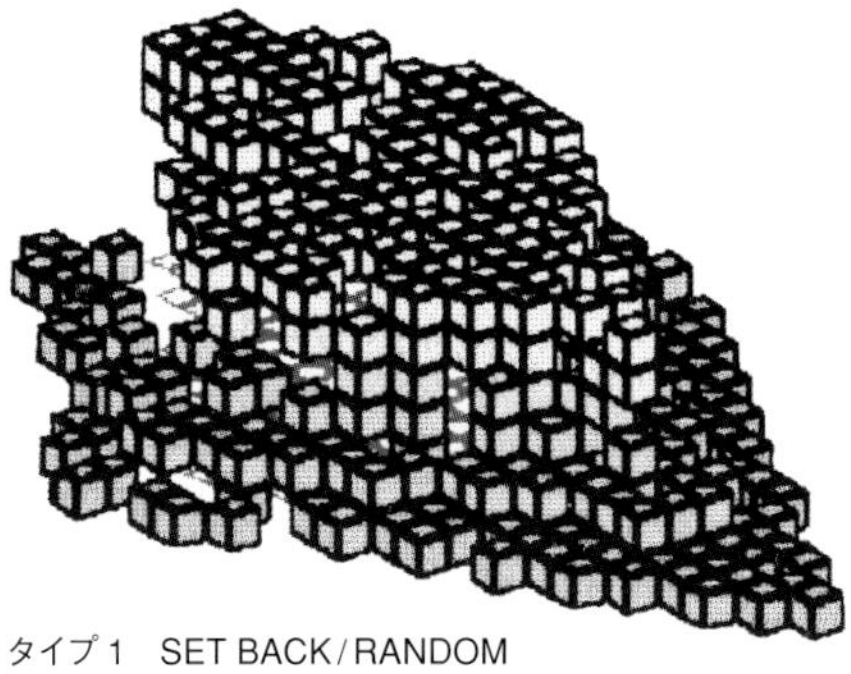
タイプ1　SET BACK/RANDOM

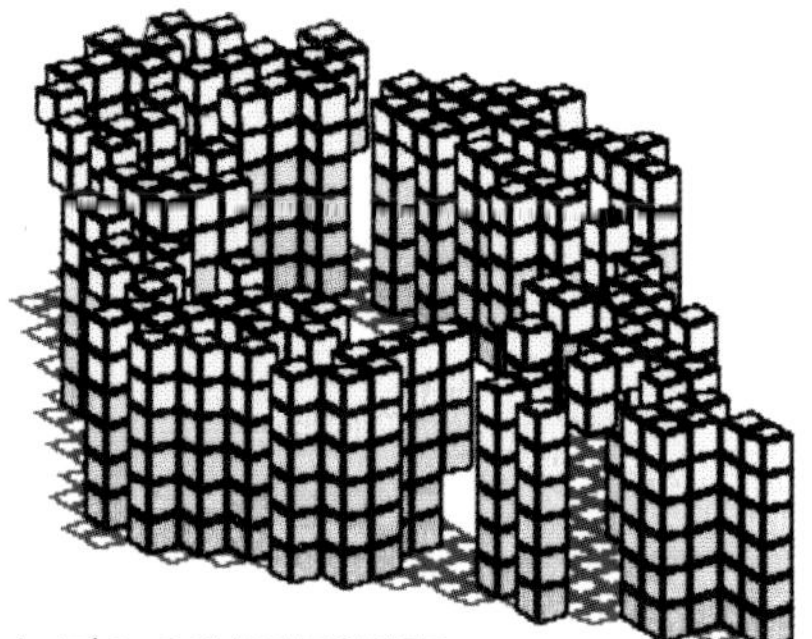
タイプ2　COURT/TOWER

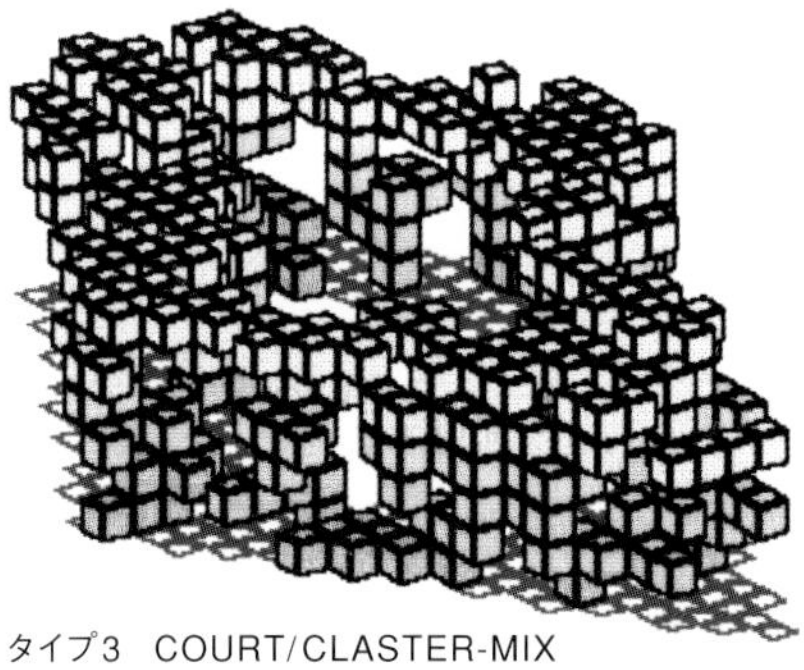
タイプ3　COURT/CLASTER-MIX

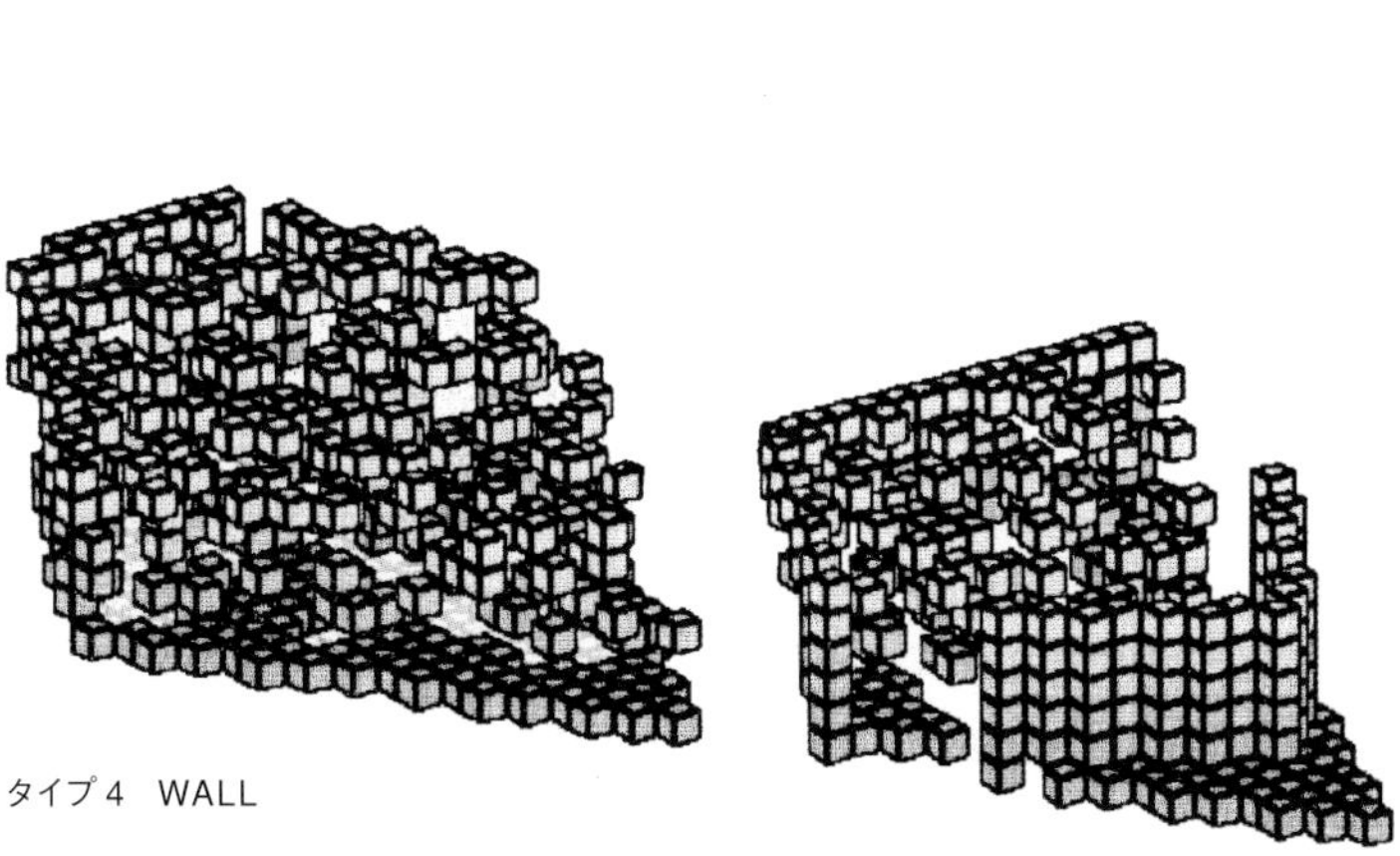
タイプ4　WALL

タイプ1：SET BACK/RANDOM
セットバックを初期条件として、あとはランダムに住戸ユニットを発生させる。
操作ユニット：1単位。複数街区対応。
タイプ2：COURT/TOWER
中庭を除くことを条件に、ランダムにタワーを発生させる。操作ユニット：6単位。
タイプ3：COURT/CLASTER-MIX
中庭を除くことを条件に星型と線形のユニットクラスターをランダムに発生させる。
操作ユニット：5-6単位。
タイプ4：WALL
最下層にユニットを細密充填し、北面するユニットのみタワー状に発生させる。次いで、タワー部分の半数のユニットを残りの空白部に（2層目を除く）発生させる。
操作ユニット：1単位。複数街区対応。

風通しのいい街：下からの設計／「風神の都市」（1995年）

太陽が出れば、北風がつきものである。

いい光があれば、いい風もある。というわけで、気持ちの良い風の吹く街をつくろうというプログラム。

夏は適度な風が吹き、冬は風が弱い街。

図で、色の濃さは風の強さを表すが、その中で、赤い部分は「適度な」風のエリアである。

つまり赤い部分が多いほど、いい風の街ということになる。

風が障害物に当たった場合の行動については、上下左右に係数を与えて分岐させた。

流体力学の正確な設定ではないが、その精度の向上は他の優れた研究に期待している。

そのような設定が可能とした場合、何ができるか、を見ることがここでの目的である。

「発生街区の都市」および「太陽神の都市―2」プログラムで生成した街区をベースとし、それに最小限の操作を行うことで、望ましい風の街を発生させようとしている。

このプログラムでは、いい風の吹く道を見つけ出し、それを散策路にする。いい風の吹く場所を見つけて、そこを公園にする。従来の設計方法では、初めに道を決め、公園の位置を決める。ここでは順序が逆だ。

まず初めに公園の位置を決めてしまうと、その公園にいい風が吹くとは限らない。

求める条件が満たされるとは限らない。

しかし、「風神の都市」では、条件を満たす場所が選ばれる。

従来の設計のように、上から下りてくるのではなく、「下から上がっていく」設計なのだ。

こうした、設計の順序の逆転は、「誘導都市」の特徴のひとつである。

（このプログラムを制作したあと、ドイツの都市で、実際に街に風を通す計画を実行していると知った。どちらが先かは確認していないが、意識と手法には共通性がある）

ルールを決める

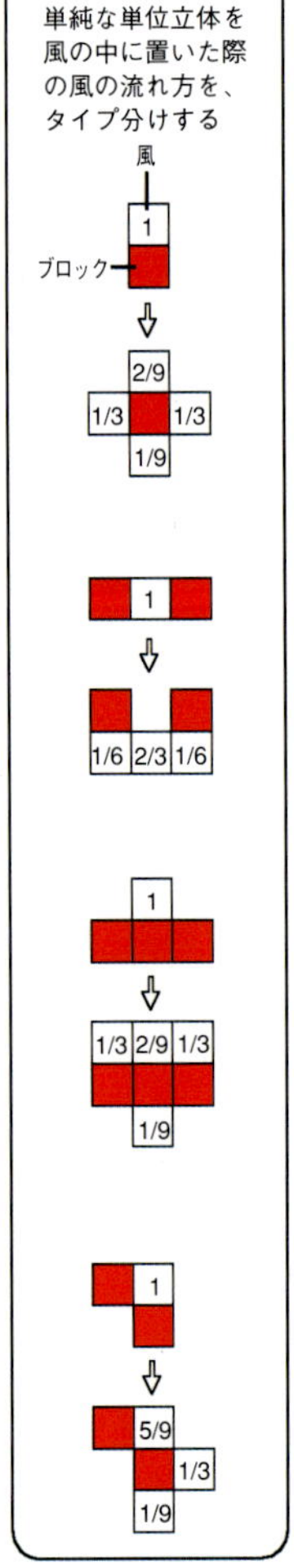

敷地の風データ

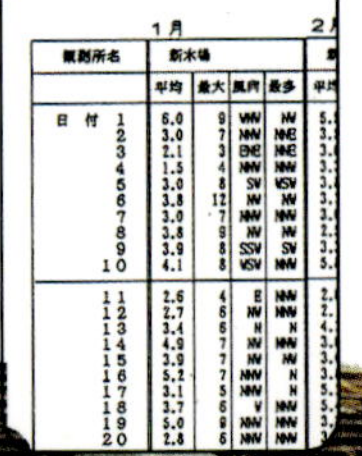

「風神の都市」の構成

ユニットの検証

単位立体を集めてクラスターユニットにした場合の風の流れ方を、タイプ分けする

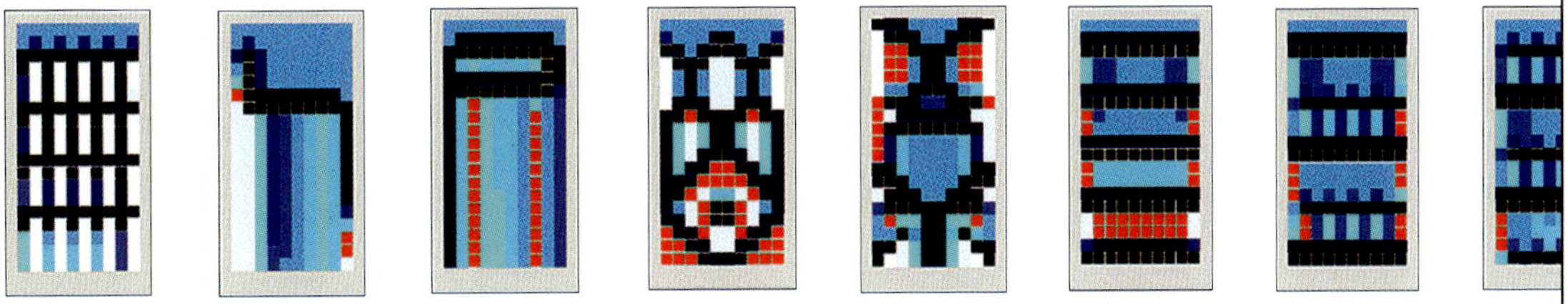

風を吹かせる

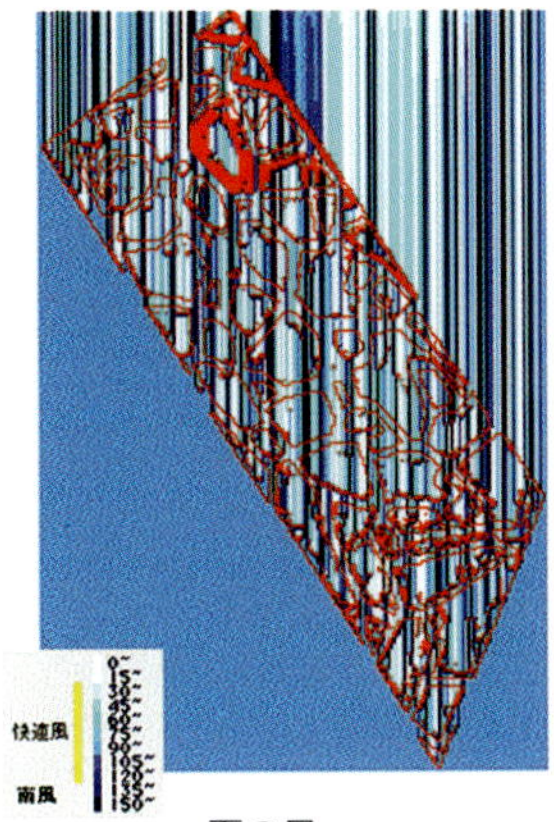

夏の風

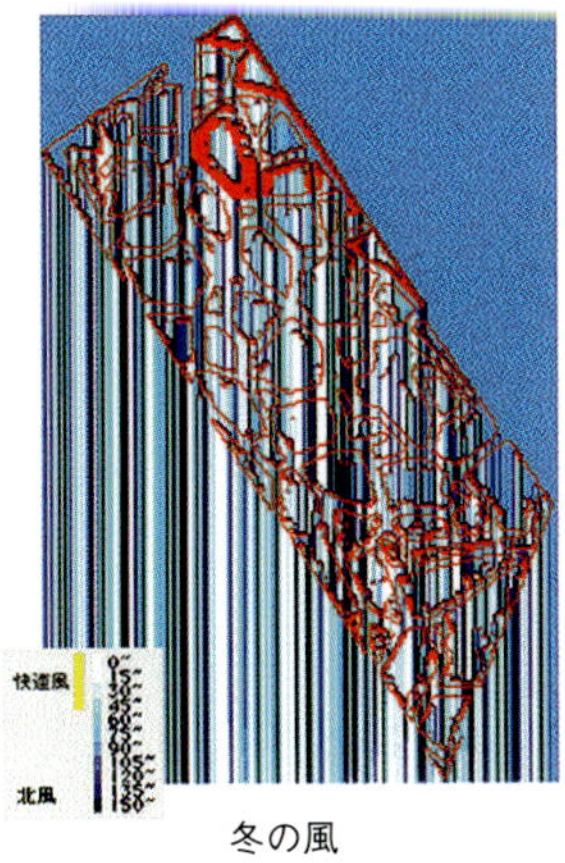

冬の風

まず初めに、単位キューブに風が当たったときの風の流れのルールを決め、次にキューブを集めた各種クラスターで風の流れを見る。

するとたとえば、風を和らげるためには一次スクリーンの後ろにキューブを点在させると有効というような、いくつかのメニューが発見できる。

このメニューを使い、最小限の操作で、目的の、「夏は快適な範囲の風が吹き、冬は風が通らない」ような、そういう道と広場を生み出す。そのとき設計は、発見と同じ意味になる。

配置に最小限の操作を行う

快適な風の場を生む

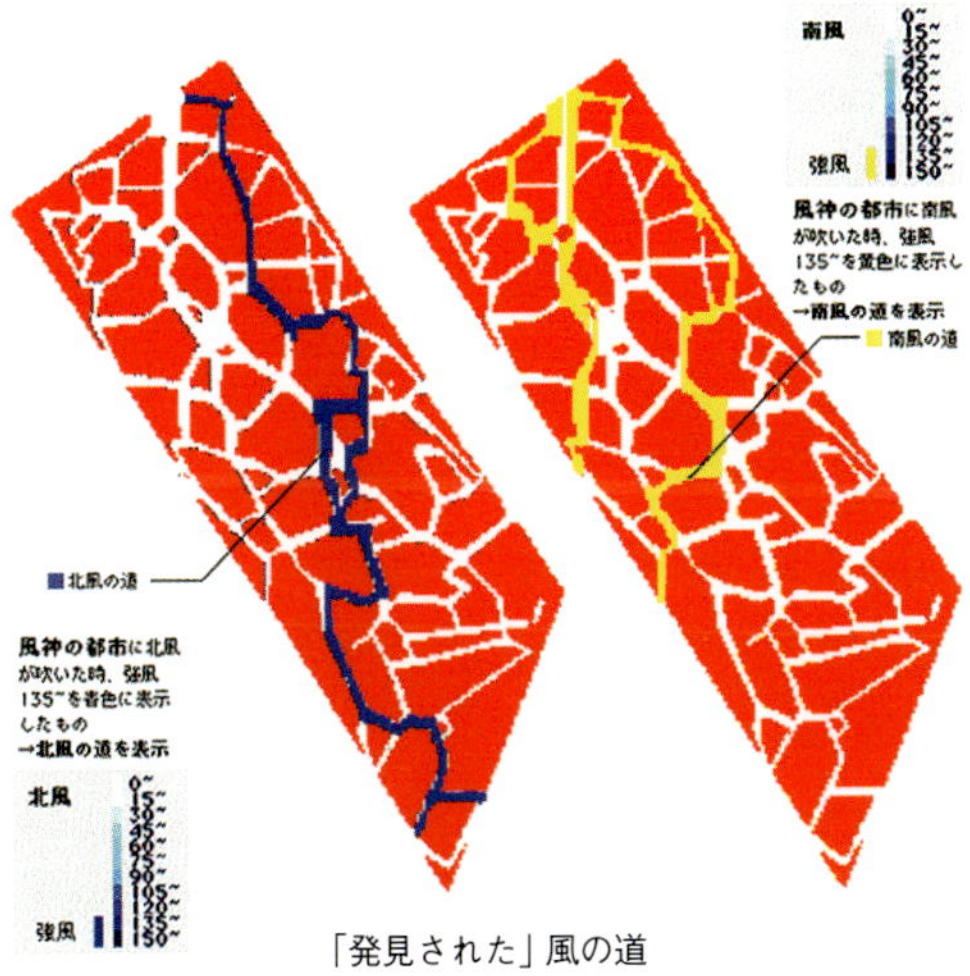

「発見された」風の道

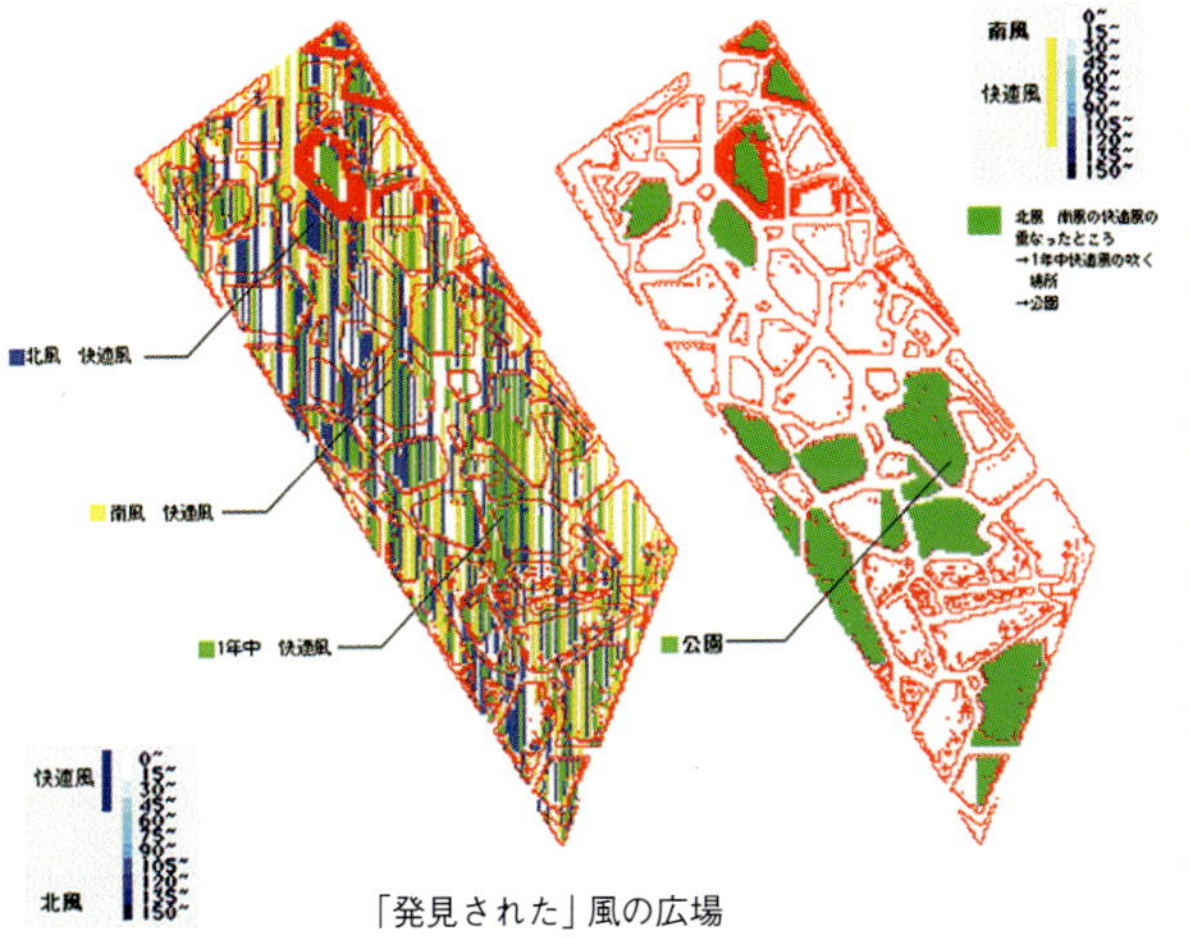

「発見された」風の広場

FAQ

質疑応答

建築家はいつ失業するか：設計者は何をするのか

プログラムに任せてしまえば、設計者は要らないのでは、という質問がよくよせられる。

これは古典的だが、もっともな疑問である。

「誘導都市」の過程では、設計者が決定する機会が二度ある。

ひとつは、プログラムの作成の際で、もうひとつは、条件の設定のときである。

まず初めに、何を求めて、どんなプログラムにするのか、それは設計者の意思で決まる。

これがひとつめの意思発揮。たとえば、「ウエブ フレーム」をつくろうと最初に思いついたのは、「プログラム」ではなく、「設計者」である。地下空間に重ねることのできる架構は、他にも多々考えられる。そのどれでもいい、のではなく、こんなふうなものがいい、と思うのは、ひとのこころである。

いまはまだないものを思い描くこと。鉛筆を走らせ、あるいはCGに入力するその前に、カタチのないカタチが凝集し始め、目の前にイメージが実体化する。

その処理過程はコンピュータより速い。入力すべきデータや探索すべき条件が、まだ記述されていないうちに、答えがイメージの形で先に出現してしまうのだから、当然だ。

＊サバン症候群

ひとはいつかコンピュータに追い越されるのではないかという危機感に、いやいやまだまだと、一縷の安心を与えてくれる事実。Savant Syndrome とは、重い精神障害を持つ一方、常人を越えた驚異的な能力を備えたひとびとの症状のこと。

例として、日常会話も不自由でありながら、いちど聞いた交響曲はすべてピアノ演奏できる例、6桁の数字の立方根を平均6秒で答える例（これはコンピュータに勝てないが）、写真をちらりと見ただけで優れた写実彫刻をつくってしまう例など、多数が報告されている。それらはひとの脳の、未知の力の可能性を示唆しているともいえる。

サバンとは、100年前にJ・ラングドン・ダウンが「知る」「学者」という意味の仏語から命名し、米国の精神科医、ダロルド・A・トレッファートの著書で衆知となった。

ここではコンピュータは、ひとの脳に遥かにかなわない。まだコンピュータプログラムには当分できないこと。

そして次に、そのプログラムに何を条件として与えるのか、それが意思発揮の二度目の機会。

何がいいかを決めること、それは価値基準の設定である。あまたの条件のうち、どれを取りどれを捨てるのか。

「ウエブ フレーム」の例では、角度の制限を何度にするのか、頭上どこまでを成長していい領域にするのか、そして空間の広がりはどこにどの程度欲しいのか、それを決めるのは設計者（と施主と利用者）であり、プログラムではない。そこにまた自由意思がある。というわけで、設計者の仕事は（しばらくは）なくならない。

ただしこうした話は、いつの時点に立つかをはっきりさせないと、有効性がない。
右記の話は、現在の時点、そして数十年程度では、という前提のものだ。その後、「夢を見るコンピュータ」が登場しないとは、言い切れない。（建築家の職業保険の有効期間は、その程度かもしれない）
しかし、同時に、そうなったらそうなったで、ひとの脳は、さらに潜在能力*を発揮する可能性もある。あまりこの話に踏み込むと神秘主義やオカルトに接近してしまうが、サバン症候群*などの実例もあり、今はまだ発見されていないひとの脳の能力が、コンピュータの追尾を引き離して上昇する可能性も同様に残されている。
職業保険の延長契約も、可能かもしれないのである。（延長の資格取得は、簡単ではなさそうだが）

コンピュータの設計は、決まりきったものしかつくらない？

これもまた、古典的な質問である。

「太陽神の都市」の結果や、「ウエブ フレーム」を見てもらえば、むしろ逆なことは明らかだろう。

決まりきったものではなく、ひとつひとつ違う多様な解答を導くことを、「誘導都市」は目指している。

決まりきったもの、というのは、融通の利かない規格品、という印象から来ている。

「コンピュータ→機械→大量生産→規格品→決まりきっている」という連想は、無理もない。カーテンウォールや床のタイルはさらに融通がきかない。

しかし、それは生産の話である。今話題にしているのは、設計だ。設計に、規格部品はない。

むしろ、旧来の設計が、常套的な解という「思考の規格部品」にとらわれていたといっていい。

この条件にはこの解答が最適だ、という固定観念。たとえば、隣棟間隔という、疑いのない、規範。

***ひとの脳の潜在能力**
さらにヒトの脳がもしいわゆるＥＳＰ（超能力）の類を持つなら、コンピュータがヒトに追いつくのは絶望的になる。
それは現在の科学で存在が証明されていないから科学的でないというのは、それこそ科学的でない。
絶対ありえないと証明されていない限り、それは「あるかもしれないし、ないかもしれない」とするのが「科学的」な態度である。

製作中の飯田橋駅「WING」（左）
設計が脳とコンピュータのコラボレーションであると同様に、施工も手仕事とコンピュータの協力による。複雑多様な架構は、厳密な数値解と職人の勘の、コラボレーションで実現する。

それが強制されたものが、制度である。
これまでの設計がとらわれていた足かせ（あるいは、手錠）をはずして、もっと自由で広い設計世界を確保するために、コンピュータプログラムは有効に働くだろう。
それは、手錠をはずす鍵になるかもしれない。（はずしたいという意思のあることが前提だが）
さらに、生産の分野でも、多様な要求に応えるしくみが普及しつつあることはいうまでもない。これぞＩＴのなせる効果として、要求に即応する多様生産システムが喧伝されている。

たとえば街を歩いていて、たまたま同じ服を着ている人に出会うと、何か少し気恥ずかしい気がする。

ということは、衣服は、ほとんどの場合、ひとそれぞれ違うのが自然だ、ということである。

これがパソコンであれば話は違う。同じ機種を使っているひとにしばしば出会う。マンションなら、隣も上もほとんど同じ箱である。オフィスに来れば、中も外も、みな均一だ。

衣服はからだのいちばん近くにある人工物である。からだに近い衣服は、他人と同じものを避ける。

からだから遠くなるほど、他人と同じものを受け入れている。

それが次第に、クルマや家に、他人と違うオーダー仕様がふえつつあるようだ。ひとりひとりの個別注文を、コストを上げずに製品化できる、ウエブを通じたオンデマンド生産がそれを可能にしている。

もともと、からだはひとりひとり違う。だからからだに近いものほど他人と違いを求めるのは、素直だ。

その身体感覚が、からだの外に延長されつつあるのかもしれない。

そもそも、身の回りが規格品で構成されるのがふつうになったのは、20世紀になってからであろう。

それ以前は、ものはひとつひとつつくられていた。（規格生産をする工房はあったが規模が違う）

だから、多様生産システムは、中世社会のしくみに戻ることだともいえる。


建築は、他の工業製品に比べれば、手づくりの度合いが多い。もともと中世の手工業的色彩を残している。

その中世性を払拭しようとする近代は、「ユニバーサル（均一普遍という意味。バリアフリーという意味ではない）デザイン／思考システム」を、「カーテンウォール」という「物質システム」に載せて世界に広めた。

その近代の次の、「個別多様デザイン」は、「プログラム」という「非物質ネット」に載って、世界に遍在（偏在ではなく、どこにもあるという遍在＝ユビキタス）化していくだろう。

飯田橋駅のコンコース
ランニングコスト低減のため、光源を露出した「直接」照明にすることという「マニュアル」条件を、交錯する光のラインとして翻訳、「設計化」した。

「誘導都市」はシミュレーションか

「誘導都市」は道具としてのシミュレーションを含んでいる。

しかし、シミュレーションでしょ、と簡単に片づけないでほしい。

一般的なシミュレーションのポピュラーな例に、景観シミュレーションがある。

それはリアルに動くパースだ。ここを変えたらこうなると見せてくれて、いくつもの案の中から選べるが、いい案が並んでいるのかどうかは分からない。要求が満たされているのかどうか、保証の限りではない。

しかし、誘導都市は、判断を行う。ただ次から次へと案を繰り出す自動装置とは違い、要求をできるだけかなえた案を提示するＡＩ（人工知能）的機能を持つ。

もちろん、現実を相手にしている点で、シミュレーションゲームとは方向が違う。

誘導都市は、「ただの」シミュレーションではない。

もう少し進んだものに、たとえば避難シミュレーションがある。道路渋滞のシミュレーションもそれに近い。

これらは、ある条件下での現象の推移のしくみがプログラムされていて、そのパラメータを随時変えることで、個々の場合に応じた予測を描き出すものである。

しかし、今のところそれは予測ツールであり、つくるための方法には至っていない。

何でもコンピュータプログラムを使えばうまくいくか

当然ながら、そんなことはない。

ひととコンピュータは、コラボレーションをすることになるだろう。

それぞれの得意な分野で能力を発揮することが求められる。

込み入った条件、法規や複雑な機能要求をパズルのように解く作業は、プログラムのほうが向いている。

しかし前述したように、プログラムはイメージを持たない。ないものを描くことはできない。夢を見ることはできない。そうした力は、ひとの脳の独壇場である。（まだ当分の間は）

プログラムが能力を発揮するのは、絡み合った条件を解く必要のある場合である。

だから、ものごとが込み入っていないところでは、能力の発揮しようがない。

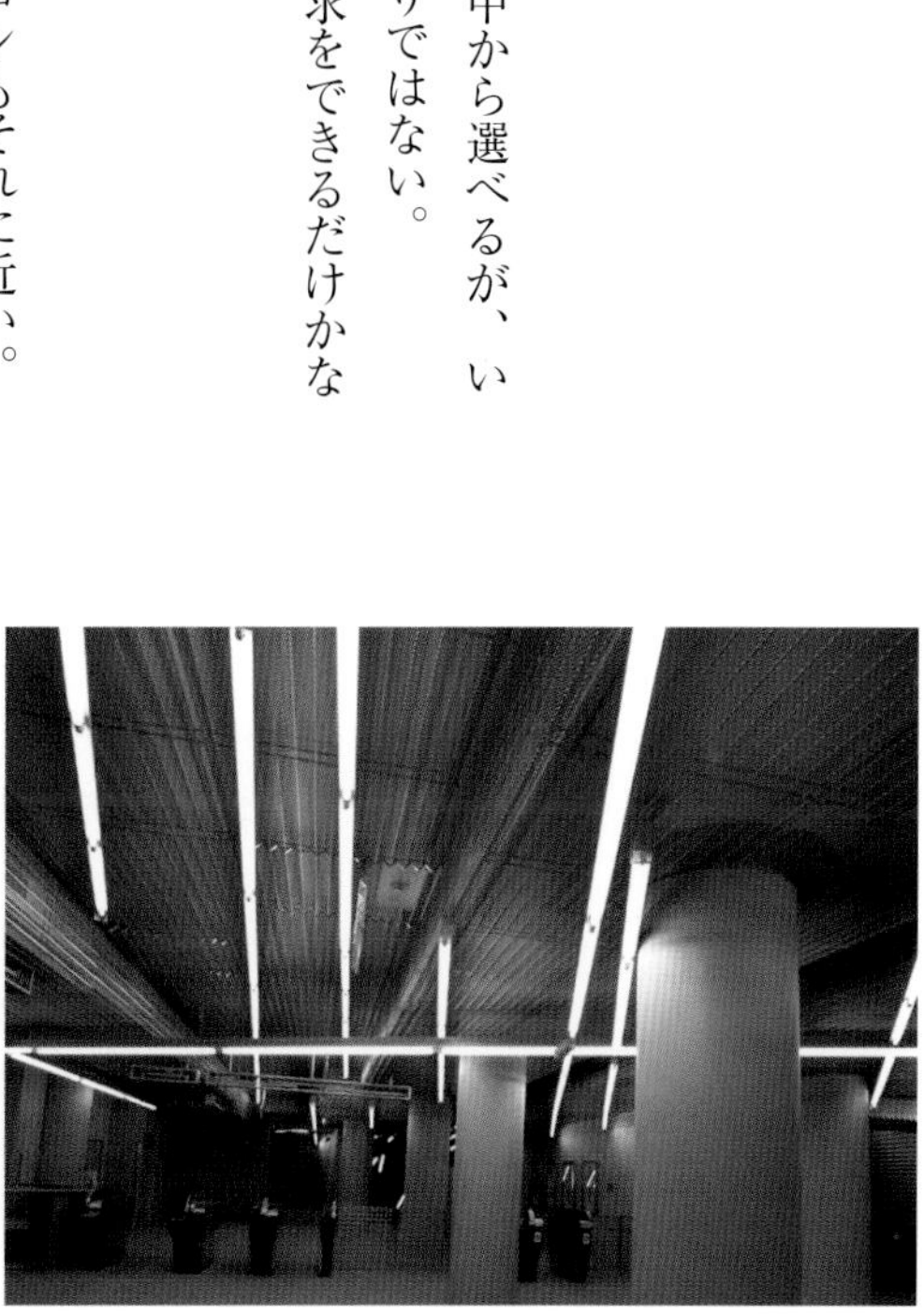

飯田橋駅のコンコース
条件をどう翻訳するかは、設計者の仕事だ。直接照明にせよという条件を直訳していると、いつもの蛍光灯になってしまう。
いかに「意訳」するか、それはプログラムにはできない仕事。

どこまでも続く海辺にぽつんと立つ、小さな美しい住宅を建てるなら、プログラムなんて要らない。

推論と直感で設計したほうが、ずっといいものができる。（「JELLY FISH」＊シリーズ）

一方、建て込んだ街中の再開発や高密度の住宅配置、複合施設の組み合わせといった場合は、プログラムが有効に働くだろう。

もともと、「複雑系」を解くための方法として考えているわけで、当然ながら複雑でないものは対象ではない。

複雑なものとは、「多数の要素、高い密度、大規模、入り組んだ関係」を持つものである。


では、単純な単体建築では、プログラムはまったく不用かといえば、必ずしもそうではない。

単純な1個の建築も拡大すれば大きな宇宙である。その部分部分に注目すれば全体としては複合体とみなせる。

たとえば、１軒の住宅でも、気流の調整やエネルギーシステム、光との関係、そして色彩やパターンの調和システムなどには、プログラムは有効だろう。

部分を拡大すると、また全体と同じパターンが現れる、という事象は、フラクタル＊と呼ばれる。

それは、無限に続く「入れ子」のようなものをいい、海岸線や、株価の変動がよく例として取り上げられる。

フラクタルは複雑系を扱う鍵のひとつである。

建築と都市もフラクタル構造を持つというのは、比喩的な意味ではいえるかもしれない。

これからどうなるのか

まず、ＣＡＤやＣＧが知能化されるだろう。
「インテリジェントＣＡＤ&ＣＧ」が、いずれ登場するはずだ。ｉＣＡＤの出現。（ＣＡＤとＣＧの区別も不要）
今のＣＡＤは、いわれたことしかしない。こちらの意向を汲み取ることもないし、構造と計画と法規をいちどに解決もしてくれない。それらの機能が、少しずつ、組み込まれていくに違いない。ネットサーチエンジンにエージェント機能が入るように、「エージェントＣＡＤ」と呼んでもいい。それは助手のようなものになるだろう。（この世界のキーワードの寿命は短いので、呼称はどう変わるか分からないが）
10数年もすれば、「誘導都市」のようなソフトを、（部分的には）当たり前のようにみな使っていることになるのではないか。今、（10年前は少なかった）ＣＡＤやＣＧが、どの事務所でも日常になっているように。

＊JELLY FISH（左）
海の水を四角く切り出して、それを水の上にそうっと浮かせた住宅。さらに、その切り出された水の中に浮かんで、漂うために。
（１４２～１４３頁参照）

ただし、これは設計の効率化を目指すものであってはならない。効率化は、質の低下をもたらす危険が避けられない。効率化ではなく、高質化が必要だ。その過程でもし効率が上がるなら、浮いた時間とエネルギーはさらなる質の向上に振り向けてほしい。

複雑系、人工知能、カオス理論、人工生命、エージェント、インテリジェントＣＡＤ、自己組織、遺伝的アルゴリズム、ニューラルネット。それらのきらびやかなキーワードは、それぞれ異なった背景を持ち、違ったフィールドにありながら、少しずつ、あるいは大きく重なり合って、波のように動いている。

「誘導都市」の目指す方向は、いずれ「設計」や「計画」と称される行為すべてにわたっての、当然の手続きとなるのではなかろうか。

世界は、ひとの意志と直感だけで律するには、少し複雑すぎるのだ。

12年前、このプロジェクトを開始した時点では、こうした試みは他に見当たらなかった。

現在、同様な動きは徐々にふえ始めているようだ。その成果は未だ定かではない。しかし、早急な成果を求めたり、実効性を即断したりすべきではない。必要なのは、可能性を育む姿勢である。

まったく新しいこの世界は、まだ、生まれたばかりなのだから。

（もっとも、その先にあるものが福音であるという保証は、どこにもないこともまた、事実である）

みんなの意見で街をつくれる？　ネット民主主義で「デザイン」はできるか

この質問は、ネット民主主義は実行性を持つか、ということでもある。「誘導都市」のようなプログラムとネットワークシステムとの組み合わせを使って、ひとびとの望みどおりの街がつくれるか。

需要から商品をつくる試行はすでに行われている。一定以上の要求が集まったら商品化する家電製品や集合住宅は登場している。そうした商品の場合は、みんなの要求にまんべんなく応える必要はない。どれかが売れればそれで成功だ。どれも売れなければまたやり直せばいい。だから潜在する要求を吸い上げるのにネットは役に立つ。プレファブ住宅やマンションなど、商品としての建築には、この方法は機能するだろう。

しかし、街やふつうの建築はそうはいかない。つくるものはひとつ、そしていちどつくったらかんたんにはつくり直せない。ネットで集めた個別多様な要求に個別多様な製品群で応える、というわけにはいかない。

＊フラクタル

どこまで拡大しても際限なく同じ形が出てくるという悪夢？のようなカタチや現象。

「入れ子」のたとえでいわれることが多いが、入れ子では、連続的な相似性の説明には、ちと向かないように思う。

たとえば、日本列島の地形図の輪郭はギザギザだが、縮尺を上げて拡大するとまた同じようなギザギザの形になっている。いくら拡大していってもきりがない。衛星軌道から見た大きな輪郭も、海岸を歩きながら見た磯のでこぼこも、同じようなパターンに見える。そういう自己相似性を持つ構造がフラクタル。

自己相似的な関数は１９３０年代から知られていたが、数学者のマンデルブロが１９７５年にフラクタルと命名してから一般に知られるようになり、（ロールシャッハテストのような）マンデルブロ集合の図形が多くのメディアを飾った。（どれも同じ形（当然！）だったせいか、やがて見かけなくなった）

図形だけではなく、時間を追って変化する現象にもフラクタルは見られる。

心拍数の変化をグラフにすると、３分間の変化も、30分でも、３時間を尺度にしても、似たような形の波になる。

ある範囲の曲線の長さを、直線の定規を当てて測っていくとした場合、（ひとつの定規の長さ）×（定規を当てた数）ｎ　は一定となる。そのｎをフラクタル次元と呼び、１～２の間の数となるが、これがその曲線の複雑さの指標となる。（フラクタル次元には他の定義もある）

26～29頁の都市景観のフラクタル解析図を参照。

フラクタルを使ったＣＧソフトは、自然な地形や雲をつくれるため、映画でよく使われている。

自然界や社会事象の多くにフラクタルが見つかっているが、その理由は未だ解明されていない。これも「見えない構造」のひとつ。

個別多様な要求に、たったひとつの街や建築で応えなければならない。

要求のどれを満足し、どれかは捨てなければならない。全員の要求は満たせない。

その際、要求のひとつだけをかなえ、あとは捨ててしまうのが今までのやり方だった。捨てていた要求を今までよりはよくかなえることに「ラブ・トライアングル・セオリー」で述べたような方法は役に立つだろう。

だから、ネット民主主義は、「計画」には役に立つはずだ。（市民「参加」を越えた、市民による立案）

何が欲しいのか、それを望んでいるのはどのようなひとか、実現したらどうなるのか、矛盾する要求のどれを優先させるのか、対立する利害をどう配分するのか、そういう課題に案を提示し、それを見て意見を集め、やがて収束させていくことができるかもしれない。「ON-DEMAND CITY」は、その可能性のひとつを示している。何を選び、なぜ選ぶのか、その過程の透明度を高めることにもなる。（もっとも、決定のルールをつくっておかないといつまでも収束せず、膨大な案を並べるだけで何もつくれない事態を招きかねない）

では、ネット民主主義（オンライン・デモクラシー）で、「デザイン」はできるだろうか。

これは結局、投票で選ばれるものがいいデザインか、ということである。

そして、その投票の前提となる、模型やシミュレーションで体感する街や建築が、実物の価値を十分に伝えられるかということでもある。いかにリアルなCGでもバーチャルリアリティでも、実物の空間とは違う。

設計者はCGを使いながらも、それが実物になったときの姿を想像力で補い、善し悪しを判断して設計する。

そこにはプロのスキルが必要だ。そしてその判断の背後には、長い時間の行く末を見通す理念がある。

そういう技と知を、すべてのジャンルですべてのひとに期待できるなら、あらゆる領域でプロは要らない。

（ここで最初の質問、建築家の失業の話に戻る）皆が決定の権利を持つことは、皆が決定の責任も持つことだ。

ネット民主主義では誰もがプロであることが求められる。そうした究極のアマチュアリズムをよしとするかどうか、判断はそこにかかってくる。（プログラムは、アマチュアを支えるエキスパートシステムになれるか？）

もし投票でデザインを決めていたら、エッフェル塔はなかったろう。（サンジミニアーノも京都もおそらく）

歴史上の名建築や美しい街が、初めからみんなに受け入れられたとは限らない。評価には時間が要る。

一方、ネット民主主義を通じてこそ初めて生まれる建築や街もまた、あるはずだ。

現代にエッフェル塔は、なくてもいい。コンビニがあれば、やっていける。（ネット投票の結果、どの街もディズニーランド化が決まった、という事態を避けられるなら、ネット民主主義でデザインもできるだろう）

「設計された」街と「発生した」街（左2点）
都市は「人工」物であり、それが「自然」発生することは、ない。都市は作為の積み重ねであり、個々の作為の、その相互調整の有無が「設計」の有無である。しかし、その調整は、多くの場合、「自然さ」を奪う。
作為と自然さは、両立するだろうか。

「見えない構造」なんて、あるのか

見えない構造、隠れた次元、カオスに潜む原理、そんなうそっぽいもの、ホントにあるの、という疑問は、もっともである。

しかし、たとえば、ニュートン力学は、目に見えない。目に見えないが、ニュートン力学を使えば火星に行くことは（たぶん）できる。これは立派な、「見えない構造」である。

問題は、ニュートン力学は、明日の株価も、富士山の噴火の日取りも、わが街の10年後の姿も、教えてくれないところにある。

逆にいえば、ニュートン力学が役に立たない世界が、「複雑系」と呼ばれる、手ごわい相手なのだ。

（どこから見てもなんの秩序もない相手、たとえば乱数表は、初めから相手にしないとして）使えるかどうかが、いちばん確かな証明である。ニュートン力学は月への送迎に使えることで評価を定めた？ 複雑系の方法を使って株価予想に成功したミリオネアの話もまだ確かではないし（もっとも、成功していたら当分は誰にも言わずに成功を続けるかもしれないが）、地震の予測も、交通渋滞の調整の実用化も、まだだ。

しかし、「ファイバーウエイブ」の動きの背後に、流体運動の原理があることは確かに思えるし、樹木や魚の形態決定に単純な原理のありそうなことは前述した。

たとえば木の葉の葉脈から河川や道路まで、枝分かれの段階と数を対数目盛りに載せると一直線上に載ることが、「ホートンの法則」として知られている。自然界の多くの現象に、1／f揺らぎ*が見られることも周知だ。そういう、まだ解明されていない、「法則の候補」も多い。

そうした領域はニュートン力学だけでは対処できないのだから、もし、「見えない構造」が発見できないとしたら、世界は操作（または誘導）不可能ということになる。

こうした領域で発見される「構造」は、ニュートン力学が見つけたものとは違うタイプであろう。ひとつの決定的な数式ではない、部分相互の約束ごと、という「構造」。

最初からあきらめていては、先はない。萌芽はある。その芽を、育ててみよう。

平行線（左）と1／f揺らぎ（右）

＊1／f揺らぎ
自然や社会現象の変化のパターンに、実は規則性がある、という話。
1／f揺らぎとは、波の成分の分布が（対数目盛で）周波数に反比例するような波のこと。波の成分の周波数ごとの割合を算定し、パワースペクトルと呼ぶ指標に換算してグラフ化することで判定できる。
グラフの傾きはとうぜん1／f以外の数値もありうるのだが、自然界の多くの波は、1／fになることが知られている。
図形も波の集まりとして同様に解析できる。木目のパターンが有名だが、高速道路のクルマの流れにも、ひとの心拍にも1／f揺らぎが見られる。なぜそのような規則があるのか、統一的な説明は、まだない。
これも、「見えない構造」の候補のひとつ。

10

見えないものを見ること

Making the invisible to visible

風のカタチ

「ファイバーウエイブ」シリーズ

見えないものを、見えるように：可視化装置

光がなくては何も見えない。しかし、光は見えない。

光は、何かを照らしたときに、初めて目に見えるようになる。

霧が出てくれば、光が見えるようになる。空気中に漂う微細な水の粒子が、光を散乱する。

その結果、光の航跡が見える。見えているのは、もとの光そのものではなく、きらめく小さな流体の粒だ。

（正確にいえば、浮遊粒子で反射されて眼球に到達した光が見えている）


風もまた、目には見えない。

透明な空気の動きを、そのまま見ることはできない。肌に感じることはできても、風は見えない。

風が見えるのは、風が何かを動かしたときである。

梢のざわめき、稲穂の波、水面の揺らぎ、そうしたものの動きを通じて、間接的に風を見る。

そういう見えない風を見えるようにする装置が、「ファイバーウエイブ」シリーズである。

飯田橋駅のアートワーク「てん点展」（右）
手で触れて感じるユニバーサルアート。
点字では指先の触感と文字の意味が異なる。
暖かいという文字も冷たい金属に触れて読む。（20～21頁参照）

地下もまた、見ることができない。

地下鉄「飯田橋駅」は、見えない地下の構造を見えるようにする建築である。

そして、「誘導都市」は、見えない都市の構造を見えるようにする、プログラムである。

「ファイバーウェイブ」（左、88〜89頁共）
風にそよぐカーボンファイバーのロッド。
エネルギーを使わない、環境アートワーク。

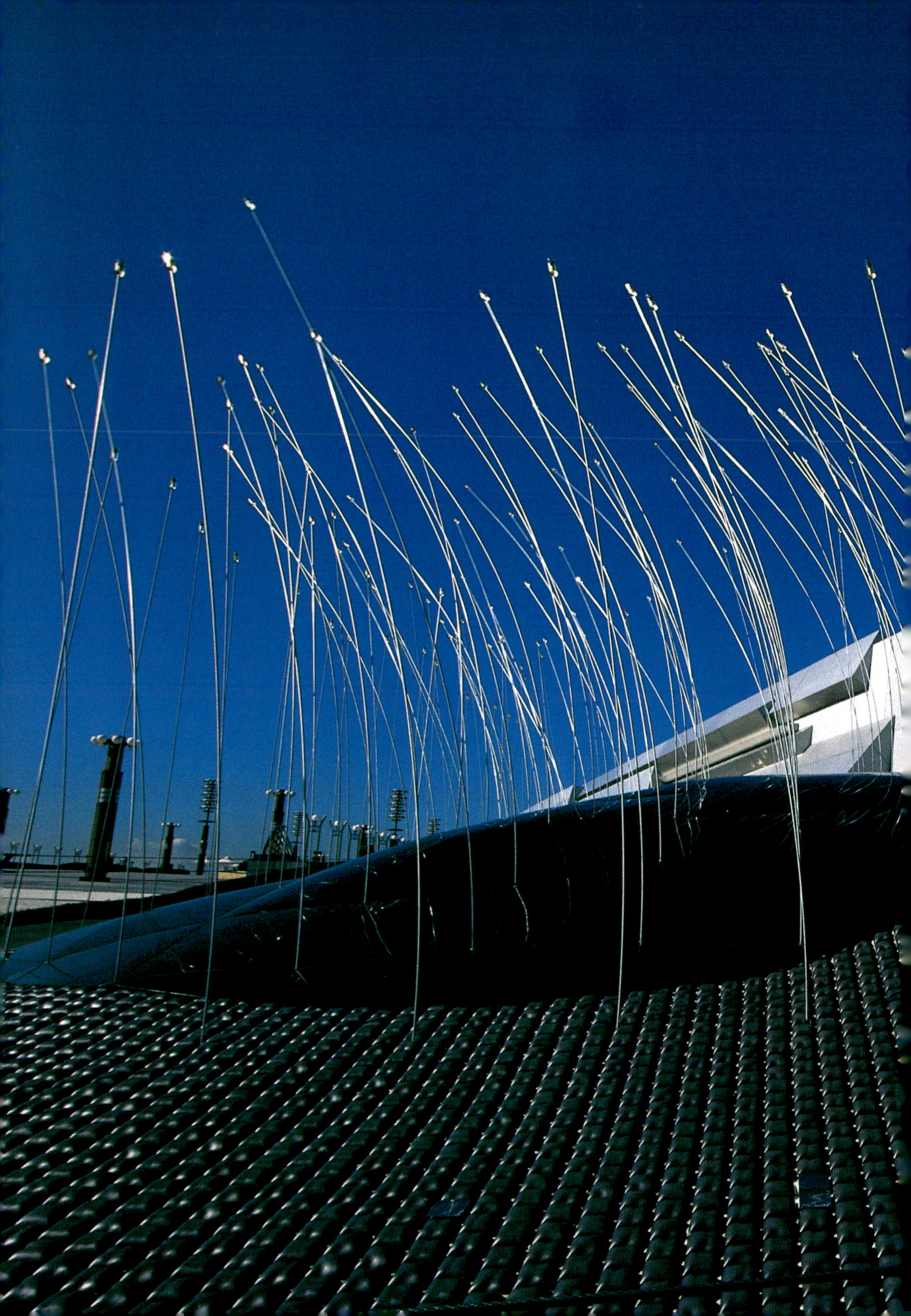

戦わない建築：柔らかい建築／「ファイバーウエイブ」（1995年—）

建築はいつも、戦うことを要求されているように思う。

雨と戦い、地震に抗い、風に耐えることを強いられている。強くてカタイもの。それが建築。

しなやかな建築、をうたったところで、壁を叩けばこちらの手が傷つく。

体当たりくらいではびくともしない、固くて丈夫なもの。

そして、できてしまえば当分の間、形も変わらない。

ところが、同じように雨や地震や風にさらされながら、あまり戦わないものがある。

それは植物である。


草原の草、田の稲、畑の麦、何でもいい。彼らは風が吹けばなびく。

雨や雪が激しければ頭を垂れる。自分を変形させてしまう。しかしその力が過ぎればまた元の姿勢に戻る。

何ごともなかったように平然としている。強い外力に立ち向かうことなく、かといって屈服することもない。

力に抵抗せず、かたちや姿勢を変えてそれを受け流してしまう。

戦わない。戦わないが、自分を失わずに維持できる。これは、建築にはできないわざだ。

強い建築は、限界になればあっさり負けてしまう。壊れる。

しかし、戦わない草は、なかなか降参しない。これは、建築より高級な方法である。

同じ結果なら、抗うより流すほうが、程度が高い。（流すといっても、外力に屈服しているわけではない）

こういう状況は、建築に限らない。ひとのつくる構造体は、橋でもクルマでもロボットでもなんでも、外力に抗して自分を維持するようにつくられている。それが人工物の定めだ。

そうでない人工物ができないか、と思った。

草のように、外力を受け流して自分を維持する構築体が、できないかと。

「K-MUSEUM」（右）
建築は、揺れてはいけないとされる。その点で、揺れてもたわんでもいい草より、分が悪い。（146〜147頁参照）

ファイバーウエイブ シリーズの構成

	▽場所	▽領域
ファイバーウエイブ	：屋 外	・リアル
ファイバーウエイブⅡ	：屋 内	・リアル／バーチャル
ファイバーウエイブⅢ	：ウエブ上	・バーチャル

たわむ建築：変形運動する人工物

「ファイバーウエイブ」シリーズは、そういう思いから生まれた。

外力には風を選んだ。地震は頻度がまれだし、雪は地域の違いが大きい。一番どこにでもいつでもあるのが風である。建築に作用する力としては、地震と並んで手ごわい相手だ。

「ファイバーウエイブ」は、風を受けると、しなりたわみ、揺れて、風の力を変形と運動のエネルギーに変えてしまう。

自身を変形させて外力に対応する人工物は、他にあまり例がないのではないだろうか。

風車はどうかといえば、これは回転運動であって、変形ではない。回転運動は車輪の発明以来、人工物の得意わざである。

自動車では振動を吸収する板バネに変形を使っているが、これは部品レベルであって、まとまった全体ではない。部材の変形で地震のエネルギーを吸収する免震構造もあるが、いったん変形した部材はそれっきりで元には戻らない。バイメタルは変形するが。これは運動とはいいがたい。

というわけで、動く人工物は、建築のピン接合から風車、ドアノブまで、回転が基本である。

逆に、自然界で回転運動をするものはまれだ。

腕を回すのは回転ではないかといえば、あれは往復運動で回転ではない。腕が回転していたら、血管は肩で、ちぎれてしまう。

ただし回転運動をする生物は皆無ではない。微生物にはからだの一部を回転させて動くものがある。バクテリアのべん毛モーター*と呼ばれる「分子機械」のしくみは１９７４年に明らかになったもので、ナノマシンの開発のヒントともなっている。これは彼らがとてもちいさいからできることだ。（べん毛の太さは20ナノメートル程度、ひとの腕の50万分の１のサイズ）

さて、ナノマシンではなく、「ファイバーウエイブ」の話であった。

これは高さ４～５ｍのカーボンファイバー製のロッドで、風速40ｍに耐えるように組成が設計されている。

断面形状は、しなり具合の実験を繰り返して決定した。

＊車輪を持つ生物（左）

車輪で走る生物は、今のところ、まだ見つかっていない（ご存じの場合は乞連絡）。

生物はもっぱら車ではなく、脚やひれなどの往復機構を使って移動する。自動車や電車など、人工物が主に（推進に）車輪を使うのとは対照的だ。（回転運動ではなく、歩行する人工物は、ホンダのアシモ君を筆頭に、ようやく登場し始めたばかりである。ただし、ジェット推進は両者とも愛用している）

生物が回転機構を使わないのは、回転すると、そこで神経も血管も千切れてしまうのが一因だ。しかし、ちいさい生物には血管も神経も要らない。軸受けと回転動力があれば、回転機構は可能だ。（車輪ではないが）

ちいさい生物は液体の中で暮らすことが多いので、車輪よりスクリューのほうが効率的だ。そこで、スクリューのようにムチを回転させる推進方法が開発された。それが、バクテリアの「べん毛モーター」である。

（大沢文夫編『生命の精密機械』読売科学選書準拠）

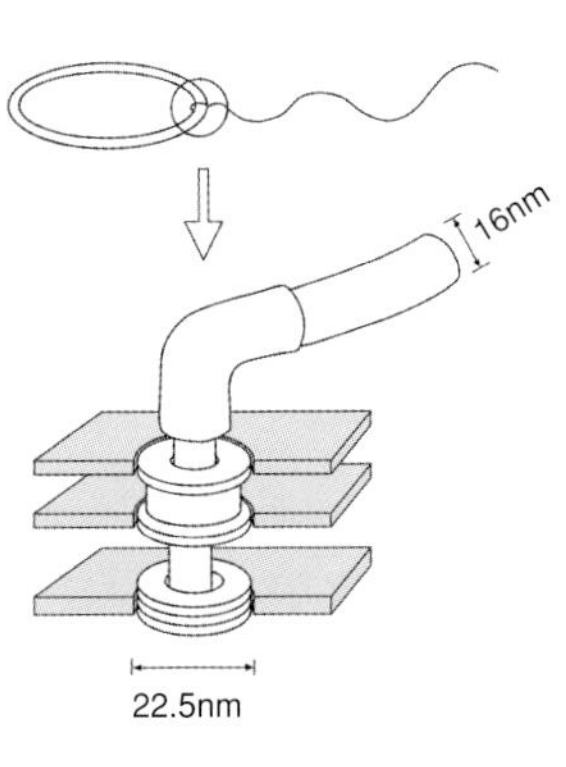

「ファイバーウエイブⅡ」ベネチアビエンナーレ版（２０００）（92～93頁）

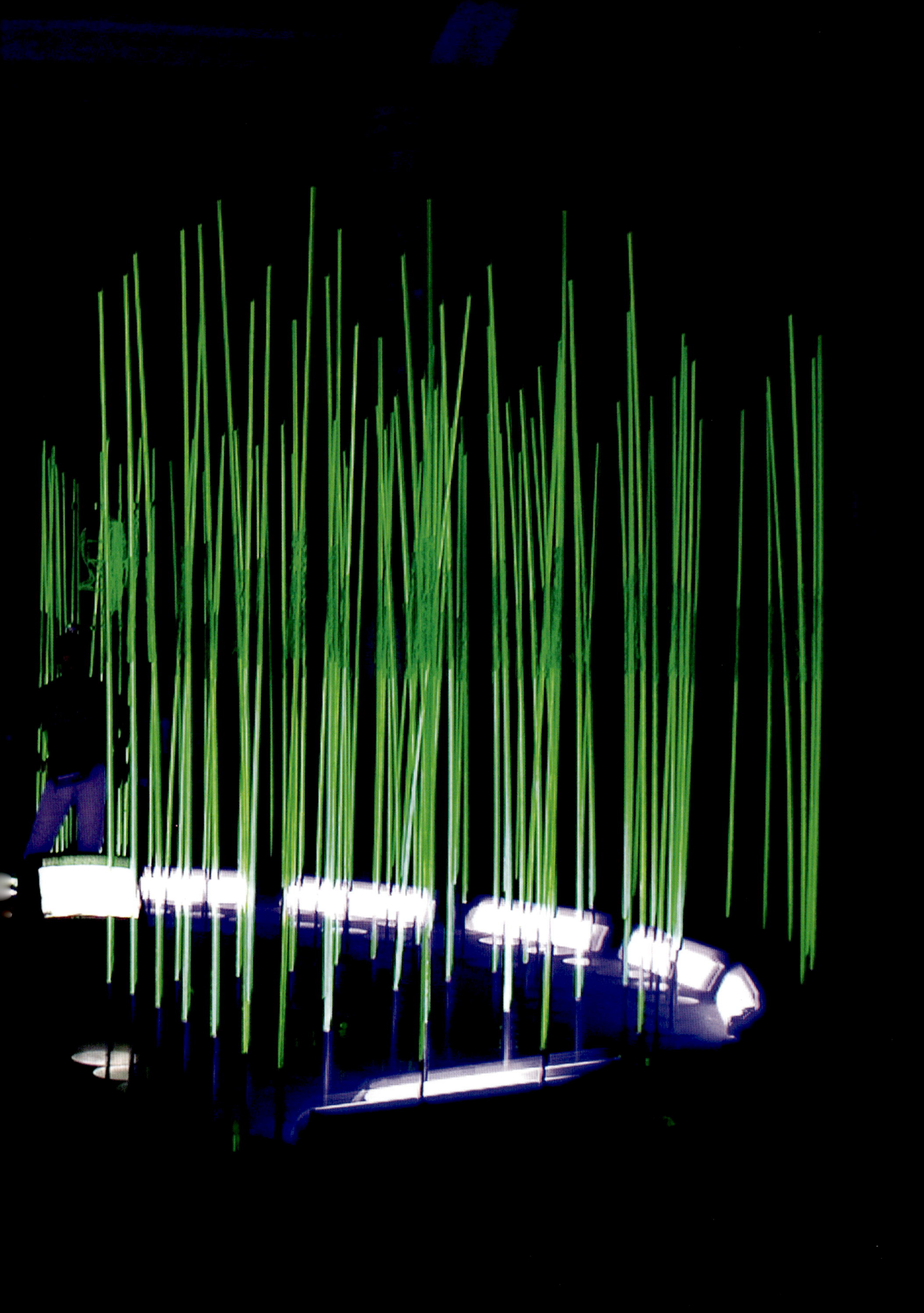

見える風：風のカタチ／デザインしないデザイン

風はふだん、目には見えない。

風が見えるのは、風にそよぐ草木を通してである。水面の波から、舞い散る砂埃から、流れる雲から風を見る。

要は、風を受けて動く対象がなければ、風は見えない。

「ファイバーウエイブ」のロッドの動きは、風を視覚化する装置として働く。その動きは一律ではない。

ばらばらに動いていたかと思うと、急にいっせいにしなったりする。変化のあるリズムは、見ていて心地いい。

この運動のカタチは設計者が決めたものではない。


設計者が決めたのは、しなり具合と間隔である。素材の物性値と、レイアウトを決めただけだ。

その動き、そのカタチは、風が決める。カタチは、空気の動きという環境から「取り出されて」いる。

効果的に「取り出す」ための装置を、「設計」したことになる。

その点で、「ファイバーウエイブ」は旧来のデザインとは違うしくみだ。

結果としてのカタチや構成をデザインせずに、そのカタチを生み出す条件をデザインしている。

デザインレス・デザイン。


これは、デザインしない、ということではない。デザインは、している。

どんなカタチになるのか、それは設定している。気持ちのいい動き。

しかし、それはある方向の範囲内に入ればいいという設定で、こうなるべし、と結果をひとつ決めてしまうのではない。

ふつうのデザインだと結果はひとつ、完成予想図がすべてだ。あいまいさは許されない。

「ファイバーウエイブ」では、完成予想図はない。動きは、カタチは、いつも違うのだ。

（ここで、「カタチ」を建築の「プラン」と読み替えてみることもできる）

結果はパースに向かって一直線ではなく、ある方向に「誘導」されている。その範囲では変異が許されている。

その点で、「ファイバーウエイブ」は「誘導都市」プロジェクトとつながっている。

半分リアル・半分バーチャル：「ファイバーウエイブⅡ」（1999、2000年）

この性格をさらに強化したものが、「ファイバーウエイブⅡ」である。

「ファイバーウエイブⅡ」は、インドア版である。

室内では風は吹かないので、風はコンピュータプログラムから得られる。

観客はディスプレイのメニューから世界の都市を選ぶ。NYでも上海でも。するとプログラムはインターネット上からその都市の「現在の」風向と風力のデータを採取し、同時にウエブカメラから「現在の」都市の画像を表示する。プログラムは採取した風のデータに揺らぎを与え、天井に設置した大型ファンを稼動して実際に風を吹かせる。発光するロッドが風にしなり、風が見える。

選んだ都市に今吹いている風という「環境」と、選ばれた揺らぎという「意図」とが重ねられて、ロッドの動きという「設計」が実現する。この一連の過程を統御するのはコンピュータプログラム。このしくみは、「誘導都市」と同じだ。部屋は、風という点だけに限れば、選んだ都市と同じ環境になる。

半分リアル、半分バーチャルな場所。

「ファイバーウエイブⅡ」は東京で生まれ、2000年のベネチアビエンナーレでも展開した。

（ベネチア版は、風のリアルタイムプログラムは使わない、シンプルな脈動リズムの「機能限定」バージョン）

「ファイバーウエイブ」の動き（右）

風の中に潜む見えないリズムが、「ファイバーウエイブ」の「カタチ」をつくる。

このカタチは普通の意味では「設計された」ものではない。しかし多くのひとびとにとって快適に感じられる「いい形！」かもしれない。それはただ何でも自然に任せたのではなく、ロッドの材質やサイズ、レイアウトなど、慎重なスタディの結果、生み出された。

かたちは設計されたのではなく、「誘導」されたのである。

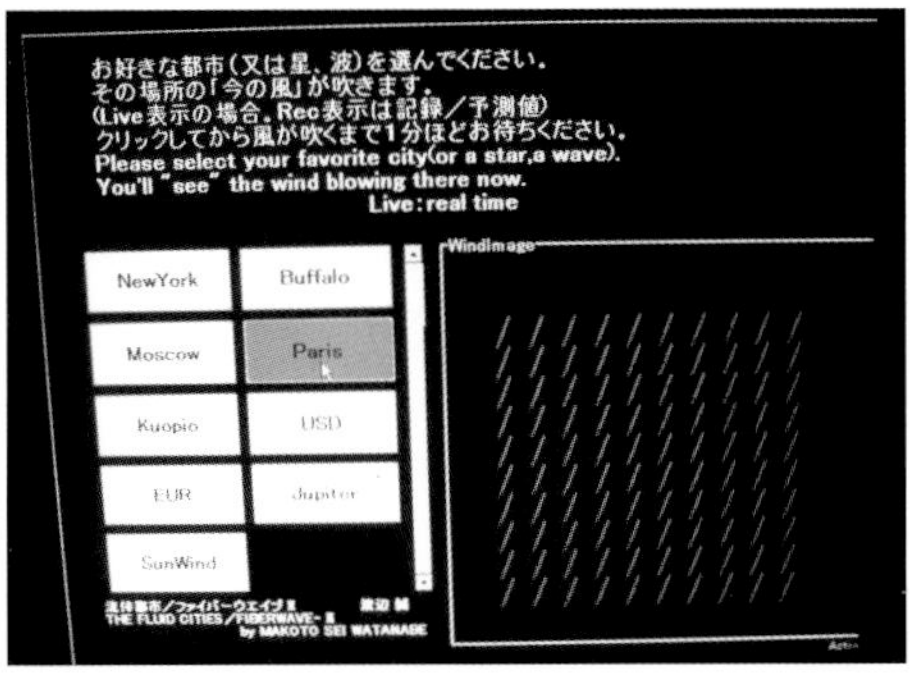

「ファイバーウエイブⅡ」ICC版（1999）

「ファイバーウエイブ」のインドア版。

ロッドの素材は「ファイバーウエイブ」とは違い、蛍光発光するプラスチックである。

（上）訪れた観客は、モニタに表示されている世界の都市の中から好きなものを選ぶ。するとコンピュータプログラムは、その都市に「今」吹いている風の、強さと方向のデータをインターネットから取ってくる。

（中）その風を天井の大型ファンが再生する。

（下）「風」という点では、その場所は指定された都市と同じ状態になる。リアルとバーチャルが、ひとつの空間に重なり合う。

フル・バーチャル：「ファイバーウエイブⅢ」（1999年）

「ファイバーウエイブⅡ」を完全にバーチャルな世界に移したものが、「ファイバーウエイブⅢ」である。Ⅲでは、インタネットからプログラムをダウンロードすることで、そよぐロッドの中をリアルタイムで動き回ることができる。

バーチャルなのだから、現実の物理法則に縛られることはない。あるロッドは途中が途切れた破線のような状態にしてある。途切れた断片でも一続きの部材のように運動する。バーチャルな世界に現実の法則を持ち込む必要はない。しかし、何かのルールを通さないと、ただ何でもありでは、体験するこちらの感覚に手掛かりがない。「とにかく風にそよぐ」という点が、ここでのルールである。

「ファイバーウエイブ」シリーズは、ふつうの意味では「建築」ではない。
しかし、場所や空間や領域をつくる「何か」である。
かたちや状態をつくる「何か」である。
その中に入ることができる、
雨風をしのぐことはできないが、雨風に耐える、
そういう、何か、である。
これは建築ではない？
（では、「建築」の定義とは？）

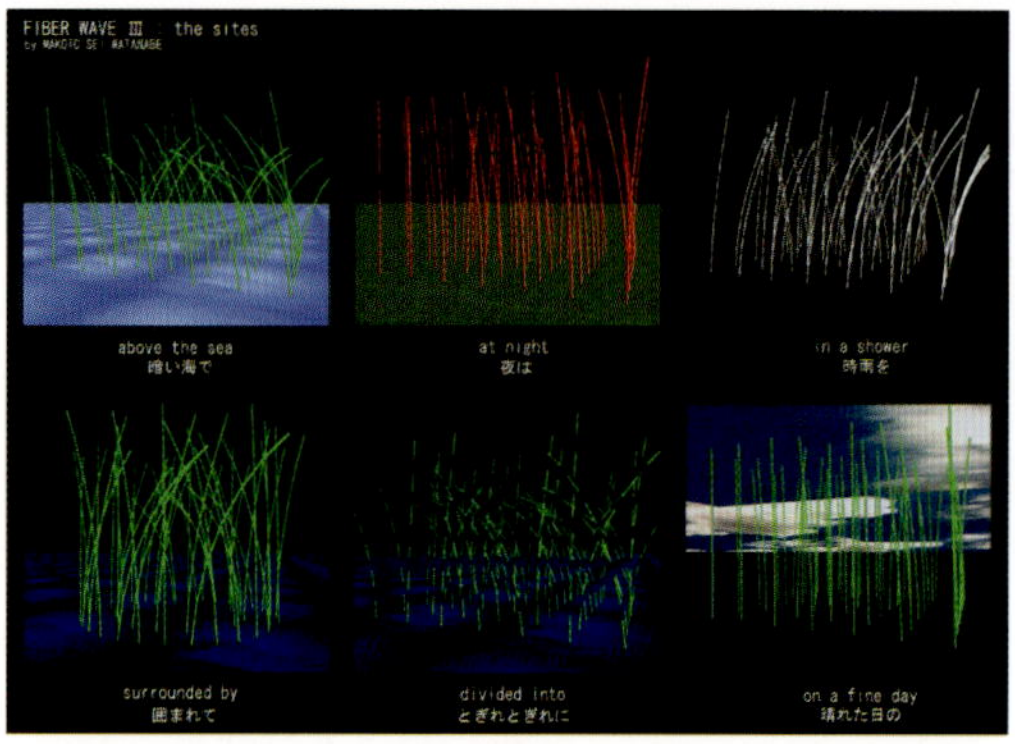

「ファイバーウエイブⅢ」
フル・バーチャル版の「ファイバーウエイブ」。インタネット上からプログラムをダウンロードすることで、自宅のPC上で作動する。ここでの運動は、もはや、ⅠやⅡのような現実の物理法則に縛られる必要はない。

「ファイバーウエイブⅡ」（左）
ここではない都市、の風に揺れる、光の林。

11

実施へ

The INDUCTION CITIES-3
Subway Station IIDABASHI

「誘導都市」第3期
「大江戸線 飯田橋駅」(2000年)

「ウエブ フレーム」：プログラムから生まれた世界初の建築
Computer Program Generated Architecture : The world's first one

「誘導都市」の最初の実践版が、東京都営地下鉄大江戸線「飯田橋駅」の「ウエブ フレーム」である。

そしてこれは、コンピュータプログラムで生成された建築として、世界初のものと思われる。

ここでいう「プログラムによる生成」とは、「必要な条件を解決」し、設計者の「意図を反映」した空間・形態を、「自動的」につくり出す、という意味である。

プログラムにルールを与えて、ただカタチやプランをつくるという意味ではない。


「ウエブ フレーム」には、「太陽神の都市」とは違い、日照のような汎用的な機能条件がない。

汎用条件がないからといって、何でもできるわけではない。どんなものにも条件はある。

角度や分岐の数には、製作上の限界がある。法的な規制もある。安全上の規定から床から一定以下の高さにはつくれない。また照明は逆に、メンテナンス上の理由で床から一定以上の高さには設置できない。こうした条件は「ウエブ フレーム」固有のものだが、条件の性格、たとえば高さ、数、角度、という指標は汎用だ。

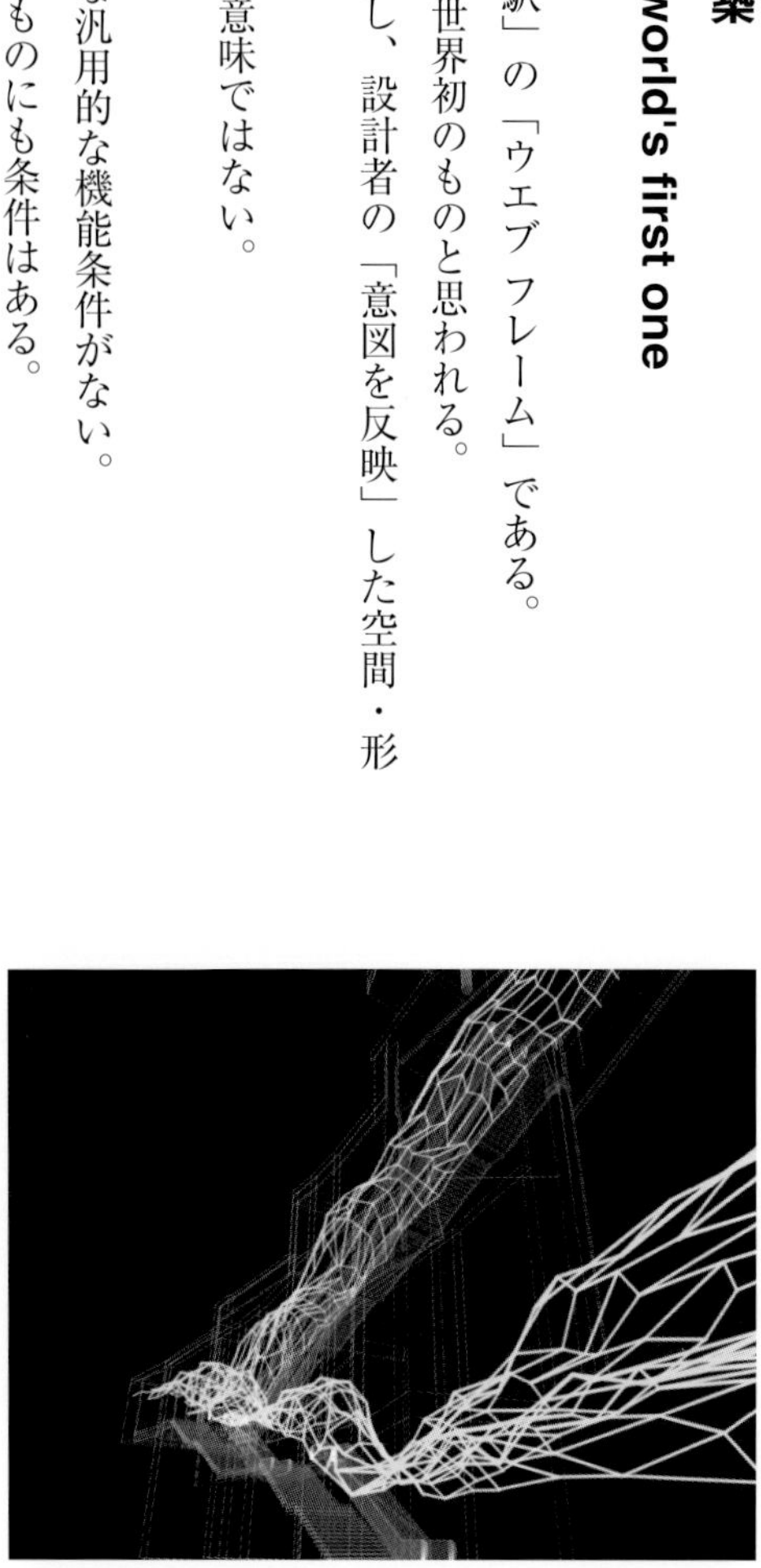

飯田橋駅の「ウエブ フレーム」
スタディ中の画像

だから、こうした条件をクリアするプログラムのしくみも、同様に他でも使える汎用性を持っているといえる。

さて、ここまでは今までの「誘導都市」と変わらない。「誘導都市」では、実験としての精度を高めるため、こうした条件以外は、ランダムにしていた。いわば、プログラムに任せていた。

ひとつの要因（＝定めた条件）の成果をはっきり見定めるためには、それ以外の操作をしないのが、科学実験の基本である。

たとえば、休眠中の種子の発芽を決めるのが日照か温度か、を確かめるには、それ以外の要素、水分や土壌は同じにしないと実験にならない。

（料理のレシピをつくるとき、ちょうどいい塩加減を見つけようとして、酢やオイルの量もいっしょに変えていては、いつまでも塩加減が決まらない。料理は科学？）

「誘導都市」でも同様である。だから、あえて「恣意的な」操作は行わなかった。

次のステージ：あいまいな意図を解く

しかし、「ウエブ フレーム」ではさらに進んで、この「恣意的な」操作を組み入れようとした。

ここでいう恣意性とは、空間や形態を「こうしたい」という「意図」である。

意図は、高さ規制や数のように、はっきりと記述することは難しい。おおきく、とか、はやく、とか、なめらかに、というような言葉でしか、表せない。ひとの言葉は、コンピュータプログラムに翻訳できない。したがって、意図の指示は、あいまいなものになる。

しかし考えてみれば、厳密な意図なんて、ないのだ。

こうしたい、という意思や気持ちは、今日と明日で違うかもしれない。

やってみたらそうではなかったことに気づいて、思い直すことだってある。

結局、このプログラムは2種類の条件に従う。ひとつは「絶対条件」。数値化される、厳密な条件。

もうひとつは、あいまいな、「設計者の意図」。これもプログラムの中では数値化されているのだが、必ずしも守らなくていいとされる。おおむねその路線ならいい、という指示。努力目標のようなものだ。

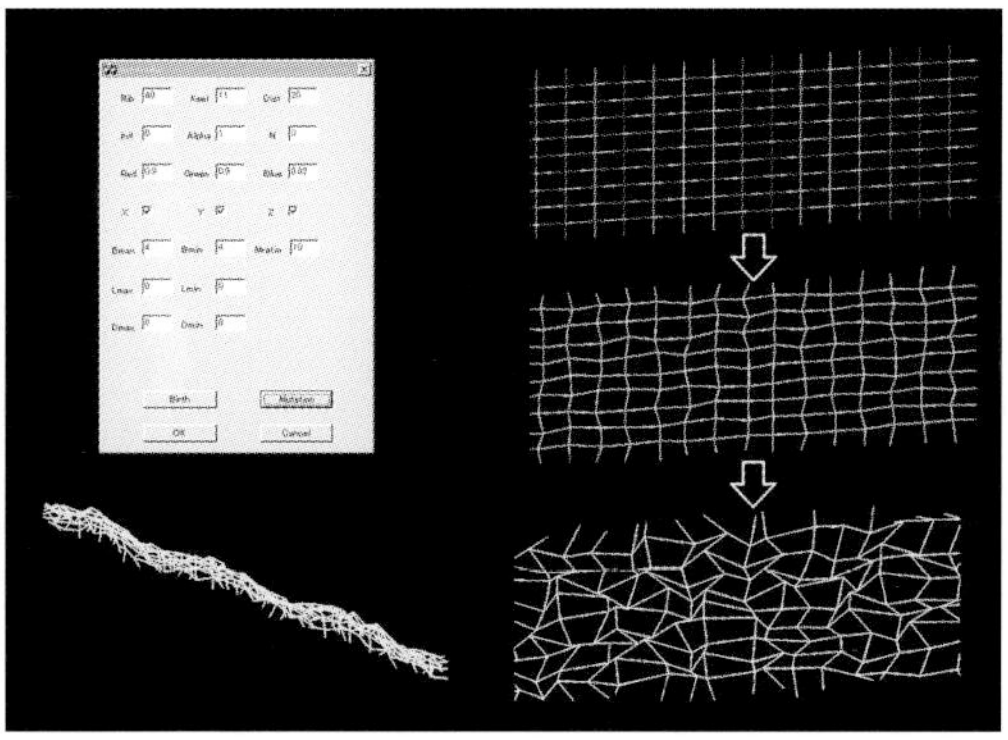

「ウエブ フレーム」不成立プログラム①
初めはまず、整形秩序のパターンをつくり、そこにカオスを発生させた。同時に、いくつかのパラメータを選択式にして、そのチューニングでカオスを制御しようとした。
しかし、この方法では、「使える」ような「ウエブ フレーム」は生まれなかった。

自動建築：WEB FRAME

「誘導都市」の意義は、条件を「よりよく」解ける、ことにある。

では、この「ウエブフレーム」で解くべき条件は、何か。

まずは前述の絶対条件。絶対条件は、「空間の制約」と「各部位の条件」である。

このうち、「空間の制約」は敷地条件のようなものだ。地上で敷地は選べないように、操作の余地はない。

「部位の条件」については、CG上ではどんな形態や数量でも可能だが、実際に施工するとなると条件がつく。

たとえば、角度差1度で5本のフレーム材が同一点に交わる、というようなものは難しい。そういう具体的な条件を自動的にクリアするため、個別にパラメータ化する。これらは地上の建築の、架構に当たるだろう。

これだけの条件でも、それを満たすプログラムの開発は容易ではなく、試行が繰り返された。


たとえば、三次元空間で発散してしまうことなく「閉じる」自由な架構、というだけでも、自動化は簡単ではない。その上、使える立体角に制限をつけて、しかもすべての点が結ばれるという条件がついている。

普通のスペースフレームのように限られた角度の部材を整形に組み合わせていくものとは、わけが違う。

自由度が高いだけに、放散してどこへいくか分からないということもおきてしまう。

「自由」は、当然ながら、「無秩序」に向かいやすい。

しかし、無秩序のようでその実、ある規則は守っている、というのがこの構想の大事なところである。

勝手気ままのように見えながら、必要な条件はきっちり守っていること。それはまた、カオスを含め、複雑系一般の共通項でもある。

「自由と調和の共存」というと、永遠に実現しないと分かっていて、それでも掲げている何かの大会のキャッチフレーズのようだが、それが空疎なお題目ではなく、実現する可能性が（少し）見え始めている。

デザインレスから再び、デザインへ：恣意の再導入

さらに、「ウエブフレーム」では、第1期、2期の誘導都市から進んで、感覚的評価の領域に踏み込んでいる。

それが、2番目の要求、設計者の意図。

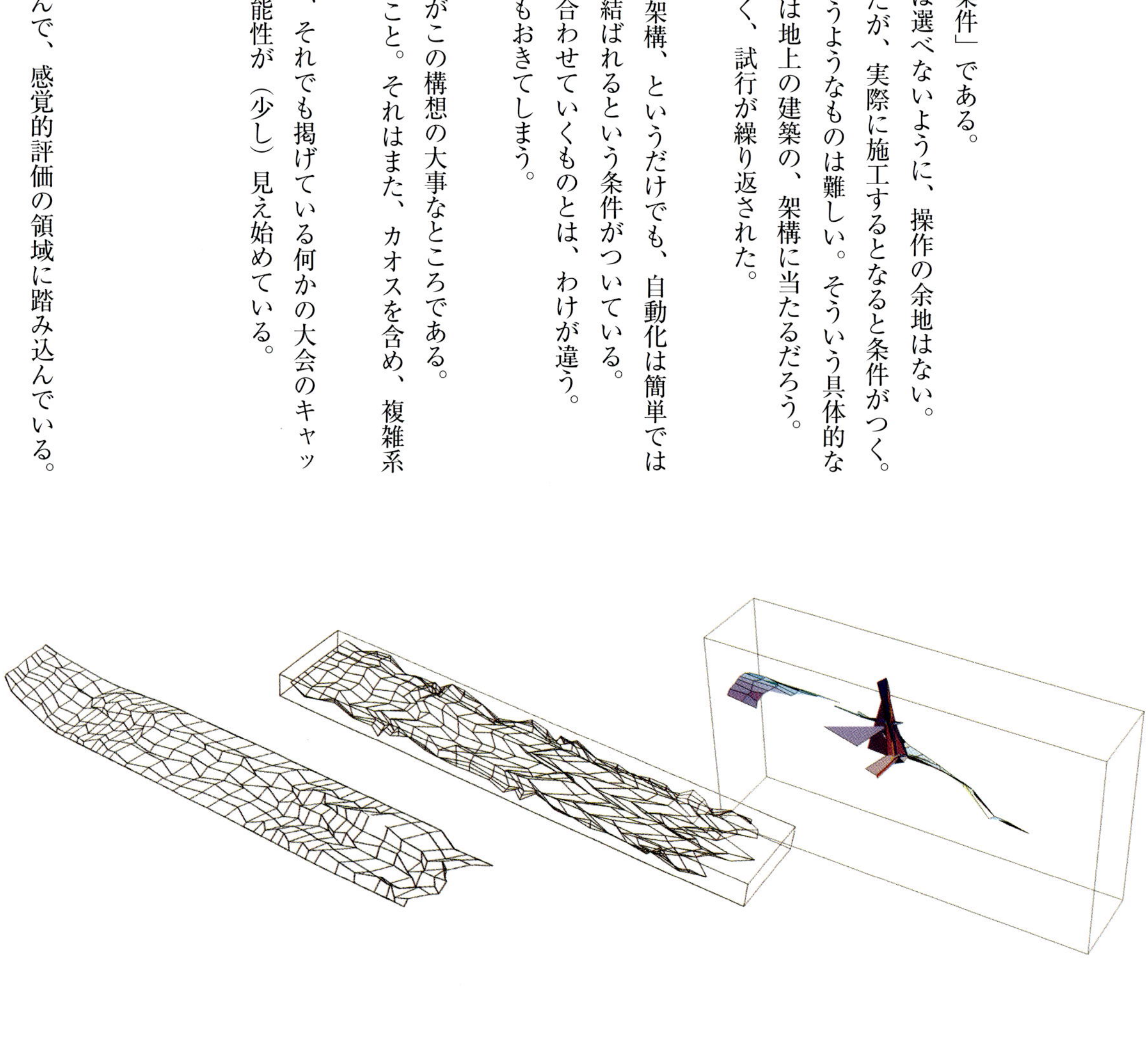

誘導都市の第1期、2期では、価値基準は日照や距離や勾配、それに風速とか抵抗値などという、数量に換算できる指標を選んでいた。「発生街区の都市」では「おもしろさ」を数式で定義して感覚を取り込んだが、結果がほんとうにおもしろいかどうかは、評価していない。

これらと違い、「ウエブ フレーム」では、今まで保ってきたランダム性を超えて、いわゆる恣意性を取り込もうとした。

恣意といっても、空間やカタチを直接指示するのではなく、「気持ちいい」とか「ダイナミック」というような、柔らかな規定を満たすことを考えた。

いちど縛った手を少し解いて、ちょっと動かすこと。ただし、動かすのは生身ではなく、人工の手である。

しかしここで、思わぬ（というか、予期した）困難にぶつかった。

「発生街区の都市」のときのような方法で、「気持ちよさ」を属性で定義してみても、出てきた結果はいまひとつ。期待に添わない。

その理由のひとつは、「ウエブ フレーム」が三次元に展開する複雑な空間・形態であることだが、もうひとつは、使える領域の厳しい制約にあるらしい。（不成立プログラム①99頁〜②101頁参照）

複雑系的な方法は、施行領域に量的な広がりがないと、効果を発揮しにくいようだ。

自然淘汰の実践には、多くの生物が生きられる広いサバンナや、大きな海が必要なのである。

また、評価基準のはっきり決められる機能上の指標と違って、感性の領域は指標を定めにくい。

さらに当然ながら実施設計は研究より難しい。ゲームをやっているわけではない。あれやこれやで、できたプログラムを走らせても、「いい」ものは、なかなか出てこない。これには困った。

自分でも知らない自分を見つける方法：成長するプログラム／人工知能

ここで話は再び、いい、とは何か？というテーマに戻ってくる。

「太陽神の都市」では「日照」が、「ON-DEMAND CITY」では「距離」が、指標だった。

その指標を満たすこと以外は、ランダムに任せた。あえて操作は避けていた。

その結果、「太陽神の都市」では集落のような集合体が生まれ、「ON-DEMAND CITY」では自然発生

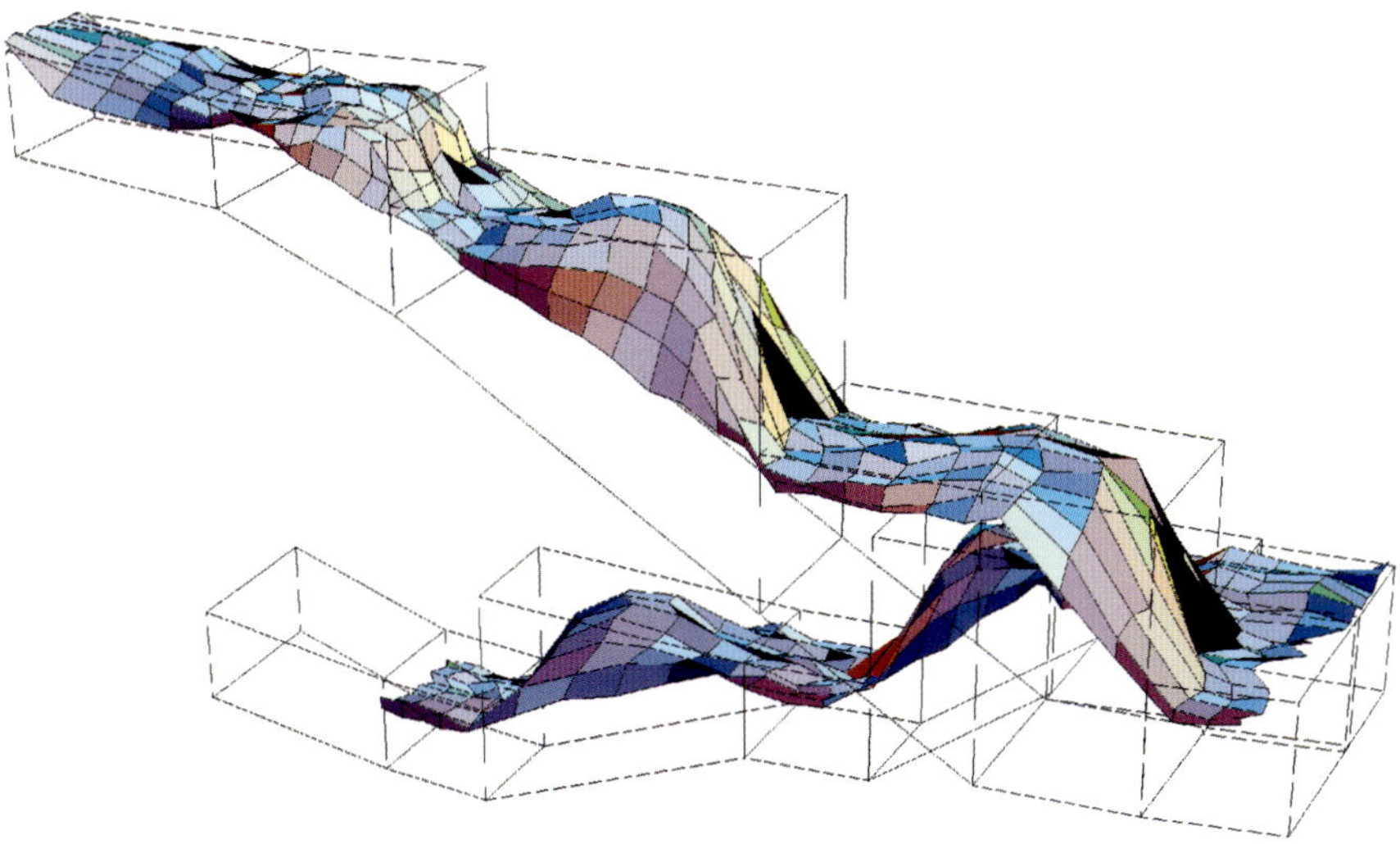

「ウエブフレーム」不成立プログラム②（右頁）
次に、「堅い条件」と「柔らかい条件」を守って展開するプログラムを開発した。しかし、ここでもやはり得られる結果は、芳しくなかった。パターンがまとまらずに「発散」してしまったり、「さまにならない」ものが続いた。その打開のため、AI（＝人工知能）の導入が図られた。

使えるものに近づいた「ウエブ フレーム」（左）
前頁下の図のような、「使えない」ものしか生み出さなかったプログラムだが、AIの学習を重ねるにつれ答のレベルは向上してきた。（実施版は、プログラムの解答に一部補正を加えている）

した街のような配置が得られた。

どちらにも、ある「自然さ」が見られる。「自然さ」は、誰もが理解しやすい。

設計者の意志を排し、物理法則のような基準に結果を委ねることによって、自然現象に見られるような「説得性」が生まれた。

それを、「美しさ」、と呼んでも許されるだろう。

逆にいえば、私たちが自然の景色、雪の結晶や川面の波を見て美しいと思うのはその背後にある原理のせいだ。


「ウエブ フレーム」のプログラムにも、前述の2種類の法則が働いている。が、パラメータをどう設定をするかで結果が大きく異なる。ぶれが大きくて、「自然な」バランスが生まれてこない。

多数のパラメータの組み合わせをチューニングして「自然さ」を見つけるとなると、膨大な試行錯誤が必要で、事実上、不可能だ。結局、適当なところで、これでいいや、と手を打つことになる。

これでは、手で設計しているのと大差ない。


この状態を回避する方法のひとつは、「自然」法則の導入である。

快適に感じられる自然、たとえば波の運動原理を組み込めばいい。

重力が合理的で美しい形をつくってくれるなら、重力シミュレーションを加えればいい。

この方向には歴史がある。かつてガウディがサグラダファミリアの設計で、上下さかさまにした模型に重りを吊るして形状を決めたのは、アナログコンピュータによるシミュレーションだったともいえる。*

60年代に、石鹸膜でメンブレイン構造のカタチを決めていたのも同じだ。*

今は石鹸も重りも要りませんよと、ナビエ・ストークスの方程式を用い、スーパーコンピュータを使って流体力学を導入してもいい。が、自然法則そのままの採用は、真似をしているようでおもしろくない。

「誘導都市」は自然現象の再現を目指しているわけではない。

それに、要求と関係のない原理を組み込むのは、主旨に抵触する。

もっと部分的で、単純で、有効なコードを探る試みがなされた。


一方、同時に、別な方法の可能性も探求された。

それは、プログラムが自分で評価基準を見つけていく、という方向である。

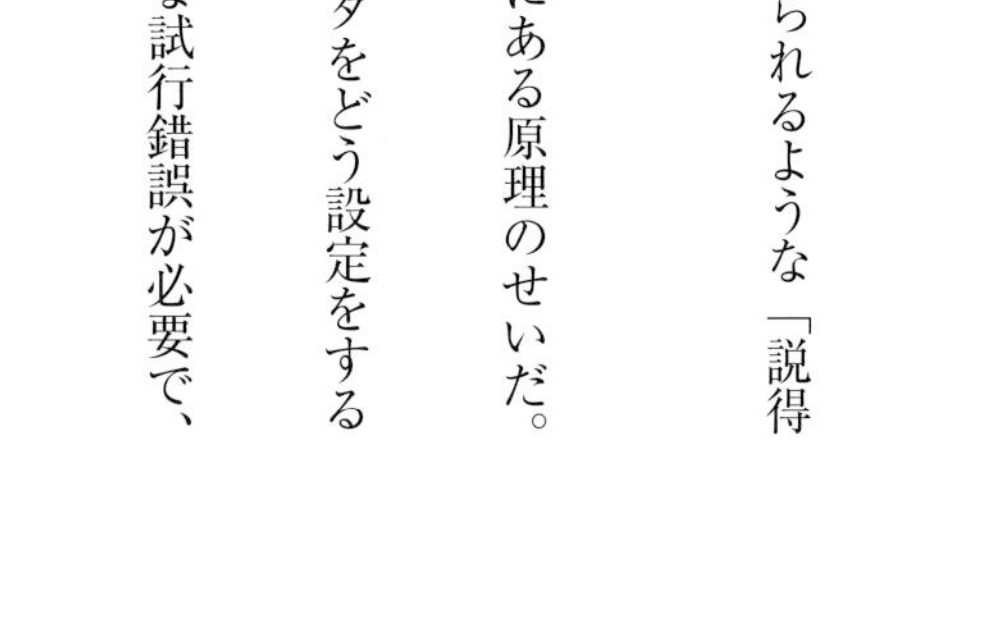

＊サグラダファミリアの構造解析
建築の構造力学は、まず重力によって規定される。
ガウディは、その重力作用の結果を、模型を上下反転することで「シミュレート」した。
（写真：再現模型）

プログラムを走らせて結果が出たら、それを人間側が評価する。

よくできましたとか、まだまだですねとか、採点してあげる。

これを何回か繰り返すと、やがてプログラムは、ただなんとなく案を出すのではなく、高い点がつきそうな案を出すようになる。ほめれば、学習する。ＳＯＮＹのＡＩＢＯも、この手の初歩だった。これをさらに繰り返していくと、プログラムの出す解答は、どんどんよくなる（はずだ）。

そういう仕組みのプログラムを、つくる。これはＡＩ（人工知能）プログラムだ。

ここでおもしろいのは、何が「いい」のかは、最後まで明らかにされないこと、である。

評価基準は示されないまま、いいものができあがる、というマジック。

価値の決定、というくびきから逃れられる、奥の手。

何がいいのかどうしていいのか分からないのに、いいものをつくることはできる。これこそ、還元主義を超える方法？

（もっとも、そうやってできた結果を解析して、「価値」の正体を明るみに出すこともできる。あなたのしたいことはこういうことなのです、という価値の一覧表が取り出される。

「誘導都市」では、つくるしくみは同時に、原理上、分析の手立てでもある。つくることは、知ることである）

学習機能も、簡単なものならワープロにある。さらに進んでプログラム自身が変化していくなら、進化機能と呼んでもさしつかえないだろう。呼び名は、プログラムの程度（あたまのよさ）による。

その過程では、遺伝的アルゴリズムも役に立つ。このプログラムは成長の途上にある。

（このプログラムは「誘導都市」第4期「流体都市」（１５０〜１５５頁参照）で、次の段階に至る）

「ウエブフレーム」のプログラムは、何の役に立つか

「ウエブフレーム」それ自身が、ひとつの思考実験である。

ここでは、どんな条件を使ったかが決定的に重要なのではない。高さの代わりに長さを使ってもいいし、空間の広がりではなく機能の配置を用いることもできる。

大切なのは、こうした条件をプログラムが解いて、実際の空間をつくることができる、と実証したことである。

＊石鹸膜で膜構造の形を決める

力学の素直な結果を、重力と素材の張力の拮抗でシミュレートすることは、メンブレイン構造の検討でも行われていた。こうした実験をコンピュータ上に置き換えたものが、現代のシミュレーションである。模型を使うか、コンピュータを使うか、どちらも、しくみは同じだ。

選んだ指標での精度はコンピュータのほうが高いが、模型はアナログの特性としての全体性を持っている。原理のすべてを知らなくても、模型は答えを出せるところが強い。

模型の持つそのようなアナログ的「全体性」を、デジタルのプログラムに拾い上げることができるかどうか。それはつまり、「知らないこと」を「知らないまま」で、プログラムに記述できるかどうか、である。

「誘導都市」第4期はそれを目指している。

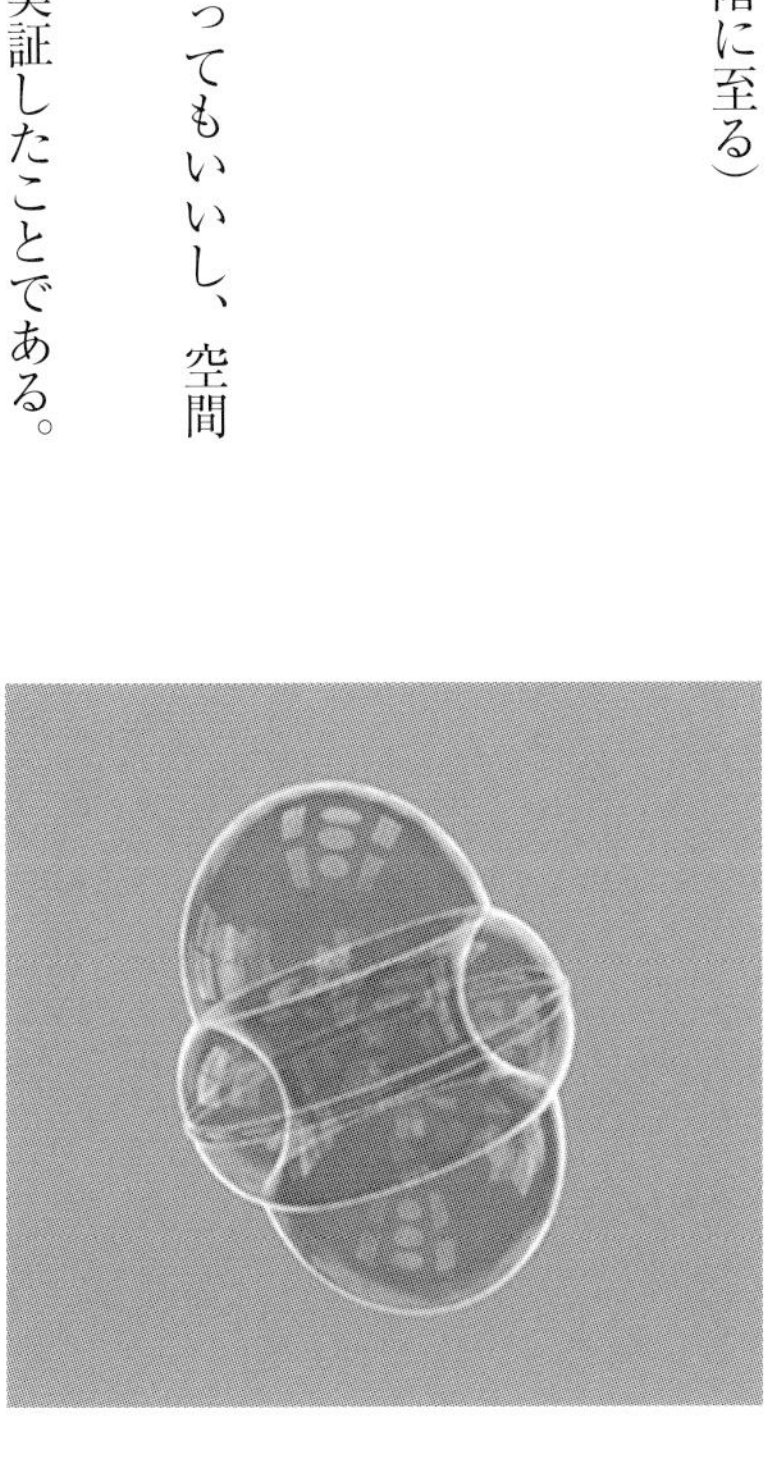

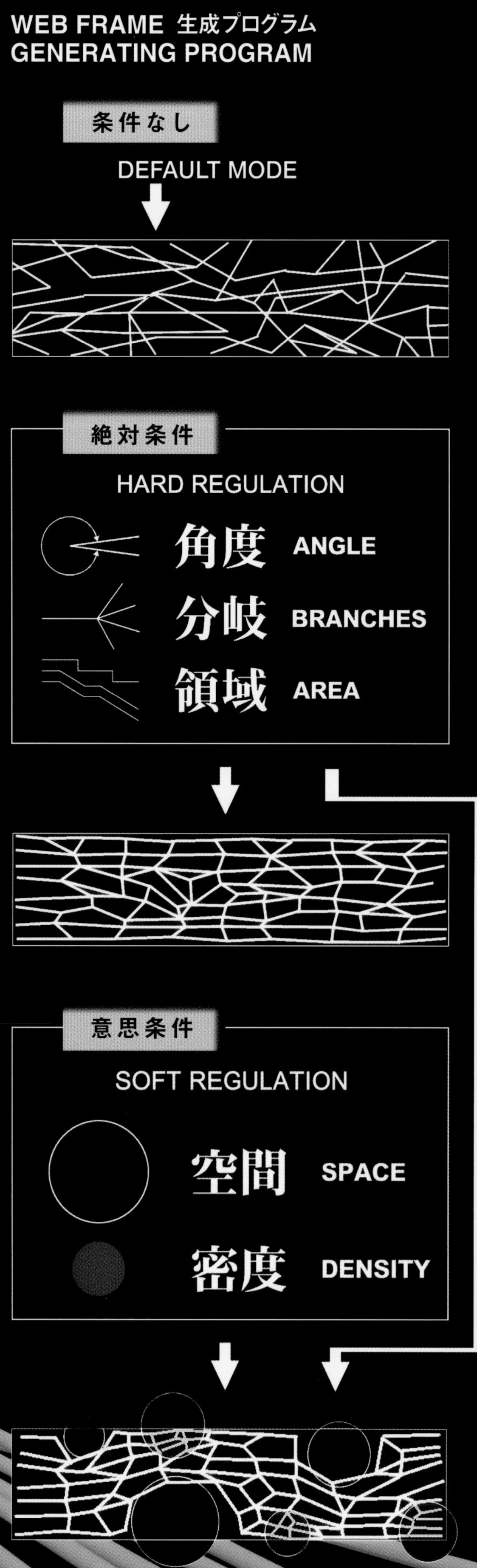

「ウエブ フレーム」には、ひとつとして同じ部分はない。総延長2、203m、接点数803のすべてが違う。

各部分には自由があり、しかも相互に絡み合っている。

一見、無秩序な、(科学ではない日常用語としての)カオスに思える。

しかし、そこには規則と意思が保たれている。その規則は外から一見しただけでは読み取れないが、確かにそこにある。(そういうふうにプログラムした)

「見えない規則」というと、そんなものあるの、と思えるが、これがその例である。

その、見えない規則が、「ウエブ フレーム」全体にバランスとトータリティを与えている(はずだ)。

「誘導都市」で組み立てた論理と方法で「実物」をつくることができる、と証明したこと。

それが「ウエブ フレーム」の第一の成果である。

「ウエブフレーム」の生成プログラム(左)
「ウエブ フレーム」は、好き勝手につくっていったようにも見えるが、実はそこには規則がある。条件を「解いて」、発生している。
規則を立てて規則的に見えるものをつくるのは、当たり前である。(建築も含めて、ほとんどの人工物はそうしてできている)
しかし、一見、自由気ままのようでありながら、守るべきことはちゃんと守っている、というほうが、さらに高度ではないだろうか。
個別な自由を認めながらも全体では破綻しないような人工物ができれば、それは「自然生態系」に近い「都市生態系」と呼べるようなものになるだろう。「ウエブフレーム」の考え方は、その実現に寄与するはずだ。

「ウエブ フレーム」(106~107頁)

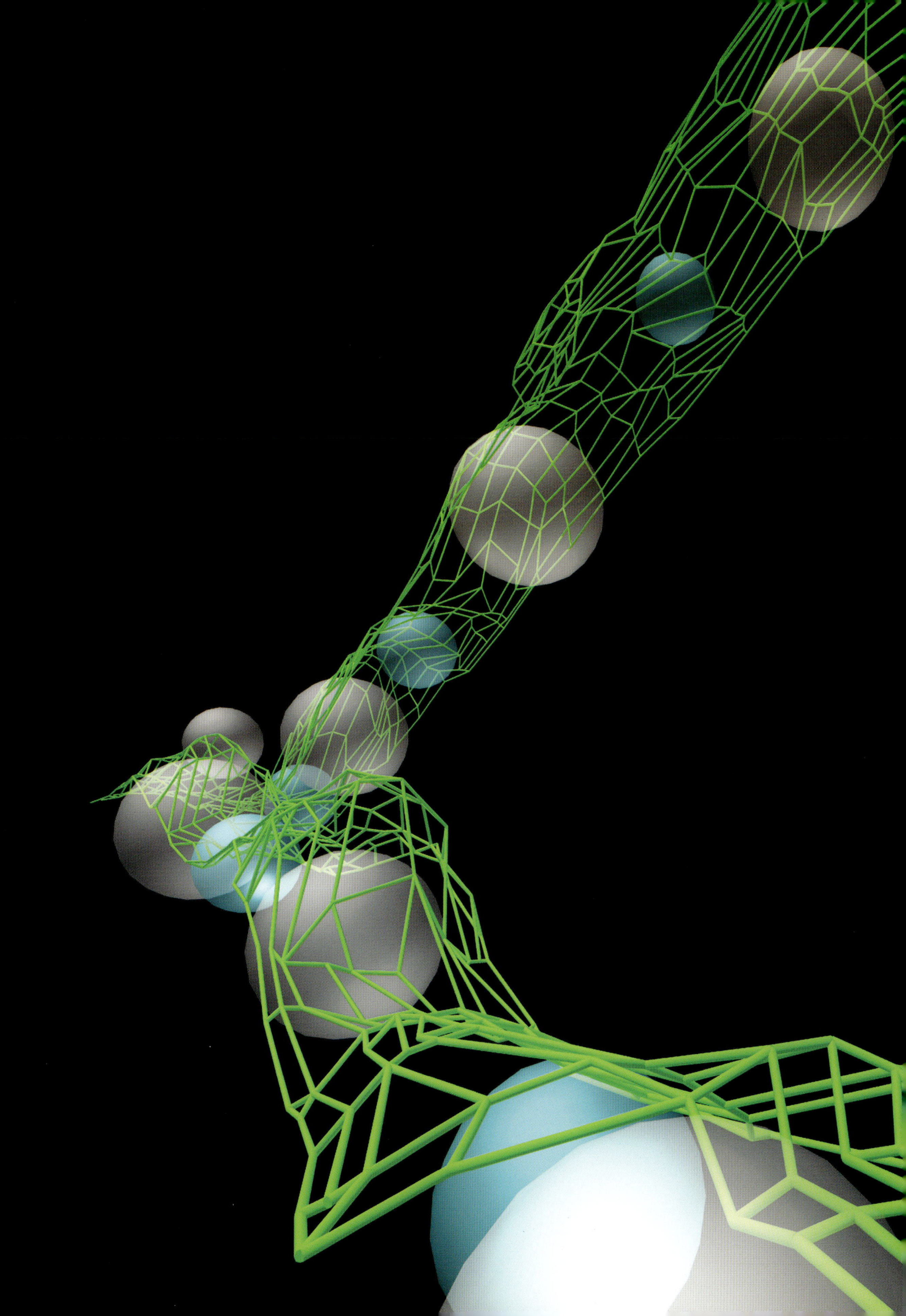

必要なところは太く、そうでないところは：「換気塔 WIND WINGS」

「換気塔（WIND WINGS）」では、「ウエブ フレーム」のプログラムをさらに進めようとした。

構造力学を組み込んだプログラムの開発である。

「ウエブ フレーム」も構造計算を要する架構であるが、その計算は発生プログラムとは別に行われた。

そこで「換気塔」では次の段階に進み、条件と意図そして構造、この三者の統合を求めた。これは「ウエブ フレーム」よりさらに困難なプログラムであり、未だ完成していない。したがって換気塔は、このプログラムが完成したあかつきにはこうなる（かもしれない）という、いわば、「原寸モデル」である。


ここでは、まず「ウエブ フレーム」のようなプログラムで、空間形態が発生する。

そこに荷重条件を与え、各部材の応力が算定される。その応力に応じて部材が変形する。

応力の大きいところは太く、ちいさいところは細く。


普通の架構では、最大応力に耐える部材が、それ以下の応力の個所にも使われる。

前述したように、断面を随時変えることは困難で、したがって不経済だからだ。全体一律の適用原理。

「換気塔」では、そうではなく、いわば適材適所の架構をつくる。


従来の構造架構は、まず単純な格子を適用してから荷重をかけて計算し、応力負荷のいちばん大きい部分で部材を決め、それを全体に採用する。これはラーメンでもチューブでも同じだ。

かたちが箱でも曲面でもしくみは変わらない。


しかし、「一律の解ではなく、必要なところに必要な断面」という原理で部材を決めていくと、違った姿の架構が現れる。

さらに、「必要」というところに、「意図」という言葉を組み込むと、さらに異なった姿が出現する。

それが、ここで「WING」が目指したものだ。

大きな力のかかるところは太く大きく、弱いところは細く。

接合部では部材は融合し、より強い力の伝達に応える。

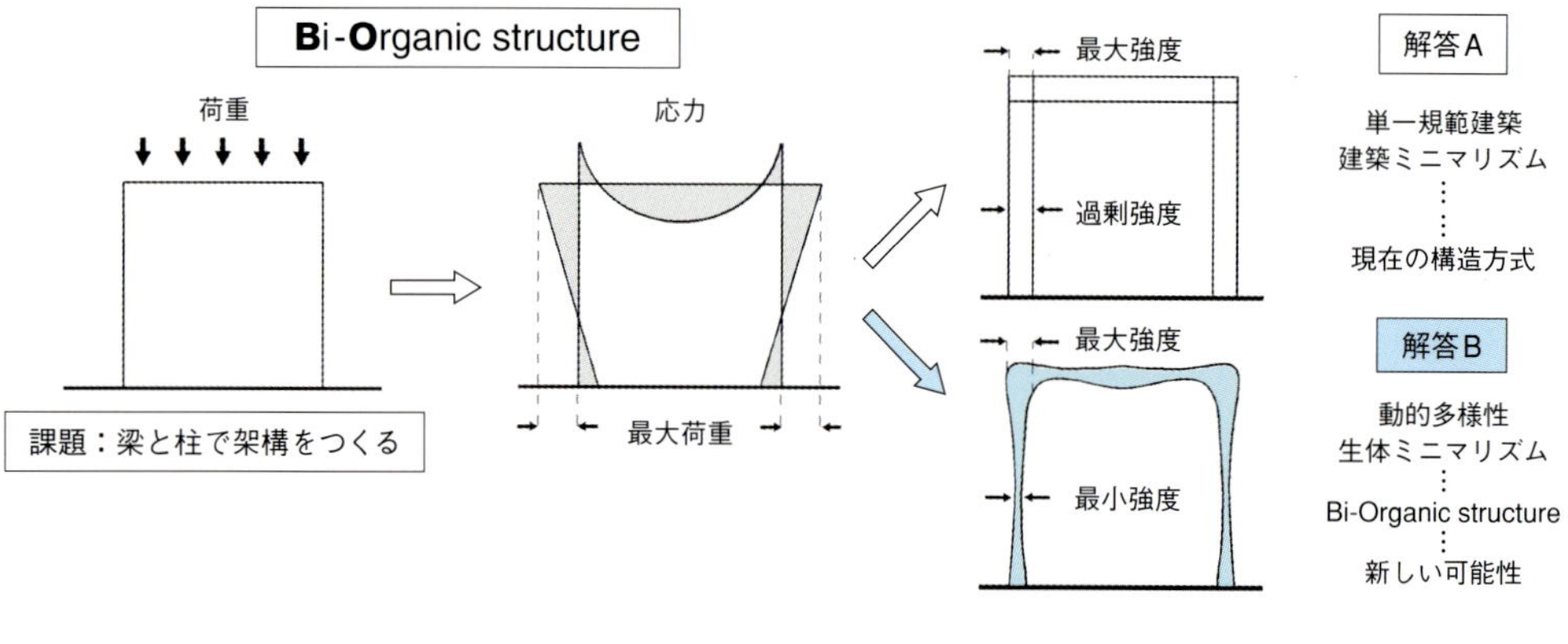

「ウイング」の構造：「生体ミニマリズム」
力のかかるところは太く、かからないところは細い部材で構成すること。「生体ミニマリズム」は、「単純な均一性」を生まない。

柱に梁がとりつくのではなく、垂直水平の区別のない部材が伸び、分かれ、接合し、全体としてひとつの構造体となる。

しかも、そこに構造と材料の無駄がない、最適配置。


もういちど目を上げて、街路樹の木の枝を見てみよう。

下の幹は太く、先の枝は細い。そして、枝が分かれる付け根では、いちだんと太くなっている。

これは植物に限らない。指の骨を陽に透かしてみれば、同様な構造が見て取れるだろう。

（指の場合は関節という別な理由もあるが）

すでに植物が実現している、そうした構造。

それが可能になった場合のひとつの姿、そのモデルがＷＩＮＧである。

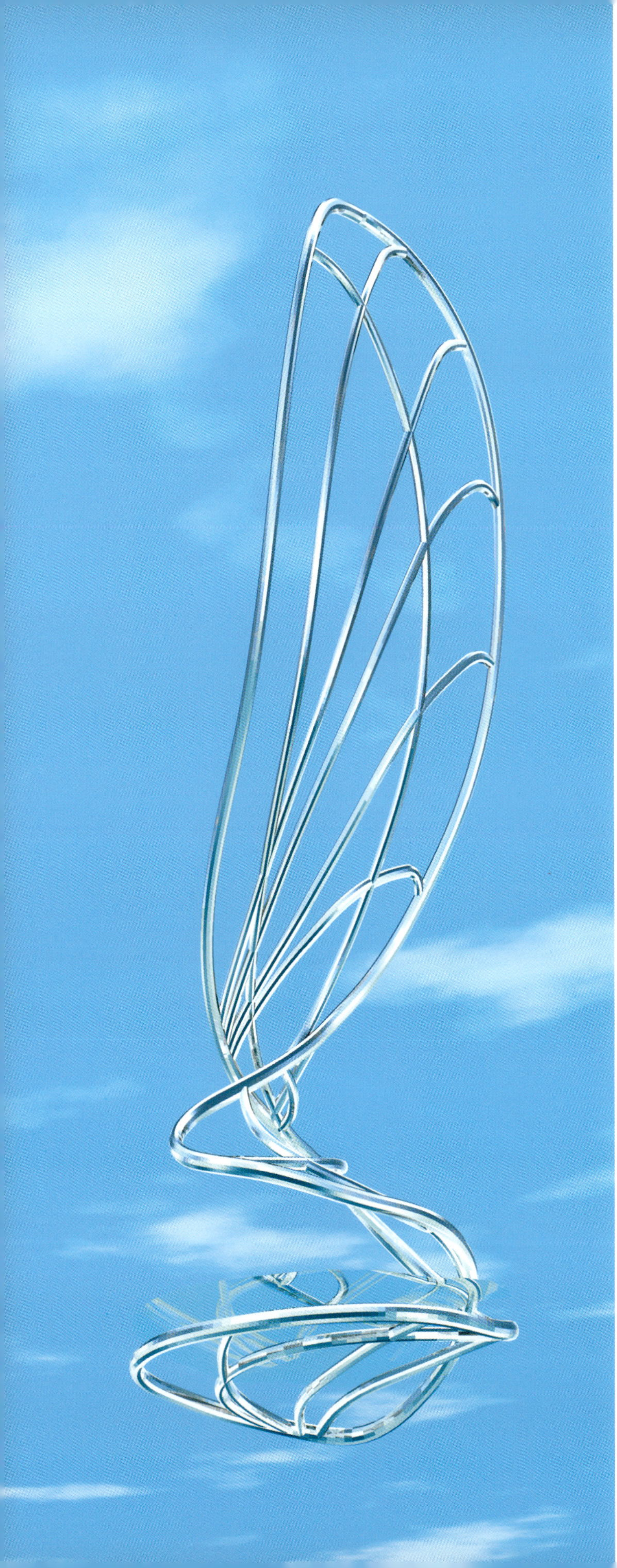

「ウイング」：単純な規則から多様な形（左、113頁まで）
単純な規則から出発して単純な形をつくるのは容易だ。一方、生体ミニマリズムは単純な規則から多様な形を生む。
カタチを決める規則ではなく、「生成原理の規則」を決めることで、多様性が生じる。

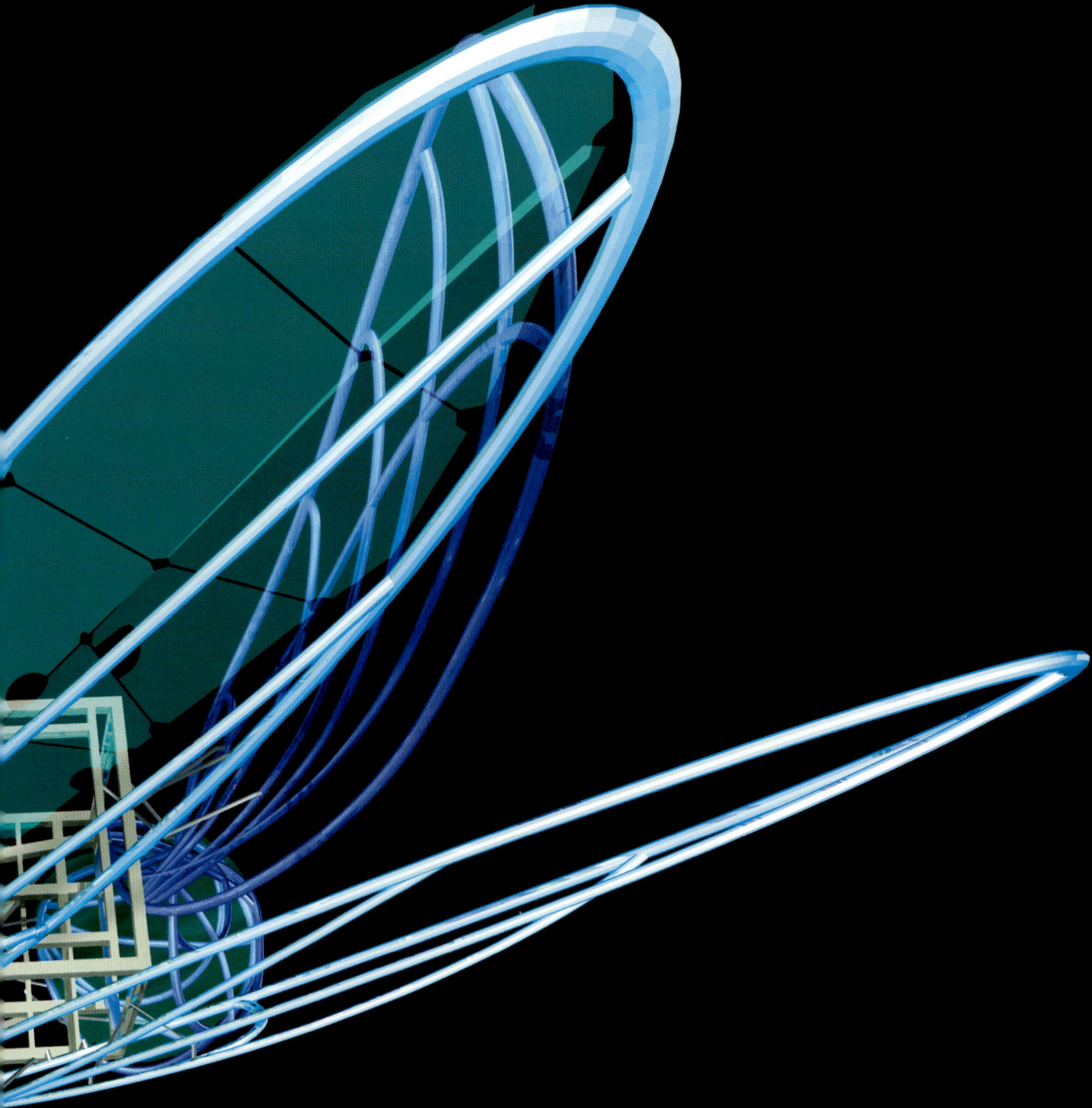

12

発芽の季節

Season of germination

世界の動向

デジタルアーキテクトって何？

デジタルアーキテクトという特別な建築家がいるわけではない。

ただ、世界の各都市で開かれる「先端的」とうたう展覧会やシンポジウムで、同じメンバーに出会うことが多いのは確かだ。

その多くはＣＧで新しい形態をつくろうとするもので、「条件を解決するためにプログラムを使い、そこから建築を生成する」ものはまだ少ない。

新しいカタチを追求することも大事で、それはそれで、いいものはいい。


各自が選んだ方向の中で革新が成されれば、それは価値だ。それが多様性である。

建築の思潮が一色に染まることじたいが不自然なのだ。違う方向を求めるものが同時にあっていい。

大事なのは選んだ方向より、その方向の中でどれだけのことができたかである。

ただ、この本ではＣＧでカタチを追求する方向は対象ではないので、それについては別の機会に語ろう。

展覧会やシンポジウム

ちなみに、２００1年6月〜２００2年2月の半年間に筆者が招待された、それぞれ無関係の海外の「デジタルオリエンテッド」な展覧会とシンポジウムのうち、フランクフルトのドイツ建築博物館でのデジタル／リアル展（左）、ポルトガル・カスカイスでのビエンナーレ、米国ペンシルバニア大のシンポジウムでは、各10数名の招待者のうち、ふたつ以上に共通のメンバーは6名であった。

デジタルアーキテクトというとマルコス・ノバック（Marcos Novak）がよく登場する。彼の作品の美しいグラフィックは、プログラムで何かの課題を解いているわけではない。プログラムは使ったとしても、それは造形そのもののためである。繰り返すが、それはそれで大事な道である。２０００年のベネチアビエンナーレのアメリカ館を共に任されたグレッグ・リン（Greg Lynn）とハニ・ラシッド（Hani Rashid）とも、よく会う。

フランク・O・ゲーリー（Frank O. Gehry）は少しタイプが違うが、氏の工房では、自由曲面体の原寸大の型がNCマシンで自動的につくられている。これは生産分野でのコンピュータの利用に近い。設計そのものは手仕事であり、手が描き出す形を三次元に置き換えるところからコンピュータが使われる。データから模型、そして原寸までつくる様子は、もはや産業のようだ。80年代末に「青山製図専門学校」（１９９０年、１３６～１４１頁参照）で求めた設計―生産システムの直結が、ここで日常となっている。

オランダのカス・オースターハイス（Kas Oosterhuis）は、ひとと建築とのインタラクティブ性を追求している。観客と呼応して変化する建築。ひとびととの応答作用と、形や空間が変化するという点で、「ファイバーウエイブ」に通じるところがあるかもしれない。彼は、実際に壁が反応して変形する建築をつくろうとしている。

オランダのキース・クリスチャンセ（Kees Chiristiaanse）は、宅地開発でプログラムを使おうとしている。まず宅地の購入希望者にソフトを渡し、希望条件を選択してもらう。全員の希望をプログラムが調整して、宅地の区画を決めるというもの。あらかじめグリッドに区画を決めるのではなく、各自の要求による凹凸のある区画割ができあがる。これは「オン・デマンド・シティ」と「発生街区の都市」に関係する。その発表以後の計画だ。（「オン・デマンド・シティ」等の派生版の同様なプログラムは「誘導都市」でも進めている）
前述のように、各自の要求は対立するものもあるから、全員の要求を聞くことはできないわけで、それをいかに「調整」するのかがプログラムの骨子だ。（そのアルゴリズムは本人に聞いたが、まだはっきりしない）
このプロジェクトはシュトグラーフとオーストリアのインスブルックの開発で実施されると聞いている。実現すれば、「ウエブ フレーム」に次いで、プログラムで発生した世界で2番目の実施例?になるかもしれない。もっとも、このプログラムは区画割のためのもので、その土地に建つ建築を生むものではないが。
（プログラムの開発はチューリッヒ大学のMarkus Braachによる）

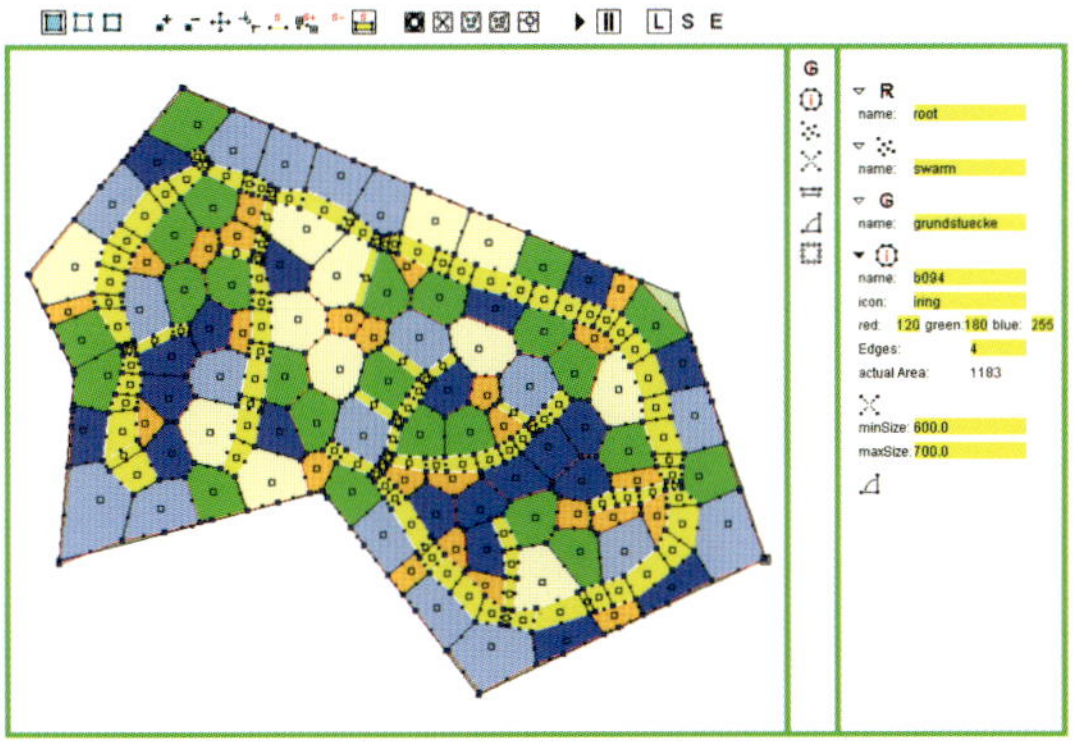

キース・クリスチャンセ

マルコス・ノバック

ドイツのベムハルド・フランケン（Bernhard Franken）のプロジェクトは、実施された建築だ。

これは形の生成ルールを決め、そのプログラムから結果を導くという点で、「誘導都市」に関係する。

ただし、そのルールは設計者のアーティスティックなコンセプトから決まるもので、何かの課題や条件を解決するわけではない。その点が、「誘導都市」とは違う。

そのコンセプトとは、仮想の重力場を設定し、そこを高速で走る物体の被る変形を、周囲の空間の歪みに転写する、というもの。言葉にすると難しくなるが、よくできたムービーを見ればすぐ分かる。クライアントがBMWなので、クルマと速度をキーにして形と空間を決めている。


この他、ポルトガルのレオネル・モウラ（Leonel Moura）は、人工生命に似たプログラムを使って形を生成するプロジェクトを、カスカイス市のビエンナーレで示している。彼はランドスケープも手がけるアーティストで、このプログラムも問題解決型ではなく、コンセプトベースである。


設計ツールに徹した方面として、テキサスA&M大学のスコット・アービン（Scott A. Arvin）とDonald Houseが98年から続けているプログラムでは、たとえば設計の過程で、静けさの必要なホールに騒音の多い部屋を近づけようとしても、両者は磁石の同じ極のように反発して自動的に離れていく。そのように空間の単位に「属性と関係」を持たせている。要素間の距離を基準にする点では、「オン・デマンド・シティ」に関係する。

また、前述した「避難シミュレーション」は研究者も多く、日本でもいくつか提案されている。

要素単位（＝避難するひと）に何通りかの性格を与え、環境の中での多数の単位の行動を見るというしくみは、人工生命の手法に近い。現段階では結果を確かめるためのもので、直接「つくる」ことを目指してはいない。

建築家のワークというより、研究室や会社組織が主体である。

さらに、建築以外では、「複雑系」に関わるプログラムをウエブサイトで多く見ることができる。

他にもこうしたジャンルを手がける建築家はいるが、総じてまだ、「誘導都市」型の「問題解決＋意図呼応」プログラムをつくろうとする者は少ない。（難しいのである）
しかし、12年前に「誘導都市」を始めた頃は、（知る限りでは）誰もいなかったのだ。
それに比べれば、ここ数年で急速に増えた。芽吹きの季節。
こうした若葉がどう育つか、楽しみである。

カス・オースターハイス

ベムハルド・フランケン

飯田橋駅の「ウイング」（左頁）
「ウイング」の生成「プログラム」は未完成である。

13

埋もれた架構を発掘する

Excavating buried structures

「飯田橋駅」で他に求めたこと

構造と制度

土木と建築のコラボレーションを：潜在資産の発掘

「飯田橋駅」のテーマのひとつは、「誘導都市」を実施することであった。コンピュータプログラムから生成される架構「ウエブ フレーム」と、その拡張版の「換気塔」を実現することが、大きなコンセプトであったのだ。

しかし、この駅のコンセプトは、それだけではない。

もうひとつの大きなテーマは、地下に埋もれてふつうは見えない架構を、「目に見えるように」することであった。


都市の地下には、さまざまなネットワークが張り巡らされている。電気やガスなどのエネルギー、上下中水道などの流体、光ファイバーなどの情報媒体。そうしたライフラインを集約したものが共同溝であり、それを紹介する施設が臨海副都心に設計した「K-MUSEUM」であった。地下鉄や地下道も、こうした都市ネットワークの一部である。それは、機能の効果から見ても、工費と年月からいっても、建築のスケールを遥かに超えた巨大なプロジェクトだ。

工事中の飯田橋駅
地下鉄大江戸線は、飯田橋駅の周辺で3本の既存地下鉄線の下をくぐっている。そのうち、東西線との交錯部では、写真の

しかし、できてしまえば、そのほとんどは見えなくなる。走る車内から見えるのは暗い壁だけである。駅の架構も低い天井が張られ壁は覆われて、ただの地下街と化す。

（つくったものをできるだけ見せないことにしているわけではないと思うが）

巨大な架構もシールドマシン*の掘削跡も隠されて、ふつうのビルのフロアのようになる。建設中のあの迫力のある空間が、きれいさっぱり消えて、力のないぼんやりした日常に置き替わっていく。これはおかしいと思った。せっかくある、価値あるものを、ただ隠していくのはおかしい。

そこで、可能な限り、土木架構をそのまま現そうと提案した。

しかし初めは、まったく受け入れられなかった。前例がない、というのがその理由である。前例がないことはできない、となると、世界には現状を維持する以外の道はない、ということになる。地道に、ひとりひとり説明し、説得に努めた。前例以外の理由については、ひとつひとつ解決案を提示していった。土木の成果を目に見えるようにすることであるし、大きな広がりのある空間はみんなに気持ちがいいし、同時に工費削減にも役に立つ、という論旨である。

数年経つと、やがて、賛同してくれるひとたちが現れた。積極的に推すひとびともふえてきた。

「飯田橋駅」の設計過程は、地下に眠る都市資産の、たゆまない「発掘作業」でもあったのだ。

地下世界を支配するもの：制度を改革しないとよくならない

地上の建築で架構を現すのはかんたんである。しかし、地下では困難を極めた。

その理由のひとつは組織と制度というソフトウエアにあり、もうひとつは工法と止水というハードウエアにある。地下鉄は土木エンジニアリング中心の世界であり、建築はタイルの色を決める程度に扱われていた。建築設計者の制御できる範囲は極めて狭い。建築は、機械、給排水、通信、電力、などと並ぶ項目の、そのひとつにすぎない。地上の建築の場合のような、全体を調整する位置が与えられていないのである。

駅の建築費は地下鉄の全工事費の3％程度にすぎない。工事費の比率はわずかなものである。しかし、できあがれば、ひとびとが直接使うのは駅であって途中のトンネルではないため、その3％の駅が、全線の印象を決める。駅は大事である。

ような地中を進むシールド工法ではなく、一度まわりの土を掘り出して工事をした（左）。そのため、地中のがらんどうの大空間に、東西線のコンクリートチューブが、無数の列柱に支えられて浮かんだ状態になった。工事中の、この間だけ、けっして見えないはずの地下架構の「外形」が姿を現していた。

林立する柱の中で、写真ではとらえ切れなかったため、残念ながらその壮観を伝える写真は、ない。

東西線のチューブはその後再び「埋蔵」されて、もう二度と目に触れることはない。

一時的に発掘された東西線のチューブ（左）

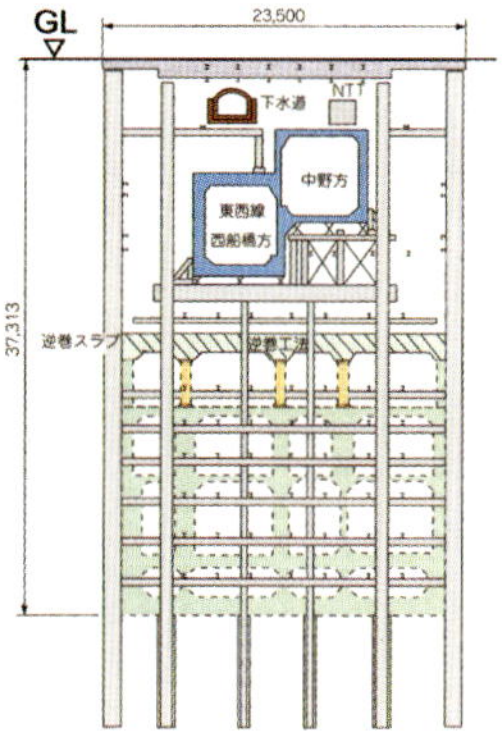

「飯田橋駅」の設計では、「土木と建築のコラボレーション」をしようとした。

今まで、土木と建築はあまりに疎遠だったのではないだろうか。

土木の世界でデザインをしようということになると突然、橋や高架に構造とは無関係の装飾がついたり、壁画が描かれたりすることが多い。そういう「装飾」の前に、圧倒的スケールで出現する土木構造体そのものの力を考えることが先決だ。

飯田橋駅は逆境のような状況であったが、そう言い続けていると、次第に土木のひとびとも理解して、やがて協力してくれるようになった。しかし、もともと隠すことを前提にしている架構なので、そのままでは不整合が多い。それを、場所によっては架構を変更して調整した。

架構の次は設備が課題になる。架構を現しても、そこにはダクトや配管が走り回っている。

そこで軌道上にスラブを打ち、そこをコンクリートダクトにしてホーム上からダクトをなくした。床下のピットを拡張して配管を移し、ホームの天井をクリーンアップした。他に、サインや通信機器もそれぞれの担当者を説得し、予備配管やスリーブを土木に頼み、吹き出し口を新たに設計し、今までと違う照明をするならデータが必要というので実験を行い、止水と導水の方法を協議し、先々の樋の詰まりをどうするか考え、間接照明はダメという担当者のためにどちらでも可変な設計にしてできてから効果を見てもらい……というようなことを10年間続けていった。担当者は2年ほどで交代してしまうので、そのたびにまた初めからやり直しである。

それは賽の河原の石積み（あるいは転がる巨石を毎日、山頂に運び続けるギリシャ神話のシジフォスの営み）を思わせる日々であった。

こうした仕事の多くは、本来の設計ワークではない。設計以前の、条件設定という仕事だ。それを行う役職には別の名前がある。このような大きなプロジェクトでは、土木、建築、設備、機能要求、予算、等の全体を指揮調整する役割の「システム・インテグレイタ」が必要なのではなかろうか。

（あるいは、建築家にきちんと権限を与えて全体の調整者とするか、そのどちらか、ですね）

しかしそう言っていては何もできない。とにかくやるしかなかったのである。

（しかも、その権限は与えられていない中で）

こう記すのは、苦労話を述べたいからではない。地下鉄がこのような状況に置かれていることが、今まで新しいことができなかった大きな理由だということを知ってもらいたいからである。

（そしてまた、やればできる、ということも——）

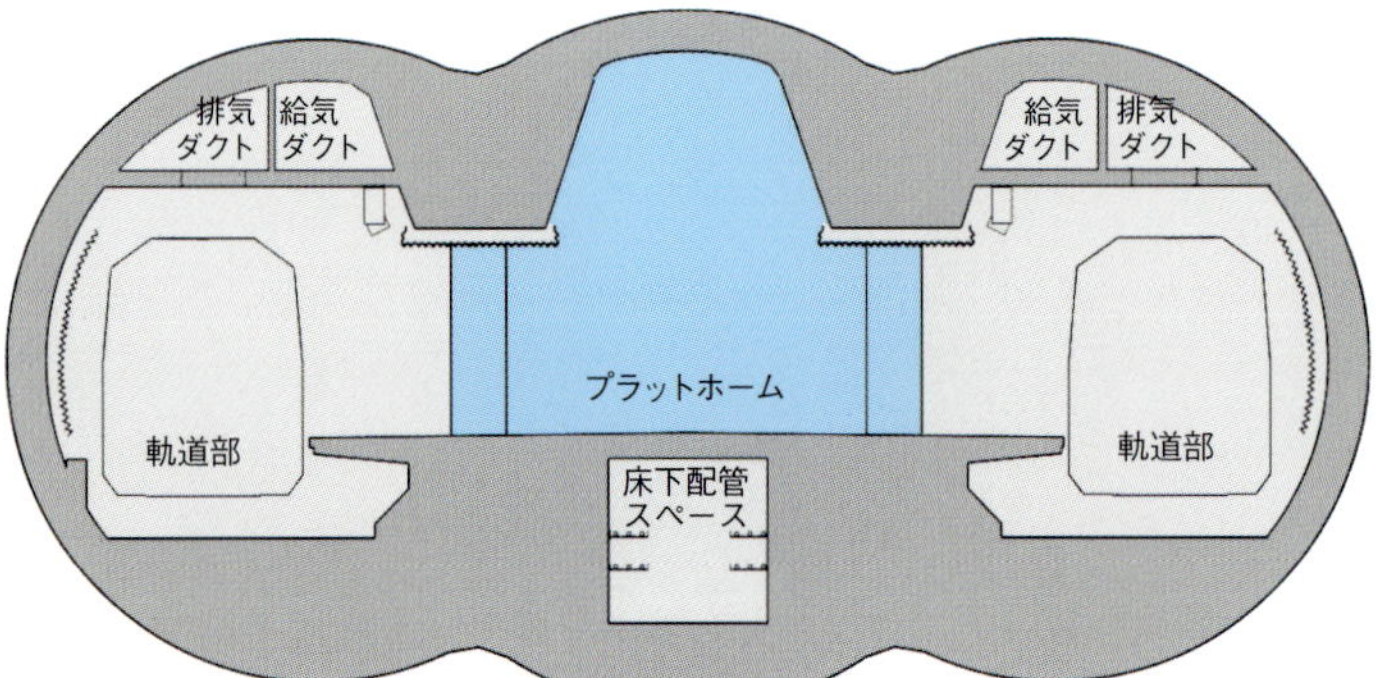

iidabashi

設計の比較
従来の設計で飯田橋駅をつくった場合（左）と、今回の設計（右）の違い。

従来の方法では、一律に低い天井を張ることになっていた。さらに、天井の上にはダクトや配管類が走り回っている。

今回の設計では、軌道上にダクトを移して吹き出し口も設計し、配管は床下のピットに収容して、天井をクリーンアップした。そうして露わになる土木架構の形状も調整して、広がりのある空間が得られた。

この方法は、プラットホームと、それに続くコリドーで使われている。

地下は物理的に地上より厳しい条件下にあることは、いうまでもない。土圧や水圧に耐え、既存のインフラの間を潜り抜け、高い安全性を維持することが求められている。

しかし、そうした課題は技術と工夫で克服可能である。

それ以上に強い抵抗は、そうした物理的な要因の背後にある、制度だ。

建築家は政治家ではないので、制度そのものは変えられない。（機会あるごとに主張はするが）

しかし、具体的な場での実例という形で、その変更の意義を伝えることはできる。

ダメだ、ダメだと言うだけの「否定」ではなく、じゃあこうしようという「肯定」による改革。

今回の「土木と建築のコラボレーション」の実現は、その一歩である。

それは十分なものではないが、少なくとも、今までより前進したことは確かだ。

その次は、もっと進んでほしい。そのための前例として「飯田橋駅」が役に立てれば、喜ばしい。

道路や鉄道、橋からガードレールまで、土木と建築の協力があれば、街はもっとよくなるはずだ。


さて、こうして現れた素形の空間に、シンプルなルールを敷いた。

そのルールは、水の浸入可能性のある壁天井にはスクリーンを張り、そうでない壁天井はそのまま露出させるという、単純なものである。

漏水があればスクリーンのアルミスパンドレルをはずして、箱状の樋を取りつけ、導水する。

壁天井の向こう側が地中ではなく部屋の場合は、漏水がないので仕上げをしない。

そのうえでこの空間に、「ウエブ フレーム」が重ね合わされた。

土木架構と「ウエブ フレーム」とは、別のレイアのようなものだ。

同じ場所に重なって存在しているが、互いに干渉しない。（生態系のような、共存。48〜50頁参照）

前にも述べたが、ここに出現したものは、もともと地面の下に埋まっていたものである。

飯田橋が特別な架構というわけではない。他の多くの地下鉄も似たような架構である。

東京中の地下に、こうした架構が埋まっている。それは、埋蔵資産だ。それを掘り出して、見えるようにした。

これは新規の建設の仕事であるが、行ったことは、むしろ「保存と再生」に近いのかもしれない。

都市の隠れた構造／価値の再発見。

それは、「誘導都市」で求めていることに共通している。

＊シールドマシン（119頁）
地中を前進しながらトンネル架構をつくっていく、自走機械。
その本体は大きな中空の円筒で、カッターを植えた円盤を前面で回転させて土を掘り、掘った土は内部で後ろに送る。そこにできた空洞に内側からトンネル構造体のユニット（セグメント）をはめ込んでいく。
つまり、土を掘って前に進むと、その後ろにはもうトンネルができているという仕掛け。セグメントにはスティール製とPCとがある。飯田橋駅では、この円筒を横に3体つなげた、「3円形シールド」を使った。（世界初）
工事全体では、このシールド工法と、地上から掘る開削工法とが組み合わされている。

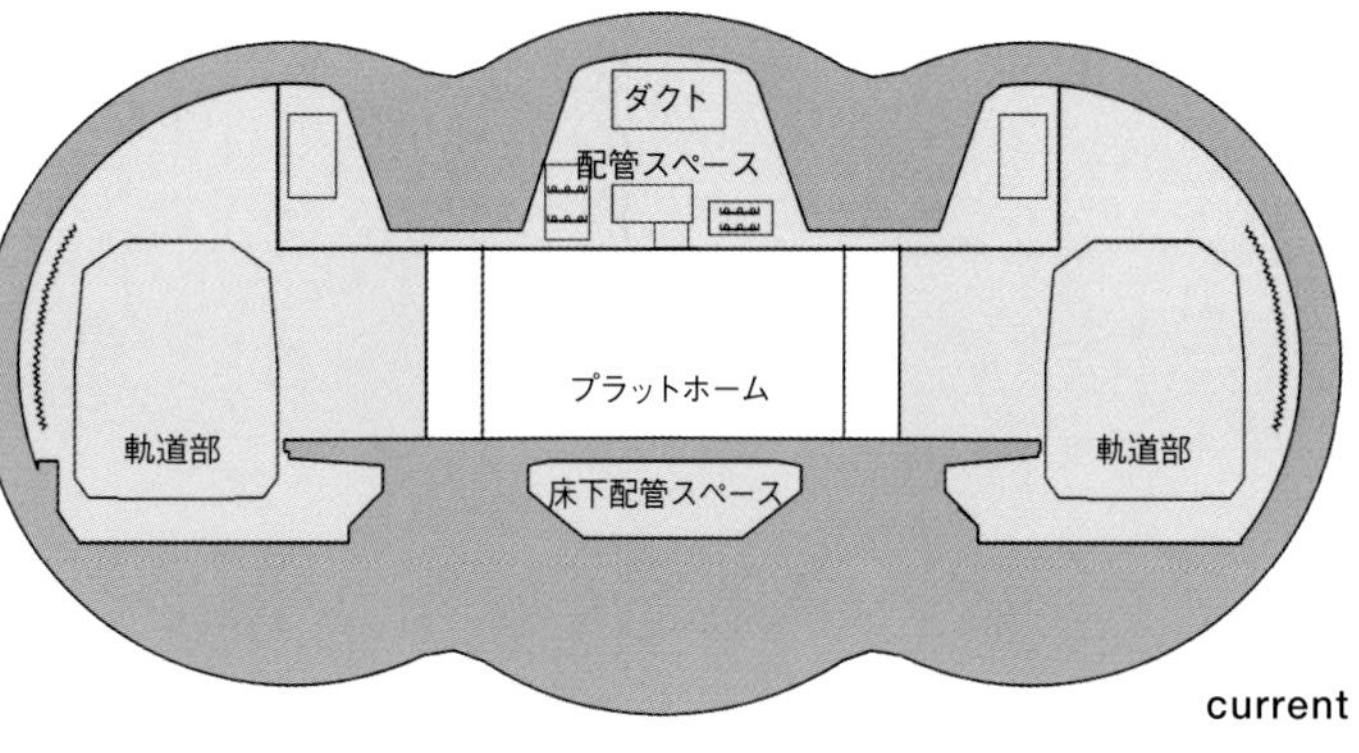

current

マニュアルの限界：求められることに立ち返って／見えない「制度」

これ以外にも、飯田橋駅で求めたことは多い。

その基本は、やはり「制度」に関わっている。

地下鉄にはたくさんの規則や標準仕様がある。それは長い間に蓄積されてきたノウハウであるが、蓄積だけで見直しや入れ替えをしないと、進歩がなくなる。

規則の中には、それをつくったときの前提がすでに変わってしまい、規則の意味がなくなったものもある。

また、マニュアル設計では、理由を述べずに結果を規定したものが多い。

何をしたいのかが分かれば、どうするといいかを考えられる。条件が分かれば、解答は見つかる。

しかし、こうしろ、とだけ言われたのでは、よりよい案の考えようがない。

標準仕様は、条件をあれこれ検討する手間を省き、あまり考えなくてもまあまあの結果を得るための方法である。設計者のレベルを問わず適度な結果を保証するには有効だが、同時に、もっとよい解答への道も封じてしまう。その結果はすべてが現状どまりで、それ以下にならない代わり、今よりよくなることもない。


そこで、壁の角の安全な処理からベンチ、トイレの鏡からゴミ箱、手摺からサインの配置、床材の選択まで、できる限り、そこに何が必要かという条件にまで戻って考え、今の規定にとらわれない解答を探した。

たとえば床の素材には滑り抵抗値と摩擦抵抗値で上下が決められていて、滑らず引っかからずの、ごく狭い数値範囲の材料しか使えない。主旨は理解できるが数値は靴の種類や床の濡れ具合でもすぐ変わってしまう。実際の材料を並べて歩いて試したほうが確実だ。そこまで数値規制する必要があるかどうか。これはほんの一例だ。

当然ながら、こうしたさまざまな対象の場合も同様に「抵抗」は大きかったが、（滑らず引っかからず？）地道に説明した。こうした改革がとにかくある程度実現したのは、やはり組織の中に賛同してくれるひとたちが現れたからである。そういう点で、「ひと」には光明がある。改革すべきは、制度の構造なのだ。

開業後に、施主と共にシンポジウムを開き、アンケート*を取った。直接の関係者が対象なので母数は少ないが、制度の改革が必要かという質問に、必要と答えた（組織内部のひとびとの）割合は90％に近かった。ただし、そのうちの半数が、自分の組織の改革はできないだろうと付記していた。

そう思うのに、そうできない。こうした無力感を払拭するのは、それが可能だという実例の提示である。

飯田橋駅で見えない構造を露にしたように、制度の構造も、もっと「見える」ようにする必要があるだろう。

トイレ
2ヵ所のトイレの一方の鏡は、（割れない）ステンレスを、拭き取ったように磨いたもの。洗面台の手摺は、足が引っかかりやすい標準品の支柱をなくして、シンプル化した。

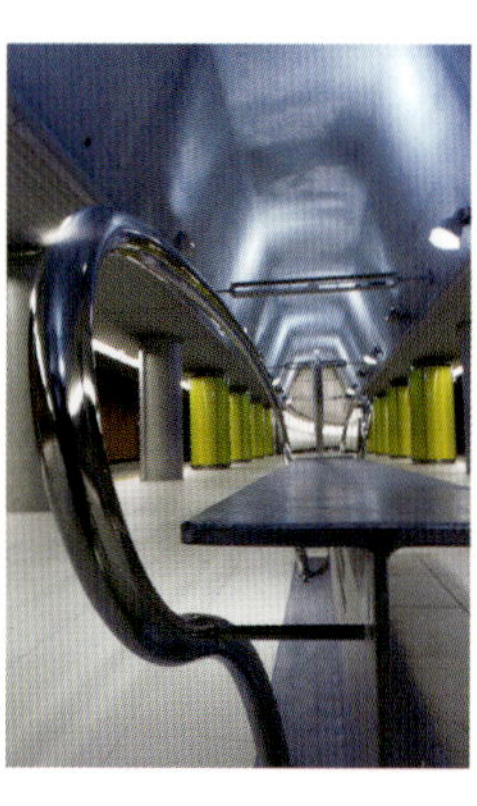

プラットホーム
ベンチ等もマニュアルから脱して設計した。ベンチのひとつは建築の基本構造材であるH型鋼を手を加えずに使い、もうひとつは基本素材のアルミの厚板をそのまま用いた。

コンコース（左頁／上下）
直接照明だけという規定を積極的に使った。

ナビ・シティ：分かりやすい駅に／発掘された「制度」

また、分かりやすい駅にすることも、テーマのひとつであった。

地下駅は、もともと迷路である。

地下世界は、東京の都市構造の特徴をもっと加速した、その見本のようなものだ。全体の構造より、部分の知覚で位置や方向を知ることになる。地上の街で道を覚えるときも、曲がり角の建物や、左右の違いを覚える。部分の手掛かりが重要だ。（「部分の約束」は「複雑系」の基本である。46頁参照）

そこで飯田橋駅では、随所にそうした手掛かりを配置した。

長く続く137mのプラットホームに並ぶ柱は、両端で違う仕様にした。一方は反射発光性のガラス、他方は石で、それ以外は周囲のRCに溶け込む目立たない柱である。両端の柱は、方向の違いをそれとなく記憶する手掛かりになる。また、ホームの軌道側の壁も、内回りと外回りで変えた。

（ちなみに筆者は、他の地上駅で、しばしば反対方向の電車に乗ってしまう。そうした方がたを救済しようとした。同類の人口がどの程度か、統計はないが）

さらにコンコース・階段通路・ホームで床の仕上げを、グレイ、輝きのある黒、そして白と変えて、居場所の違いと切り替えを明示した。

サインは不可欠であるが、サインを探しながら歩くのも疲れる。サイン以前に、空間そのものが方向や記憶の手掛かりとなることで、歩行者の負担も少しは軽減されるだろう。（文字通り、「誘導」都市の、ひとつの方法）

この方法はまた、無秩序に氾濫するサインや掲示を整理することにも寄与する。

日本の駅ほど過剰な貼り紙やサインの多いところはない。改札口の回りのサインやポスター、貼り紙の状態はまさに無秩序の見本である。このカオス状態からは原理を見いだすのは不可能だ。サインや貼り紙は互いに邪魔しあって、たくさんあるのに何がなんだか分からない。分からないサインはもはやサインではない。壁の模様と考えたほうがいい。

こうなってしまう理由は、加えるだけで、はずすことがないからである。追加する一方では散らかってしまうのは当然だ。

必要といわれたものを足すのは容易だが、やめるには勇気と責任がいる。

（この掲示はもう要らないと思うが、はずしたあとで苦情を言われたらどうしよう……）

＊**アンケート**（122頁）
開業後行われたシンポジウムの報告書「交通空間のデザインの未来」（日本建築学会建築計画委員作品評価小委員会・都営地下鉄12号線駅舎設計者連絡会議編）に記載。

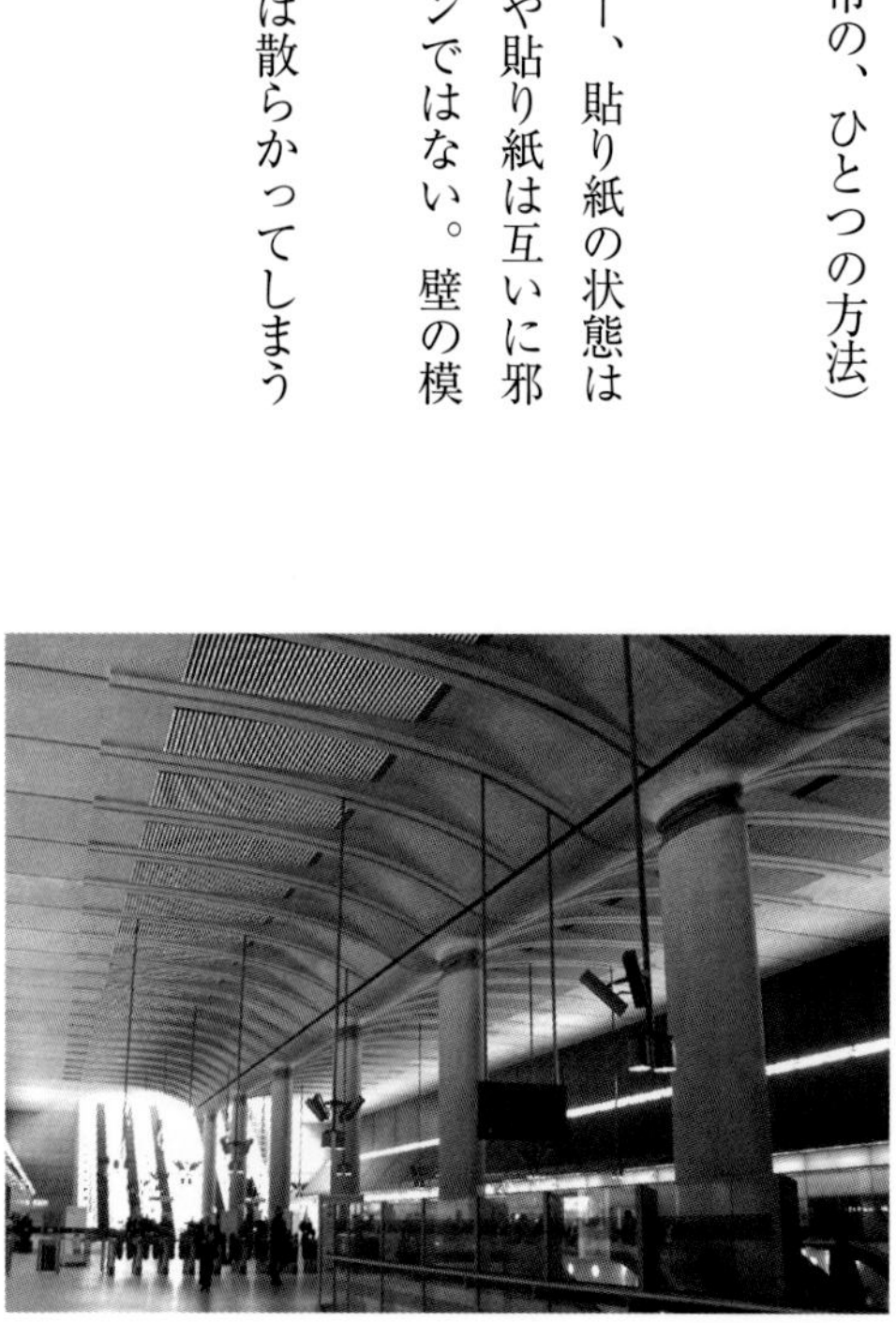

ジュビリー線（ロンドン）地下鉄駅
高い天井に、整理整頓されたコンコース。
（ノーマン・フォスター設計）

しかし、やめる勇気を持たなければ、乱雑な現状は変わらない。

飯田橋駅では、駅長諸氏と共に歩いて、ポスターを貼る場所を話し合って決めるなどのボランティア活動をしているが、そういう個別の努力には限界がある。

（ちなみに、せっかく相互理解に至った駅長さんも、やはり2年ほどで転勤し、また一から始めることになる）

ここでも、制度という上位構造の改革が必要である。

そんなに難しいことではない。関係者の動機は「善意」に基づいているのだから。（ここにも、こっちにもあったほうが、もっと分かりやすいだろう……）　その善意の対象に、「空間全体のバランス」や「気持ちよさ」を加えてくれれば、いいのである。（かんたんである。意志決定者がその気になれば）

同様なことは、メンテナンスにもいえる。

標準仕様のデザインでないとメンテナンスの負担がふえるという話がよく出てくるが、民間のメンテナンスシステムと比較すれば、同じ費用でもより効果的な清掃は可能と、内部からも指摘されている。

これも、現行制度をもっと効果的なものにしていくべきだろう。

こうしたことは「設計」者のワークの範疇を超えている。

しかし、設計課題へのよりよい解答を実現していこうとすると、どうしてもこのように、制度の問題に触れざるをえなくなる。

建築というハードウエアを規定するのは結局、制度というソフトウエアなのである。

このソフトは、そろそろバージョンアップの必要な時期だ。

制度、それは都市の、その背後に沈潜している、とらえどころのない、どこに中心があるのか定かでない、しかし極めて強固な、「見えない構造」である。

飯田橋駅が地中から掘り出したのは、埋もれた架構だけではなかった。

架構とともに、「制度」という隠れた構造もまた、発掘していたのである。

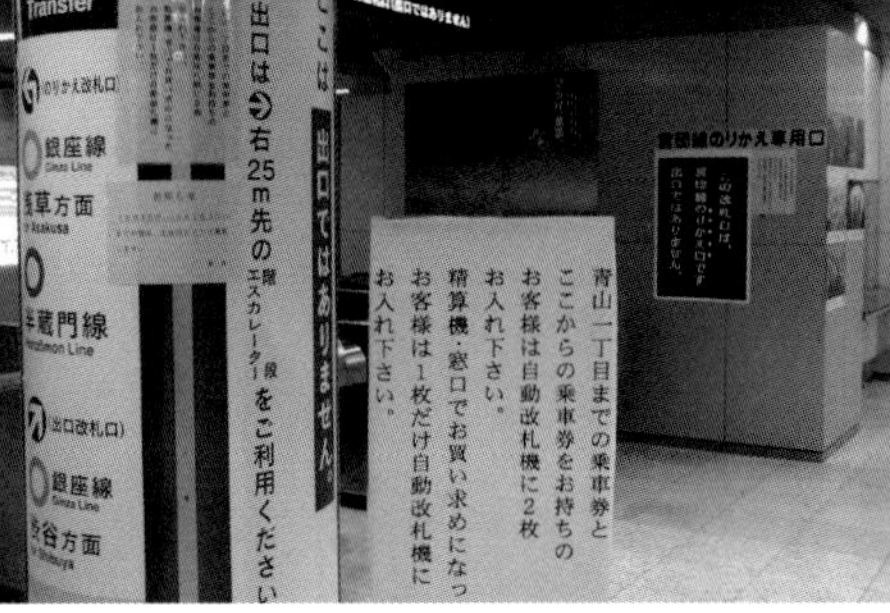

東京の地下鉄駅・過剰な貼り紙やサイン

低い天井に、増殖するサインと貼り紙、互いに無関係なデザインのファニチャー類。

そのつどの善意の工夫の積み重ねが、結果として混乱を招いている。これが、日本の今のスタンダードである。大江戸線も例外ではない。

この状態は科学でいうカオスではなく、1／f揺らぎでもない。単なる「無秩序」だ。そして、駅の外の街なかでも、こうした構造は同じである。あらゆる対象から統合性（＝力）を奪っていく「脱力化」現象。

（その現象を抽出して「使えるようにする」ことも、「誘導都市」は意図しているのだが）

126～129頁

コリドー（128～129頁）から、プラットホーム（126～127頁）に続く、全長274・25mのチューブ状の空間は、地上の建築では得られない世界である。

今まで目に触れずに土の下に「埋もれていた」空間が、ここで「発掘」された。

14

あたまの中身を見えるように

The INDUCTION CITIES-1
Conceptual visualization device

「誘導都市」第1期試作版
概念視覚化装置

可視化の方法

ここに掲げる5ユニットは、第1期「太陽神の都市」以前の「試作品」である。

ここでは、具体的な都市の要求条件を解くのではなく、建築や都市への「問題意識や概念を視覚化」することがねらいであった。

視覚化といっても、ふつうの「図解」とは違う。1枚の図解ではなく、これ自身が応答変化するシステムだ。

それは、「概念」が「プログラム」で「表された」ものであり、「思考の外部化」のひとつのかたちである。

こうした方向も、「誘導都市」を開始した12年前にはほどんど見かけなかったが、近年は可視化技術／VT(Visual Technology)の学会がつくられ、コンテストが行われるまでになっている。(その多くは数値シミュレーションを視覚化するもので、抽象概念を可視化しようとするものではないが、「技術」としては同様である)

思考を言葉にすれば、論文か文学と呼ばれる。

思考を物体にすれば、建築やアートになる。

(「思考」を「思い」に置き換えてもいい)

では、思考をプログラムにしたものは、何と呼べばいいだろう。

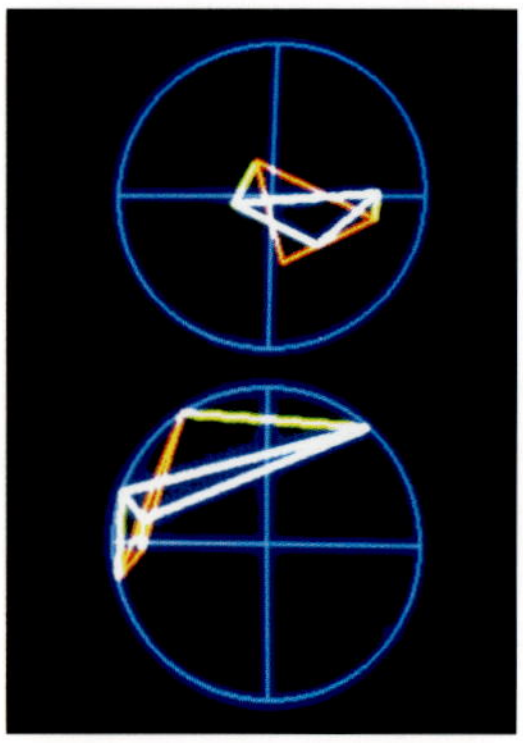

「自己／他者決定の都市」
ここに掲げた5点のプログラムはいずれも、「誘導都市」開始時点での「試行版」である。
左はそのひとつ、「自己／他者決定の都市」と名づけたもの。上の円の中が、わたし、下の円は、あなたとする。自分の次の状態は相手との関係で決まるというゲームルールを互いに取り結ぶ。自分の明日の姿は自分だけでは決められないことになる。
さて、あなたとわたしの、その行き先は。

「自己／他者決定の都市」（1995年）

「都市は関係性の中にある」というテーゼを、最も純化した形式で表現するプログラム。

「わたしのことはあなたが、あなたのことはわたしが決める」という相互性で動いていく、「あなた」と「わたし」の行く末がどうなるのかをシミュレートする。


図の円が世界であり、その中の多角形がわたし、下の多角形があなた。

辺の比や角度などで自己が定義される。

その相互比較値に係数がかけられて、次の「わたし」と「あなた」が決まっていく。これを何百回と繰り返し、その状態でまた初期設定を変えてみる。

これは自分の「性格」と他者との「差異」を定義したうえで、「他者との関係で自分が決まる」という一般状態の思考シミュレーションであり、模擬的な進化過程の提示でもある。

都市の建築はひとりでは生きられない。人間だって同じこと?

「比較街区の都市」（1995年）

都市は不自由である。

都市に自由を縛るたくさんの規制があることは、誰しも日頃、痛いほど感じていることだろう。

しかし、その規制の結果のはずの都市は、無秩序と混乱の見本のようにいわれる。

これはどうしたことだろうか。何かがおかしい。

そんな疑問からこのプログラムは始まった。

既存の規制が秩序を生まないのは、たくさんの規制の全体の作用を誰も考えていないからだ。(誰かがそれをやらねばならぬ?)

これは複合する規制の相乗効果の検証を行うプログラムである。

街区単位の都市に、相互に関係し合うコードをかけてその結果を見る。たとえば、容積率、高さ、プロポーションなどの基本的な指標を選び、その指標を単独では決められないようにする。隣や向かい側の敷地との関係

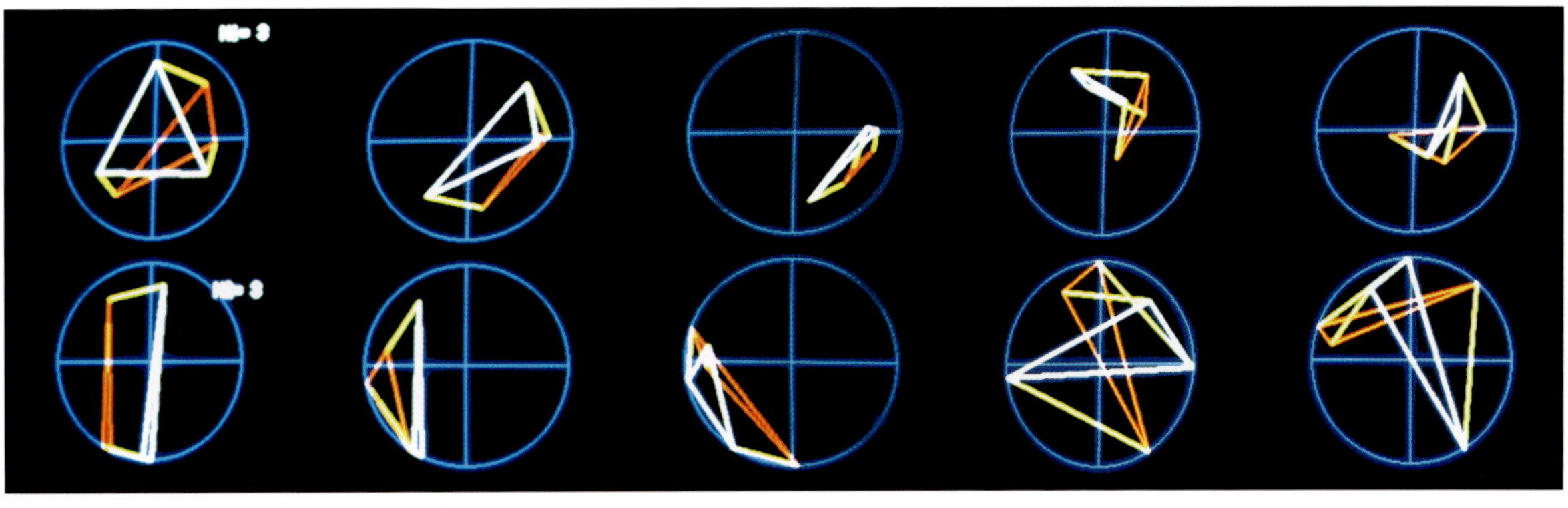

で、自分の敷地の建築条件が決まるようにする。向かいや隣も、同様に自分だけでは決められない。設定を変えてこれを繰り返す。単純なコードも、相互に関係し合うことで予測できない結果を生む。しかし、予測できない結果もシミュレーションからある程度「読む」ことができる。読み、があれば、誘導も可能になる。最小限のコードで最大効果を。

（ところで、効果、とは何でしょう？）

無駄な規制をなくすこと。もっと自由な都市へ向かうための、ミニマムコード。

これは実は規制緩和のためのプログラムなのだ。

「歪曲空間の都市」（1995年）

ひとは集まり、また散っていく。

都市とは、その集合離散の繰り返しでもある。人に限らず、物流もエネルギーも情報も、密度の違いが都市を定義する。この、「集まり、散っていく」という点に着目したプログラム。

世界に定点と移動点とを設定し、移動点は定点に引き寄せられ、また戻る、という行為を繰り返す。その過程を、場の三次元の歪みとして表すもの。

特定のポイントの吸引力が空間の歪みとして表される。空間の歪みは固定ではなく、朝な夕なに変化する。実際の計画では、たとえば、施設を配置する場合、アクセスやサービスの時間帯、利用者層の違い、といった条件下で、「最大効果配置」を発見するツールにつながるかもしれない。

都市の中にいくつかの施設を配置する場合、徒歩や交通機関といったアクセスの違い、サービスの時間帯や利用者層の違い、というような条件の下で、最も有効な配置を見いだすというような応用が考えられる。

「相関波動の都市」（1995年）

ひとはひとりでも、存在するだけで他のひとに影響を与える。都市の中の建築も同じである。その作用の伝播の様相を、空間の変化に変えて視覚化しようとするプログラム。

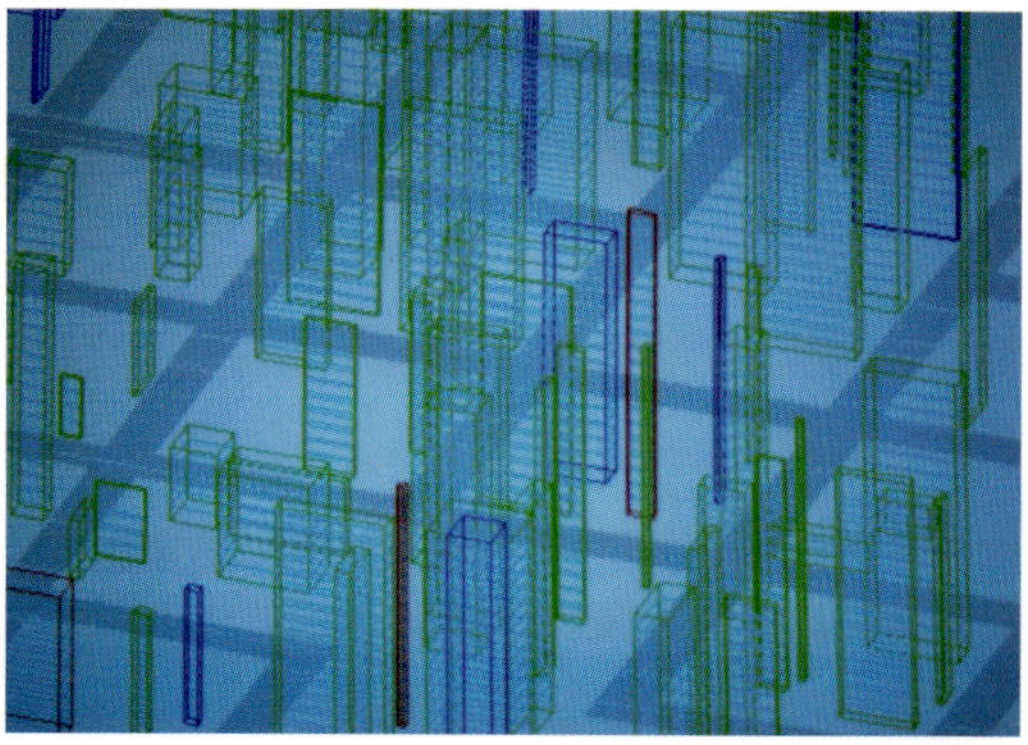

「比較街区の都市」
前頁の「自己／他者決定の都市」を、街区に適用したもの。互いの関係で街区が成長するとしたらどうなるか、その行く末を見る。

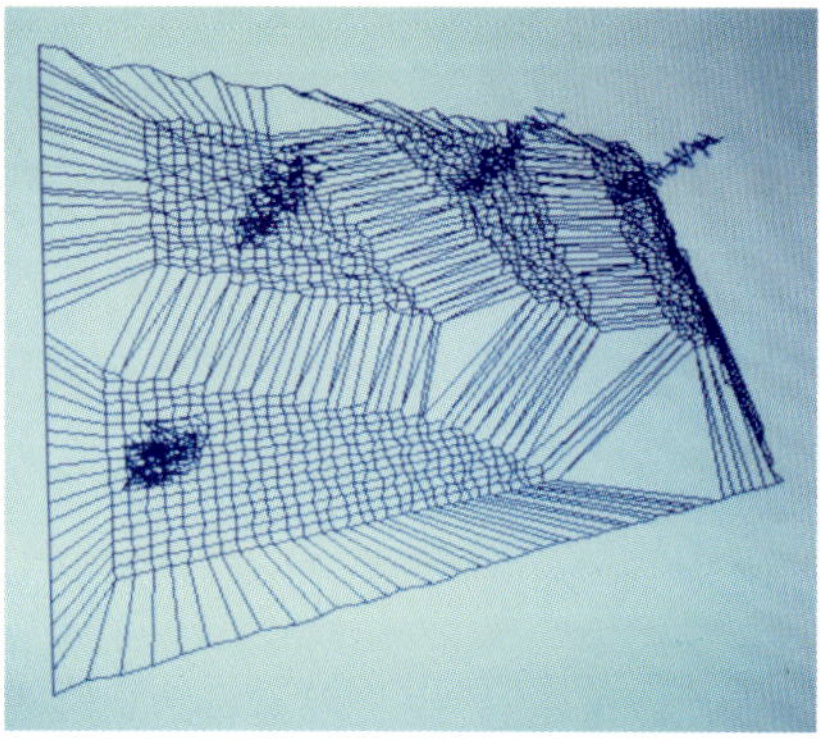

「歪曲空間の都市」
重力場のように、アトラクターに引き寄せられる場の歪みを視覚化しようとした。

チューブ状の世界の外側を普通の実世界、内側をメディアの世界として、建築の影響力を山の高さまたは谷の深さで表し、作用を力線で示す。

ここに、たとえば影響力のある建築をひとつ放り込んだ場合、その影響がどのように伝わるかを、波のうねりとして描き出す。

ここで用いたように、「影響」を場の「運動」に変えて示す、という方法は応用が可能かもしれない。

「瞬間実体化の都市」（1995年）

ひとりだけではまだ形をなさない「存在」が、誰かと出会うことによって「実体」となる、というしくみを描くプログラム。

たとえば、面積と体積とが出会うと三次元の立体が定義されるし、高さと体積とが出会うと面積が決まる。

そうした物理特性ではなく、抽象的な概念を単位にしてもいい。

まだ形にならない概念「素」が床の上を勝手に走り回り、時に衝突してそこに形が生まれる。

そんな床が何枚もレイヤとして重ね合わされ、それぞれのレイヤで生まれた実体がさらに重なって、より高次の存在となる。

何ごとも出会いから生まれる。

そこはいわば「概念のこどもたち」の運動場、またはダンスクラブのようなものである。

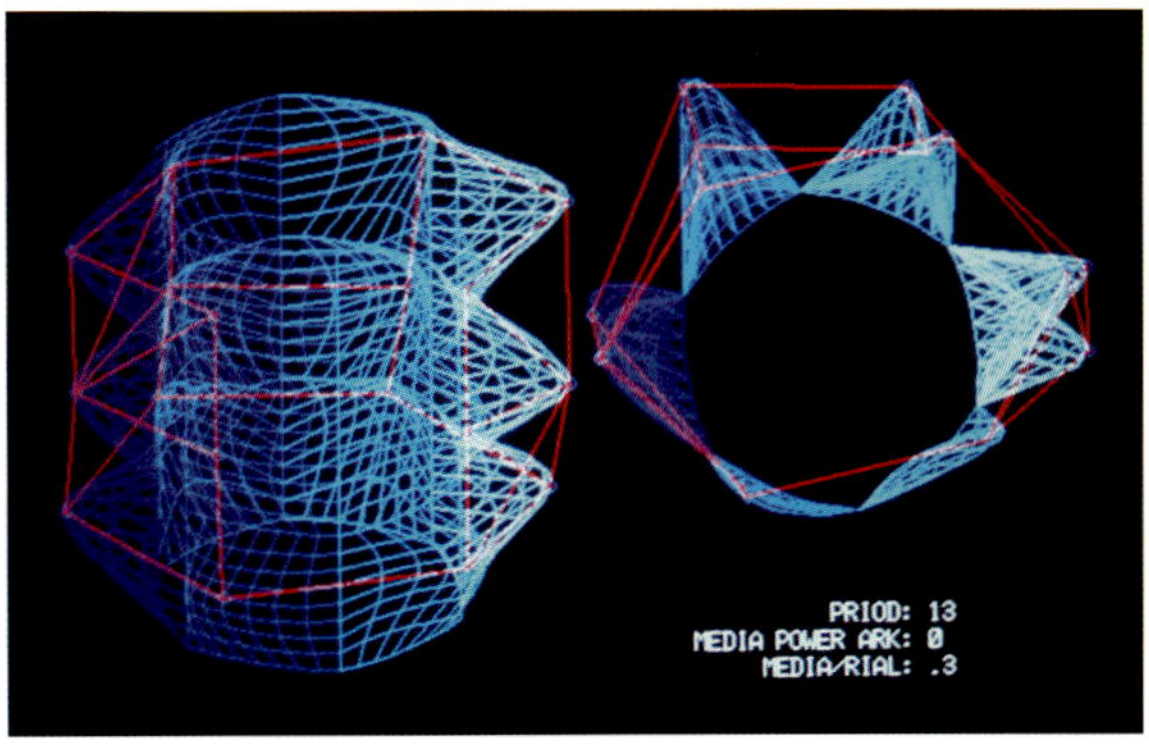

「相関波動の都市」
メディアの伝播作用を視覚化しようとした思考モデル。

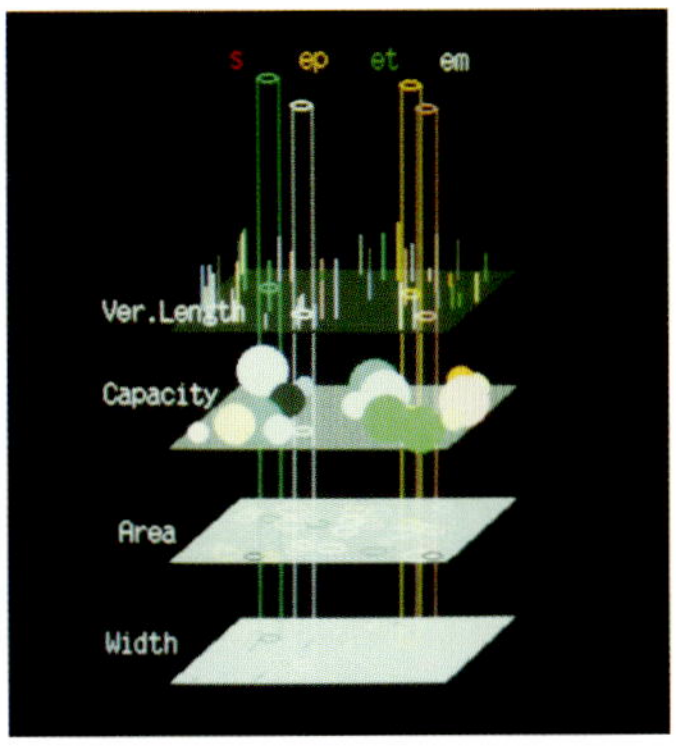

「瞬間実体化の都市」
複数のレイヤを貫く一条の光を受けた瞬間、それまで各レイヤ上で波のように変化していた属性が固定し実体化するというモデル。

15

今までの設計と、「誘導都市」の違い

Current vs. New
Table of difference

新旧対照表

ここまで述べてきた「誘導都市」（そして、**I**nduction **D**esign／**G**enerated **D**esign／**E**volutionary **D**esign）の方法が、旧来（つまり現在）の方法とどう違うかを、簡単にまとめてみる。

コンピュータプログラムを使うかどうか以前に、そもそも、問題のとらえ方とそれを解く手続き、そして求める成果のあり方そのものに、違いがあるのだ。

順序：どこを先に決めるか

旧：**上**から（上位の構造から下りてくる）
誘：**下**から（下位の状況から上がっていく）

例：「発生街区の都市」では、けものみちを見つけるように、幹線道路をあとから決める。

「風神の都市」では、気持ちのいい風の吹く場所が、公園として選ばれる。

「オン・デマンド・シティ」では、欲しい機能が出会って、まだ名前のない施設（ビルディングタイプ）ができる。

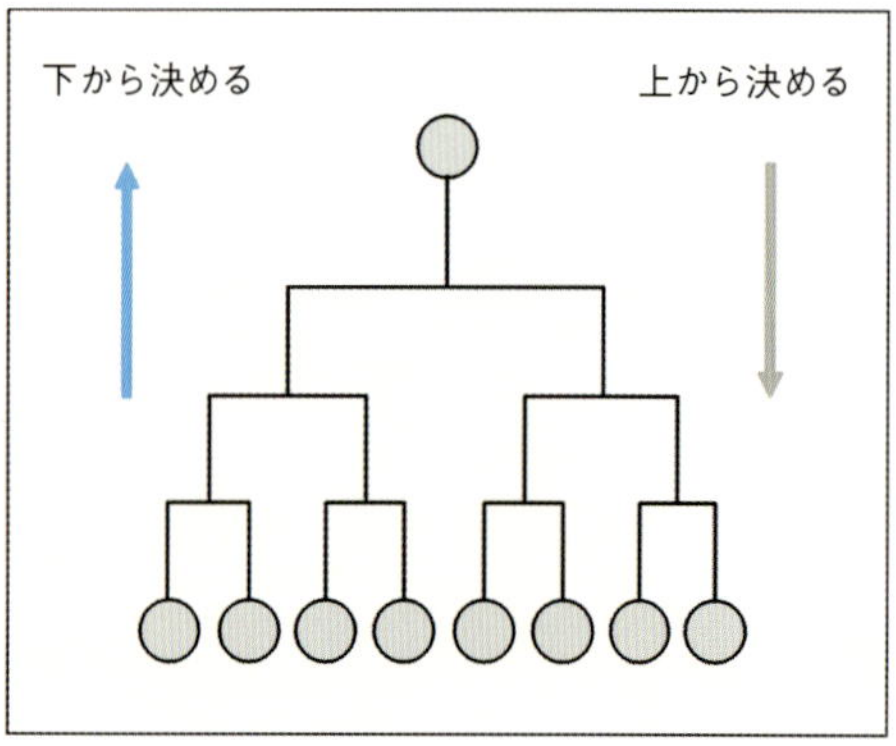

規則：どうやって決めるのか

旧：**全体**を律する規則（マニュアル1冊）

誘：**部分**の約束だけ（プログラムひとつ）

例：「ウエブ フレーム」では、部分の規則だけを決めて、全体の架構は指示していない。

「オン・デマンド・シティ」では、要素の間の関係だけを決めて、全体の配置は指示していない。

「ファイバーウエイブ」ではロッドの物性とレイアウトだけを決めて、全体のカタチは風が決める。

成果：何が決まるのか

旧：すべてを**決める**（1枚のパースの静止画）

誘：全部は**決めない**（ムービーのように動く）

例：「ファイバーウエイブ」では、風が吹くたびに「カタチ＝状態」は変わる。

「ウエブ フレーム」では、プログラムを走らせるたびに「カタチ＝空間」は変わる。

しかしどのカタチ、空間、状態も、要求条件は守っている。

「流体都市」ではそもそも、初めはカタチを決めていない。

性格：どこまで決めるのか

旧：**単一**性（みんな同じ）

誘：**多様**性（ひとりひとり違う）

例：「太陽神の都市」では、家々も中庭も、みんな違う。

「ウエブ フレーム」に、同じ部分はひとつもない。

「流体都市」に、単純な繰り返しはない。

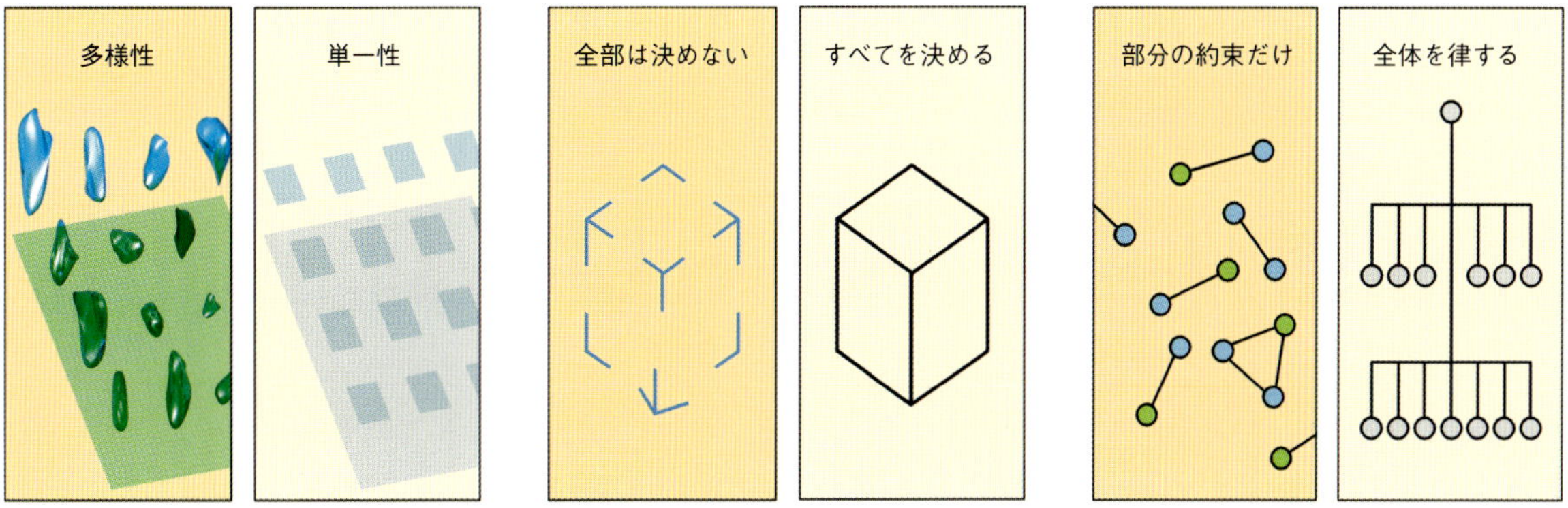

16

関連作品

Related works

青山製図専門学校一号館（東京・渋谷／1990年）AOYAMA TECHNICAL COLLEGE

渋谷の混乱した街並みに挿入された、新物質。

時間を超えた力を建築が持つことができるとすれば、それは何によって、だろうか。

この建築は、カオスと評されることが多いが、よく見れば、この建築には「秩序」があることに気づくはず。

その秩序が、見慣れた秩序とは違うのである。

（カオスとは、現代科学の分野では、新しいタイプの秩序のことだ）

この建築を構成する各パーツは、機能上の必要性があってここに「呼び寄せられ」た。

斜めの柱は上部を支えるため、回転楕円体は高架水槽、長く伸びたアンテナは避雷針、柱と梁の接合部には特別なディテールが必要だ（「オーダー」の始源？）。みんな役割がある。

それらのパーツは所定の役割を果たしたあとも、その「勢いを伸ばす」ことを許された。

各パーツは、それぞれの場所で発芽し、自由に成長する。しかし、全体はバラバラにはならない。

部分の自由度を認め、それでいて全体の統合性を維持すること。

「誘導都市」では、それをプログラムによって保証している。

青山製図専門学校一号館（136〜141頁）
この建築を構成するパーツに、同じものはほとんどない。

ここではそれを、「イメージ」によってかなえている。強力なイメージが、自由に成長するパーツに吸引力を与える。それは部分と全体の関係への、ひとつの方法である。

また、この建築では、「オブジェクト」としての「力」を発動することを求めた。

建築は物理的な実体として、いやおうなく存在してしまう。

いくら消そうとしても、映像のように消えることはない、「物体」。

その建築しか持ちえない力、からだを励起する、波の作用、箱に退行し萎縮しつつある現代の建築から失われた（ように思える）その力を、ここに復活させようとした。

（ここでいう力とは、暴力のことではない。何も強いない、でも確かにそこにある、そういう作用、のこと）

ここでは、そうした多品種多様の設計・生産を、従来の手仕事の集積によるのではなく、設計から施工図、生産まで一貫したコンピュータデータ化により、可能にすることを試みた。たとえば設計データから直接、工場のNCマシンが稼動することを意図したのである。

しかし１９９０年の時点では、社会システムの制約上、その十分な達成はできなかった。その後、２０００年の地下鉄飯田橋駅の時点でようやく、実現に至った。

こうした実践は、社会システムの構築進展に、寄与しているだろう。（たぶん）

JELLY FISH（千葉／1990年）

「青山製図専門学校」が完成した年に設計された住宅。

自然の中に浮かんでいたい、という願望の産物が、「ジェリィフィッシュ シリーズ」である。水や空の中で漂っていたい、という思い。それは片思いといってもいい（片思いと三角関係と、どっちがまし?・）。

なぜなら、自然と一体になど、なれるはずがないのだから。

風や光の、気持ちのいいところだけを取り入れて、イヤなもの、雨や虫は入らないようにすることになる。

（最小限の操作で）一部を組み替えた自然。そういう自然をつくる装置が、「ジェリィフィッシュ シリーズ」である。（都市はそもそも、そんな組み替えからできたのでは）


「誘導都市」が、厳密なルールから生まれるゲームのような論理建築体だとしたら、「ジェリィフィッシュ シリーズ」はその対極の、イメージの結晶体だ。

（ホントはこの両者は、同じ場所に重なっているレイアなのだが）


90年の「ジェリィフィッシュ」では、海を切り出したような水の塊と、ぐにゃぐにゃした寝室が、天秤の上に載っている。水の中では重力がキャンセルされ、眠っている間に時間が溶けていく。

ふわりと漂流が始まる。

2002年バージョンは、緑の海の中に浮かぶ家。フィールド・オブ・ドリームズ。

プログラム（=書き出された論理）には、けっして、できないこと（?）

JELLY FISH—3（中国・双洋潭／1997年）

湖に浮かぶ、小さな島の住宅。

小船で訪れた来訪者は、湖面に伸びる腕の上で眠る。

透明な床の下は、静かに揺らいでいる。

JELLY FISH（143頁上）、
JELLY FISH-2（左）、
JELLY FISH-3（143頁下）
3体の「JELLY FISHシリーズ」は、いずれも、「流れるもの」に関わっている。
空気も水も、そして時間もみな、「流れるもの」である。流体の性質の違いは、「粘性抵抗」（=レイノルズ数）にある。触れても希薄で何もないように思える、さらりと流れるものから、からだにまとわりついて行動を縛る、粘る流体まで、の違い。「JELLY FISH」は、その流体の中を泳ぐ、「生きもの」である。
では、流れる「時間」の「レイノルズ数」は、いくつなのだろうか。（82頁参照）

村のテラス（岐阜／1995年） MURA-NO-TERRACE

美しい山と川に囲まれた、小さなちいさな村の、コミュニティ施設。この設計は、その美しい自然に人工物は要らないのではないか、という自問から始まった。しかしその美しい山の樹木をよく見れば、その2／3は杉の植林である。清流の川原は絶え間ない護岸工事で維持されている。この自然は、自然ではない。人工と自然の協調である。そのバランスの上に、この村は成り立っているのだ。まして冬は2・5mの雪に閉ざされる。機械による除雪なしでは生きていけない。自然と人工の、折り合う位置を見つけること。自然と人工物が、互恵状態になること。それを求めた。流れの上空に立つためのデッキをつくり、雪を除ける屋根を設け、寒さを防ぐちいさな部屋をつけ加えた。完成から5年後、ランドスケープは駐車場に変わり、近くに橋が架けられて川の上の視点はここだけではなくなったが、流れの上の舞台であり、客席でもあるデッキの価値は、失われていない。

ATLAS（東京・荻窪／1995年）

民間の分譲集合住宅。これは「誘導都市」のプログラムから発生したものではないが、その主旨は共通している。住宅地に大きな箱をつくることを避けて、周囲と同じスケールの住戸ユニットを組み合わせる。その際、小さな変位を与える。住戸ユニットを少しずつずらしたり角度を変えたりといった、最小限の操作を与える。その結果、全体は集落のような「自然な」構成となった。

K-MUSEUM（東京・有明／1996年）

臨海副都心の地下を走る巨大なインフラストラクチュア、共同溝を紹介する施設。つまり、地下の見えない構造を可視化するというのが、与えられた機能である。（その点では「飯田橋駅」と近い）　ここでは、地中の架構を切り出して、そのまま浮上させようとした。単純な部分に単純な操作を施すことで、多様な全体が生じる。「（単純）×n＝多様」原理、が働いている。それは都市の形成原理に近いかもしれない。

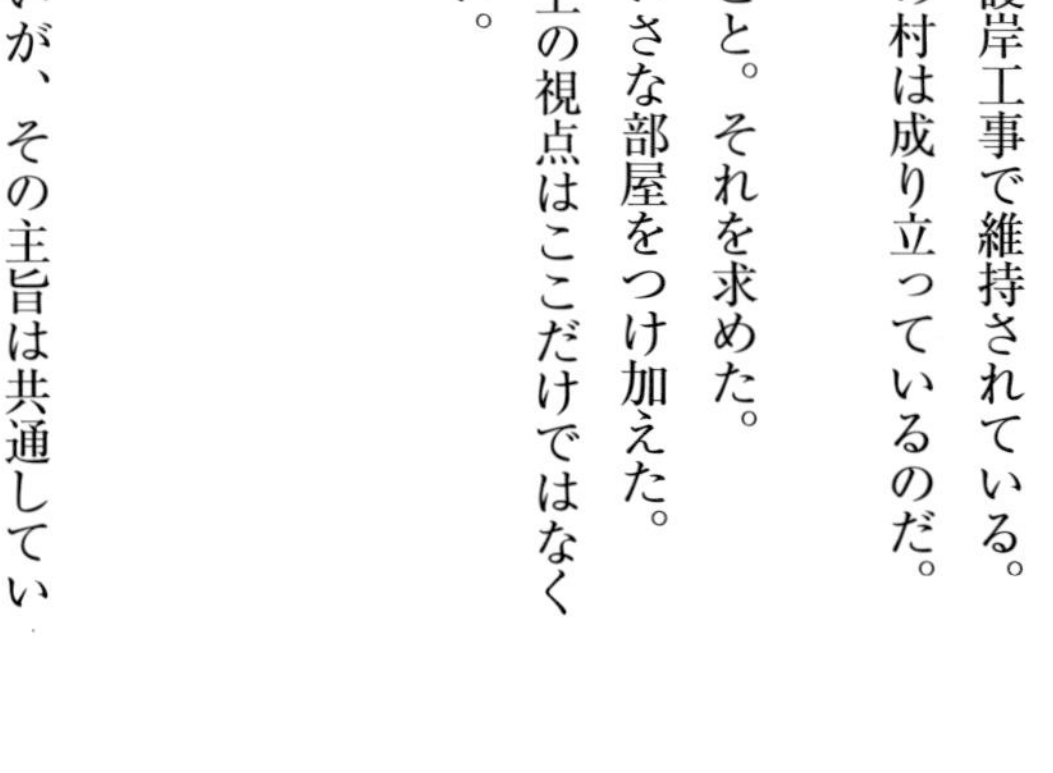

ATLAS（左、148～149頁）
　住宅地の中に大きな箱をぽんと置くのは、やめようとした。大きな壁を立ち上げるのも、よそうとした。そうではなくて、近隣の家々と同じような、小さなスケールのユニットを組み合わせて、「集落」をつくろうとした。

K-MUSEUM（147頁上）
　臨海副都心の地下を走るライフライン、「共同溝」を展示する施設。見えない地下のチューブを見せる役割という点では、「地下鉄飯田橋駅」と同じ「機能」である。
　構成単位は単純な直方体で、そこに角度や素材の違いを与えることで、複雑な全体を形成している。
　着地した本体の下の、うねるマウンドの中には、水の浄化システムがあり、周囲の施設に中水を供給する。（87～90頁参照）

村のテラス（144～145頁、147頁下）
　雪深い山郷の緑の樹々に囲まれた、美しい流れの「上に立つ」ことのできる「場所」を、つくろうとした。
　だからこの建築は、建築そのものが、川の上に拡張された、「ランドスケープ」である。

4th Generation

17

「流体都市」へ

The INDUCTION CITIES-4
Toward the FLUID CITIES

「誘導都市」第４期
いいものと、好きなもの
月の光の拾い方

好み、は取り出せるか：感性を、とらえること

設計とは結局、１本の線を選ぶことだと書いた。優れた線は、幾多の問題を一気に解決する。もつれた糸を瞬時にほぐして、答えを示してくれる。その「線」が何の課題をどう解いているのか、それを誰にでも分かるようにしようとするのが、「誘導都市」であった。しかし線は、問題を解決するだけでは十分ではない。「美しい」こともまた必須である。美しさ、の定義はあいまいだが、美は感性の領域だ。「感性」には「好み」も介入してくるので、よけいにややこしくなる。「いい悪い」と「好き嫌い」は、似ていても同じではない。（「好み」を水で薄めて、倫理のフィルターで濾したものが「いい」なのかもしれない。果たしてその飲み物は、おいしい？）　好き嫌いに理由はない。「好き」と「いい」と「美しい」の関係は、数学の教科書に載っている集合の図解の、重なる３つの円のようだ。重なっているが、ひとつの円ではない。だから「好きなタイプ」ではなくても「善し悪し」は分かる。（いいひとだけれど、好みではない……）　絡み合った条件を解いていいものを見つけるのは難しいが、好みにかなうものをつくるのはもっと困難だ。その理由は何が好きなのか本人にも分からないところにある。あれがいいのかこれが好きなのか、候補を閲覧しながら手探りで探していく。その、感性までを対象にしたプログラムはできないだろうか。

プログラムの構成

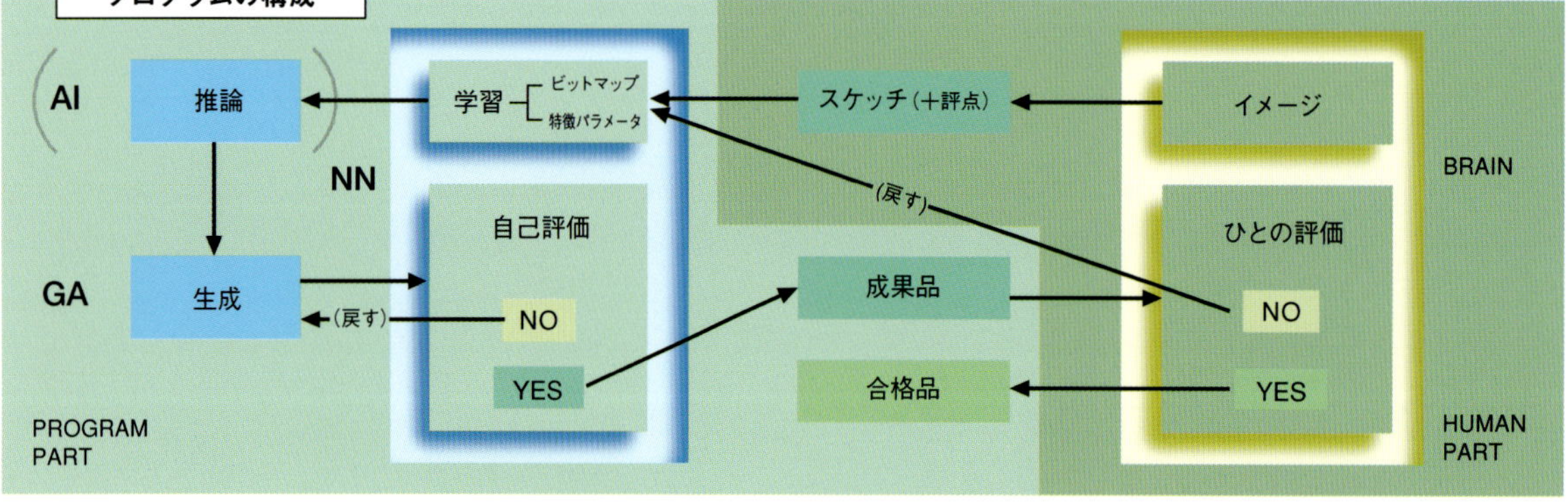

抑えつけず、そっと手伝うこと：脳の中に住む自然

手で描き出す自由な線には数値から追ったものにはない（絶対ナイとはいえないが）のびやかな勢いがある。その印象は、木の葉のそよぎや、海岸の波や、遠い山並みから受ける感じにも共通する。（女性の滑らかなボディラインは、いうまでもない） 多くのひとが、気持ちいい、美しい（と感じる）そうしたたぐいの「線」に共通するのは、「自然さ」であろう。

自然の形は奇抜であっても、どこか素直な印象を与える。と言うと、自然に自然さを感じるのは当たり前で、言っていることに意味がない、という意見も出てこようが、自然と「自然さ」は、少し違うのである。

自然は対象そのものであり、「自然さ」は、その対象の中に潜む何か、が生み出すものだ。

そうは言っても、ひとがつくるもの、つまり人工物に「自然さ」を感じるのは矛盾しているように思える。人工物の中に自然があるのでは、自然と人工の定義があいまいになる。しかし、考えてみよう。ひともまた自然の一部なのだ。「自然の一部であるひとの脳」がつくり出すものに自然さを感じるのは、不自然ではない？はずだ。その意味で、ここで意図していることは、ひとの脳の中に隠れている自然を開放しよう、ということでもある。ただし、ただ何でも開放したのでは、発散して収拾がつかなくなる可能性が高い。それで今の世界では、意識という縛りを与えている。その「縛り方」を集めたものは「文化」と呼ばれる。外側を社会の規約で覆って、ひとの中に潜む自然を管理しているのだ。（ひとの脳も多層構造で、芯に近い層ほど「古く」、基本的な生理的機能に直結していることが知られている。脳の外側は、管理機構？でもある）。

しかし、その管理機能が強いため、こんどは元の自然の力が削がれてしまっているのではないだろうか。抑えられているうちに内なる自然は疲れて、いつか眠ってしまった。そうかといって覚醒させれば暴れて無秩序になり、それは困るといって抑えれば眠ってしまう。この事態をなんとかするには、そういう0か1かの状態、ではない、どちらでもある、という道を見つける必要がある。

（その道を、自分で「無意識のうちに」見つけた脳の持ち主が、優れた芸術家そして設計者と呼ばれる）

上から管理するのではなく、傍らにいて、そっと手伝うことで無秩序な発散をしないようにできないか。

それもまた、文化であり制度であるのだが、抑えるのではなく、育てるようなシクミができないか。

それには、今までの「誘導都市」の成果を踏まえて、さらに次の段階に進むことが必要だった。

ニューラルネット：NN

コンピュータは、何でも白か黒かはっきり決めている、それがデジタルだと思っていると、そうでもないよ、けっこうあいまいなものもある、と教えてくれる例。

そのお手本は、脳にある。ヒトの脳は140億個以上の神経単位（ニューロン）が結合してネットワークを構成している。個々のニューロンのすることは単純だが、ネットワーク全体では「並列処理システム」として複雑な仕事（「思考」もそのひとつ）をこなす。このしくみを模したプログラムがニューラルネット。

ニューロンに相当する素子を、入力層、中間層、出力層の3階層に配する。各素子間の「結合度」を変化させて、期待した答えが出力されるようにしていく過程が、学習と呼ばれる。最初から精緻なアルゴリズムを組み立てて答えを出させるのではなく、いいことと悪いことを教えて、学習させながら答えを見つけていく。初めは何も知らないヒトの子供が、おこられたりほめられたりしながら知恵を身につけていくのに、似ている。（同じではない）ニューラルネットは結局のところ、ブラックボックスである。その箱が何をどう判断しているのかは、こちらには分からない。（子供のこころは、分からない）

その箱に、まず、いいものと悪いものをいくつか教える。（＝教師データ） その後、他のサンプルを見せると、箱は、これはいい、これはよくない、といってくる。しかし、何をどう判断して答えを出したのかは理解不能。言っていることが正しければ、その「黒い箱」は有能だということになる。箱の中身は見ることができない。結果がすべて。

ふつうのプログラムは、そうではない。何がよくて何が悪いかをあらかじめ、はっきり書いておく。（アルゴリズムを組み立てる）プログラムを調べれば、判断の根拠が分かる。しかしニューラルネットではそうはいかない。教え方が悪いとプログラムはいつまでも判断がつかなかったり、袋小路に落ち込んでしまったりする。その状態を見ていると確かに人の脳に（少しは）近い（ような気がする）。

夢を描き留める方法：「誘導都市」第4期

「誘導都市」第3期の「ウエブ フレーム」でも、設計者の「意思」を条件に組み入れていた。それは、「意思」を空間の広がりや密度として数値で指定するもので、意図にかなう結果を得るためにＡＩを使ったが、まだ不十分なものだった。これよりさらに進んで、設計者の「感覚や好み」に応じた形態をプログラムがつくり出すことはできないか。ここでいう「形態」とは、計画や配置、架構という、設計のどの部分にもあてはまる対象一般を指すもので、表面上のカタチだけのことではない。ただし、研究開発の手順上、最も分かりやすいものとして、まず初めに、形だけを対象にしたプログラムをつくり、そのプログラムが成功すれば、発展させて、計画や構造にも同様なプログラムができるだろう。

ここでの困難は、前にも述べたように、何がいいものなのか、設計者にも分からない、ということにある。何がいいのか分からないのによく設計できるね、と言われそうだが、逆に言えば、何がいいのかすべて説明できるなら、設計者は要らない、ということになる。その説明書どおりに設計すれば、誰でもいいものができる。何がいいのか分からない、というのは、ぜんぜん分からない、のではなくて、いいものは分かるのだが、説明できない、ということである。その、説明できないこと、を説明できる「方法」を探そうというのが「誘導都市」なのだが、その「方法」は、レシピをノートに書き出すというような逐一的なやり方では無理だ。書き出そうとすると、逃げていってしまう。朝、目覚める寸前まで見ていた夢のようなものだ。確かに見ていた、鮮やかなイメージを見ていたという記憶はあるのに、そのものは思い出せないというような。

ここでの目的は、何でも好きなものをつくろう、というのではない。書き出せる条件を解くと同時に、書かれた条件には載ってこない価値をすくい取ろう、というのである。

水面に映る月の影のように、手ですくっても指の間からこぼれてしまう「価値」を、取り込むこと。

（月の光を「拾う」には、流れてしまう水ではなく、鏡のような、別な媒体が必要だ。その媒体を探そうと）

好み、を転写する：第2の脳

このプログラム「流体都市」*は、「新駅プロジェクト」の「流れ生成」に特化したものだが、その構成には汎用性がある。特徴パラメータと生成エンジンを変えることで、他の設計にも適用できるだろう。

＊「流体都市」：流れ、のプログラム

「ウエブ フレーム」で試みた新領域を、さらに進めようとする試行。

まず設計者がスケッチを何点か描き、それを自分で採点して、プログラムに渡す。するとプログラムは、そのスケッチと評点から設計者の意図を「推測」し、より高い評点がつくと思われる案を提示する。設計者はプログラムの出してきた案を採点して、またプログラムに返す。これを繰り返していくとやがて（理論上は）、設計者の求めていた「いい案」が得られる。今回はこのプロセスだけに特化して、さらに有効なプログラムを求めている。

プログラムは評価部と生成部のふたつから成る。評価部にはニューラルネットを、生成部には遺伝的アルゴリズムを使い、ふたつのパートを組み合わせて自動生成を行う。

ニューラルネットはビットマップ（＝アナログ状データ）によるパターンマッチングと、図形の特徴パラメータ（＝デジタル状データ）による評価を、合わせて行う。

さらに、どの方向に行ったらいいかを絞り込むために人工知能系が導入されている。

ＮＮ、ＧＡ、ＡＩ、を使う豪華？プログラムとなった。

本プログラムは進行中の実施プロジェクト、「新駅」を対象にしている。この建築は、風や水の「流れ」のような形状を持っている。その「流れ」を自然の模倣ではなく、また、ひとの気まぐれでもない方法でつくろうとした。

流体力学等のプログラムなどを使って形を生成するのもいいが、それは自然からパターンを借りてくることになる。ここで求めているのは、そういう「真似」ではない。また、ただ手で描き出すという在来の方法でもない。

さらに実際の設計に際しては、いくつかのパネルに分けて製作するため、パーツの接続の整合性や型の数の制約も生じる。そうした制約を解きながら、制約を「感じない」で線を描き、快適と「感じられる」形態を得ることは在来の手描きの方法では極めて困難である。その困難に「Induction Design」で挑戦している。（本プログラムは国のＩＴプロジェクト「未踏ソフトウエア創造事業」の一環）

このプログラムは設計者の意思を学習する。誰にでも共通する「いい案」（そんなものがある？）を出してくるのではなく、設計者の意図を汲んだ案を提示する（はずだ）。だから学習を重ねて意図に合う解答を出してこれるようになったとき、そのプログラムには、設計者の「思考と嗜好」が転写されていることになる。もちろんそれは思考そのものではない。しかし、本人ですら説明することができない「いいもの」の定義が、プログラムの中に記されていることになる。その記述の構造は、設計者が脳で行っているものとは異なっているだろう。しかし、そのパフォーマンスは共通している。プログラムと脳との間でしくみは違っていても、両者の働きは近い。その関係は、人工と自然の関係に似ているかもしれない。自然と人工、ひととプログラム、互いの言葉も文法も違う、体系の異なるふたつの世界。しかし、その両者は会話し、協調して、ともにひとつのものをつくることができる。違いは、違い、在っていい。全部が同じである必要はない。それぞれの違いを保ちながらひとつの世界で共存する道、その道の発見に「誘導都市」の方法「Induction Design」は寄与するだろう。比喩的な意味を超えて、具体的な、「方法」の例として。

流体都市プログラムの「流れ」（例）

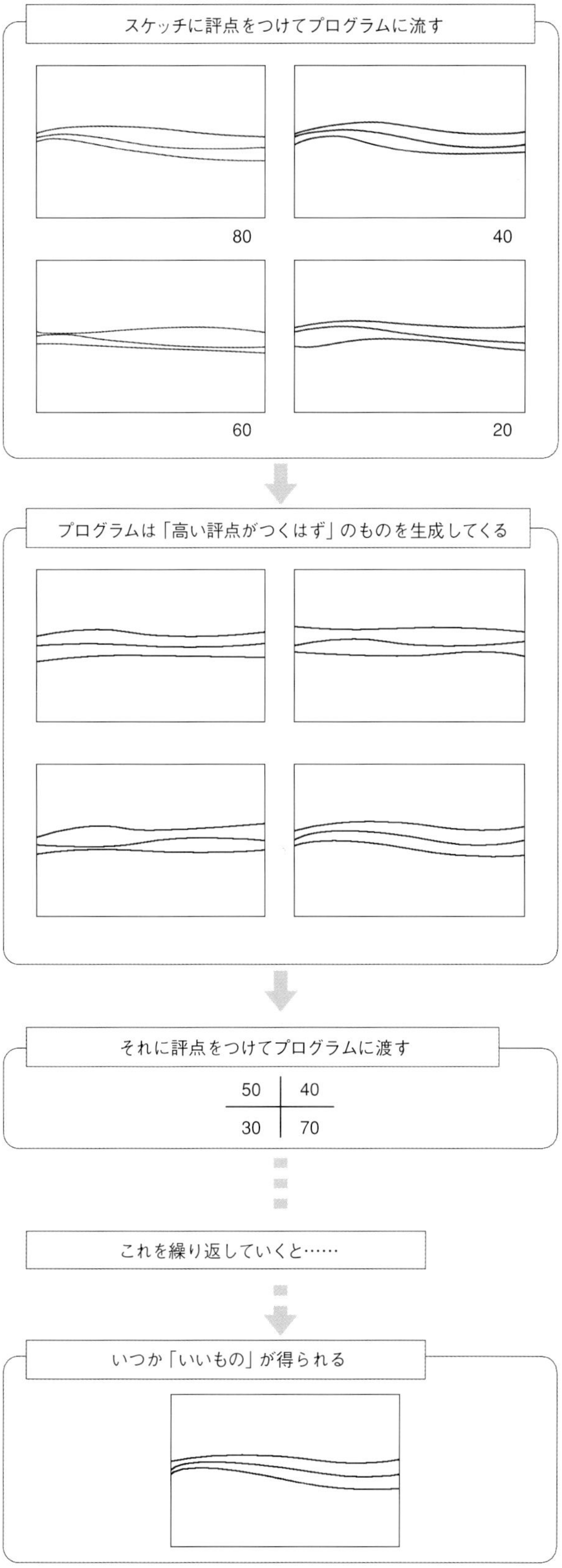

スケッチに評点をつけてプログラムに流す
80
40
60
20
プログラムは「高い評点がつくはず」のものを生成してくる
それに評点をつけてプログラムに渡す
50
40
30
70
これを繰り返していくと……
いつか「いいもの」が得られる

使用した特徴パラメータ（試行過程）

1 中央点座標
2 図形制御点のサイズ
3 フラクタル数
4 鋭角の比率
5 鈍角の比率
6 変曲点数
7 1/4区間ごと変曲点数
8 近似曲率の最大最小変化量
9 閉じているか
10 最小点の接線勾配
11 最大点の接線勾配
12 フーリエパラメータ cos（2x〜8x）係数4種類
13 フーリエパラメータ sin(2x〜6x)係数3種類
14 反射率パラメータ
15 ウエーブレットパラメータ（1〜4）
16 卓越周期パラメータ
17 最大振幅パラメータ
18 最小振幅パラメータ
19 振幅比パラメータ
20 波の面積比パラメータ
21 ピーク数比パラメータ
22 ゼロクロス比パラメータ

あとがき

「建築」か「生物」か、ずいぶん迷っていた。

遠い昔のこと、進路を決めるときのことである。

「つくること」と「探すこと」の、どちらをしようかと。どちらも捨てがたかった。両方とも好きだった。

高校に建築の教師はいなかったので、生物の教師に相談した。「生物をやっても食えないぞ」と、彼は言った。

当時、生態学という言葉すら、知る人は少なく、ＤＮＡの構造図もまだ教科書に載る前で、教師が黒板に書いて説明していた。生物学はまだ、標本の足を数えることがしごとと思われていたような時代であった。

こんにちのバイオテクノロジの隆盛を予言する声はなかったが、そのときも従来の分野ではなく、生物のしくみをシステムとして応用しようという「バイオニクス」を研究しようかと思っていた。

結局、「つくる」ほうを選んだのだが、その後も、生物への関心は薄れることはなかった。

（その後、「建築」も同じように「食えない」と知った）


建築を「つくる」立場になった今も、建築や都市を生態系のように見ているのかもしれない。

自然の生物とは別の、しかしそれに近い「都市／生態　系」。

生物の行動には目的がある。であれば、その多様な世界も、系として、システムとしてのシクミがあるはずだ。個々の生きものの行動はそのつどいろいろであっても、離れて全体を現象としてみれば、そこには理由や原理が見つかるはずだ。

設計も、ひとつひとつは固有の解答である。しかしそれらを離れて眺めれば、系としての法則や原理が見えてくるのではないか。そしてそれが分かれば、個々の問題もよりよく解決できるのではないか。それは、自分のつくり出すものの理由を、自分で探すことでもある。（自分自身も、ひとつの未知の生態系なのだ）

なぜ、空は青いのか、どうして陽は明るいのか、なんで雲に同じ形がないのか。

なぜ、どうして、というあの、質問。誰もがかつて投げかけていた、そしていつのまにかしなくなった、質問。

世界を理解したいという、その声。外の世界への問いは同時に、自分自身の内側にも投げかけられている。

そのかすかな声に答えようとして、こうしたことを続けているように思う。

都市は生きものである、というのは聞き飽きた言い回しだ。

しかしこれを、都市と生きもののシクミには関係があると考えれば、新しいことが見つかる。

複雑多様な系を、もし、切り分けることなく扱うことができれば。

そこに挑む「複雑系の科学」も、いずれ、違う名前の、さらに革新的な分野にとって代わられるであろう。

しかし、そこでいちど開いた扉は、閉じることはない。


開いた扉の向こうで、科学は、あいまいになりつつある。

いままで排除していた、ぼんやりしたものを取り込もうとしている。

気分や気まぐれや、直感すら対象にしようとしている。科学は、建築や都市に近づこうとしている。

そして建築は、科学に近づく。そういう、柔らかな科学に近づく。

両者の交差する淵に、その臨界領域に、新しい都市／建築が、発芽するだろう。


あの日、青い空のもと、土に埋めた種は、どんな花をつけるだろう。

世界樹イグドラジルのように。あるいは、まだ名のつけられていない、一茎の野の花のように。


「誘導都市」の研究、「飯田橋駅」を初めとする建築、そしてこの本は、多くの方々の理解と共感と、そして協力のおかげで形を成した。本の出版を企画された石堂威さんには、「青山製図専門学校」ができたとき以来、遠くで見守られていたような気がする。建築資料研究社の種橋恒夫さんには原稿からレイアウトまで辛抱強く待っていただいた。合原一幸さんと高安秀樹さんの研究からは多くの示唆をいただいた。「誘導都市」の研究では、多くの学生諸君と事務所スタッフの協力を得た。「飯田橋駅」では、東京都地下鉄建設と東京都交通局の、建築・土木・設備のそれぞれで、前例のない改革に共感し、組織の因習にとらわれず、進んで周囲を説得された方がたの、意気と勇気に感謝したい。さらに、そこで求めた土木と建築のコラボレーションの実現には、熊谷組の建築の中山正吾さんと土木の山元澄男さんをはじめ、実方聰さん他多くの皆さんの力があった。「青山製図専門学校」、「誘導都市」、そして「飯田橋駅」の設計と、いずれもほぼ同時のスタートである。その後の12年の間に協力をいただいた多くの方がたのそれぞれの意思が、この本のＤＮＡに書き込まれている。

２００２年２月20日　渡辺　誠

MAKOTO SEI WATANABE

Office : MAKOTO SEI WATANABE / ARCHITECTS' OFFICE
Address : 1-23-30-2806 Azumabashi, Sumida-ku,
Tokyo 130-0001, JAPAN
Fax : 81 (JAPAN) -3-3829-3837
URL : http : //www. makoto-architect. com

1952 Born in Yokohama, Japan
Lecturer : Tokyo Denki University, Housei University,
Graduate course of Yokohama National University

Projects built :
1990 AOYAMA TECHNICAL COLLEGE (technical college / Tokyo)
1995 MURA-NO-TERRACE (community center / Gifu)
ATLAS (housing / Tokyo)
1996 K-MUSEUM (museum / Tokyo)
95,6,8 FIBER WAVE (environmental art / Gifu and Tokyo, Japan / Chicago, U.S.A)
2000 SUBWAY STATION / IIDABASHI (station / Tokyo)
etc.

Research project :
1990- The INDUCTION CITY PROJECT
(Computer Program Generated Architecture and City)
etc.

Competition awarded :
1988 1st Prize : AOYAMA TECHNICAL COLLEGE (Japan)
1991 1st Prize : TOKYO SUBWAY LINE NO.12 (Japan)
1992 Awarded : HYOGO PREFECTURAL ART-CULTURAL CENTER (Japan)
1993 Awarded : N.Y. PUBLIC TOILET (U.S.A.)
2000 Awarded : MILANO 2000 Ⅲ MILLENNIUM (Italy)
etc.

Awards & Prizes :
1997 The Waterfront Award (U.S.A.)
1997 TOWNSCAPE Award (Japan)
1997 ASLA Professional Awards (American Society of Landscape Architects / U.S.A.)
1997 IALD International Lighting Awards (U.S.A.)
1999 MARBLE ARCHITECTURAL AWARDS 1st Prize (Italy)
2000 Art Future Award 2000 (Taiwan)
2001 GOOD DESIGN ARCHITECTURES : GOLD PRIZE (Japan)
2001 JIA (Japan Institute of Architect) Award (Japan)
2002 AIJ (Architectural Institute of Japan) Prize (Japan)
etc.

Bookworks :
1998 "RYU-TAI TOSHI" (LIQUID CRYSTAL) (Japan)
1998 "MAKOTO SEI WATANABE" (l' ARCAEDIZIONI / Italy)
2002 "The INDUCTION DESIGN" (Birkhäuser / Switzerland, Testo & Immagine / Italy)
etc.

渡辺 誠

URL＝http : //www. makoto-architect. com
1952年、横浜市生。
1976年、横浜国立大学大学院修了。大高建築設計事務所、磯崎 新アトリエを経て84年、渡辺 誠／アーキテクツ オフィス設立。
東京電機大学、法政大学、横浜国立大学大学院兼任講師。

受賞
青山製図専門学校一号館国際設計競技第1位（日本／88年）
大阪府平和資料館設計競技入選（日本／89年）
東京都営地下鉄12号線駅設計競技当選（日本／91年）
兵庫県立芸術文化センター街区プロポーザル入選（日本／92年）
ニューヨーク パブリックトイレ国際設計競技入選（米国／93年）
HYLAR国際賞（米国／94年）
ウオータフロント賞（米国／97年）
都市景観大賞（日本／97年）
北米照明学会賞（米国／97年）
IALD国際照明賞（米国／97年）
SDA賞大賞（日本／97年）
米国ランドスケープ協会（ASLA）賞（米国／97年）
iFプロダクトデザイン・トップ10最高賞（独／98年）
岐阜県21世紀ふるさとづくり芸術賞（日本／99年）
マーブルアーキテクチュア賞第1位（伊／99年）
ミラノ2001国際コンペティション入選（伊／00年）
アートフューチャーアワード2000（台湾／00年）
インターイントラ賞大賞（日本／01年）
日本建築家協会（JIA）新人賞（日本／01年）
グッドデザイン賞金賞（日本／01年／共同）
日本建築学会賞（作品賞／日本／02年）
他

著書
『MAKOTO SEI WATANABE』（l' ARCAEDIZIONI／伊／98年）
『流体都市』（実業之日本社／98年）
『建築家』（実業之日本社／92年）
『The INDUCTION DESIGN』（Birkhäuser／スイス, Testo & Immagine／伊／02年）
他

写真撮影
渡辺 誠（35、56、63、71、72、102、103、114頁除く）

Bibliography

「誘導都市」/ INDUCTION DESIGN関係掲載誌(一部)
(順不同、ウエブマガジン、他作品の掲載誌は含まず)
本書の文の一部は、既出原稿(下記#印)の「変異・組み換え」による改訂新版。

◎国内建築誌
『10＋1』96-11#、02-26#
『日経アーキテクチュア』941010#、001225、010319
『日経コンストラクション』010125
『日経CG』9605
『SD』9506#、9704#
『GA JAPAN』0101
『建築文化』0104#
『新建築』9909#、0101
『at』9505、9811/12
『JIAニュース』9503、0005、
他

◎国内一般誌
『朝日新聞』001125夕刊 (東京本社版第1面)
『Asahi Evening News』001126
『Inter Communication』9504、01Spring
『東京人』0101
『STUDIO VOICE』9912
『サブラ(sabra)』0101
『DESIGN NEWS』0103
『Casa BRUTUS』0111
『インターネットマガジン』01-11
『Pen』020201、
他

◎海外誌
『STYLE』(独)0110
『ARCHITEKTUR & BAU FORUM』(墺)9806
『OCTOGON』(ハンガリー)0102
『A&W Architektur & Wohnen』(独)0110
『l' ARCA』(伊)0104
『COSTRUZIONI』(伊)0104
『水晶石建築報道』far 2000.com(中国)0012
『BUILDING JOURNAL』(香港)9801
『藝術家』(台湾)0101
『Concept』(韓国)0101、0107
『CA』(韓国)0101、0109、0203
『Indian Architect & Builder』(印)0103
『World Architecture』(英)0104
『ZOO』(英)0106、
他

◎カタログ
DIGITAL/REAL展「BLOBMEISTER」(独 / DEUTSCHE ARCHITECTURAL MUSEUM)01#
ベネチアビエンナーレ(伊)00
ArchiLab展(仏/FRAC CENTER)99、00、01
JAPAN 2001展(英)01#
東京建築展(CD-ROM / 江戸東京博物館)0203#、
他

◎単行本
『サイバースペースの超建築』(松永直美編)98#
『建築デザイン会議'95報告書』
『MAKOTO SEI WATANABE』(伊)98#
『日本建築学会大会梗概集』5239、5266、5283、5284#、
他

協力
「誘導都市」掲載ワークに直接携わった協力者のみ記載。(肩書は協力時)
北出健展・三井島文子・尾畑徳彦・高橋文・日野陽子・平川雅人・広瀬亜樹子・吉田レオ・赤松純子・大戸裕子・石井周吾・高良浩平・湯川高邦:以上、横浜国立大学大学院、田中浩也:京都大学大学院人間環境学研究科、中野泰宏:アーキテクツ オフィス、矢野隆次郎:東京電機大学大学院/アーキテクツ オフィス、岡田健良:アフェクト設計事務所、千葉貴史、横浜国立大学大学院2001年度M1生(「交換都市」パート)、Gernot Sohar・Peter Elfstrand:以上、アーキテクツ オフィス

参考文献(多いので一部を記載)

◎複雑系一般・カオス
『複雑系がひらく世界』合原一幸/日経サイエンス社/1997(全体像の一覧ができる定番書)
『複雑系入門』井庭崇・福原義久/NTT出版/1998(整理された概論)
『カオス』ジェイムズ・グリック/新潮社/1991(原著1987)(ブームの端緒のひとつ)
『偶然とカオス』D・ルエール/岩波書店/1993(原著1991)(前掲書と並ぶ入門書)
『パソコンで見る複雑系・カオス・量子』科学シミュレーション研究会/講談社/1997(次書2点と共に、プログラム付の入門書)

◎ゲーム理論・進化・GA
『パソコンで見る生物進化』科学シミュレーション研究会/講談社/2000
『パソコンで遊ぶ物理シミュレーション』 神原武志 他/講談社/1992
『勝つためのゲームの理論』西山賢一/講談社/1986(ゲーム理論とは何か)
『数学でみた生命と進化』カール・シグムンド/講談社/1996(原著1993)(生物と進化をゲーム理論で解く例)
『遺伝的アルゴリズムの理論』ジョン・H・ホランド/森北出版/1999(GAの基本)

◎フラクタル・波動
『フラクタル』高安秀樹/朝倉書店/1986(体系を示す定番の書。素直な疑問にも的確に応える)
『フラクタル幾何学』ベンワー・マンデルブロ/日経サイエンス社/1985(原著1975)(マンデルブロ図形を広めた古典)
『フラクタル造形』三井秀樹/鹿島出版会/1996(建築との関係を記述)
『ゆらぎの世界』武者利光/講談社/1980(見えない構造としての1/fゆらぎを世に知らしめた)
『新・地震動のスペクトル解析入門』大崎順彦/鹿島出版会/1994(次書と共に「誘導都市」第4期の解析参考)
『パターン情報数学』小澤一雅/森北出版/1999

◎形態生成
『かたちの不思議』高木隆司/講談社/1984(ジャンルを超えて形を科学する)
『形を読む』養老孟司/培風館/1986
『かたちの進化の設計図』倉谷滋/岩波書店/1997
『形態と構造』ルネ・トム E. C. ジーマン/みすず書房/1977(原著1968)(なつかしの、カタストロフィ理論。潜在構造提示の先駆)

◎生物・進化・設計
『利己的な遺伝子』リチャード・ドーキンス/紀伊國屋書店/1991(原著1976)(生物とは何か、のパラダイム転換がここから始まった)
『カンブリア紀の怪物たち』サイモン・コンウェイ・モリス/講談社/1997
『大絶滅』デイヴィッド・M・ラウプ/平河出版社/1996(原著1991)(進化にデータ処理手法で挑む例)
『ワンダフル・ライフ』スティーヴン・J・グールド/早川書房/1993(原著1989)(生物の「設計者」がどのくらい遊んだか、どの程度失敗したかを教えてくれる)
『日経サイエンス』日本経済新聞社/1998-4/生命のアーキテクチャー(生物と建築に共通するテンセグリティ構造を示す)
『生命の精密機械』大沢文夫 編/読売新聞社/1987(回転運動をする生物の説明)
『ネオテニー』A・モンターギュ/どうぶつ社/1986(原著1981)(ヒトは幼態成熟した猿に近いという、「設計」案の提示)
『進化の設計』佐貫亦男/朝日新聞社/1982(恐竜を設計の視点から捉えた楽しい本)
『On Growth and Form』D'Arcy Thompson / Cambridge University Press / 1992(初版1917)(魚の設計を図式化した古典)

◎脳と思考
『なぜかれらは天才的能力を示すのか』ダロルド・A・トレッファート/草思社/1990(原著1989)(ひとの能力の潜在可能性を示す)
『言語を生みだす本能』スティーブン・ピンカー/日本放送出版協会/1995(原著1994)(子供はなぜ何語でも話せるようになるか、から言語習得の設計原理を解明)
『暗黙知の次元―言語から非言語へ』マイケル・ポラニー/紀伊國屋書店/1980(原著1966)(記述されない知、という概念を提示した古典)

◎建築・都市
『バックミンスター・フラー』マーティン・ポーリー/鹿島出版会/1994(原著1990)
『ガウディ建築のルーツ』鳥居徳敏/鹿島出版会/2001
『近代都市計画の起源』L・ベネヴォロ/鹿島出版会/1976(原著1963)
『環境ゲーム』テオ・クロスビィ/鹿島出版会/1976(原著1973)
『交通空間のデザインの未来』日本建築学会建築計画委員作品評価小委員会・都営地下鉄12号線駅舎設計者連絡会議編/2001(関係者の苦労と課題を、「できたら終わり」でなく今後の改革につなげようとする努力の報告)
『Energy and Form』Ralpf L.Knowles /The Massachusetts Institute of Technology / 1980

◎本文中の図で「準拠」としたものは原著の図を参考にして本書の著者側で作図した。「経由」としたものは訳書または引用書から同様に作図。

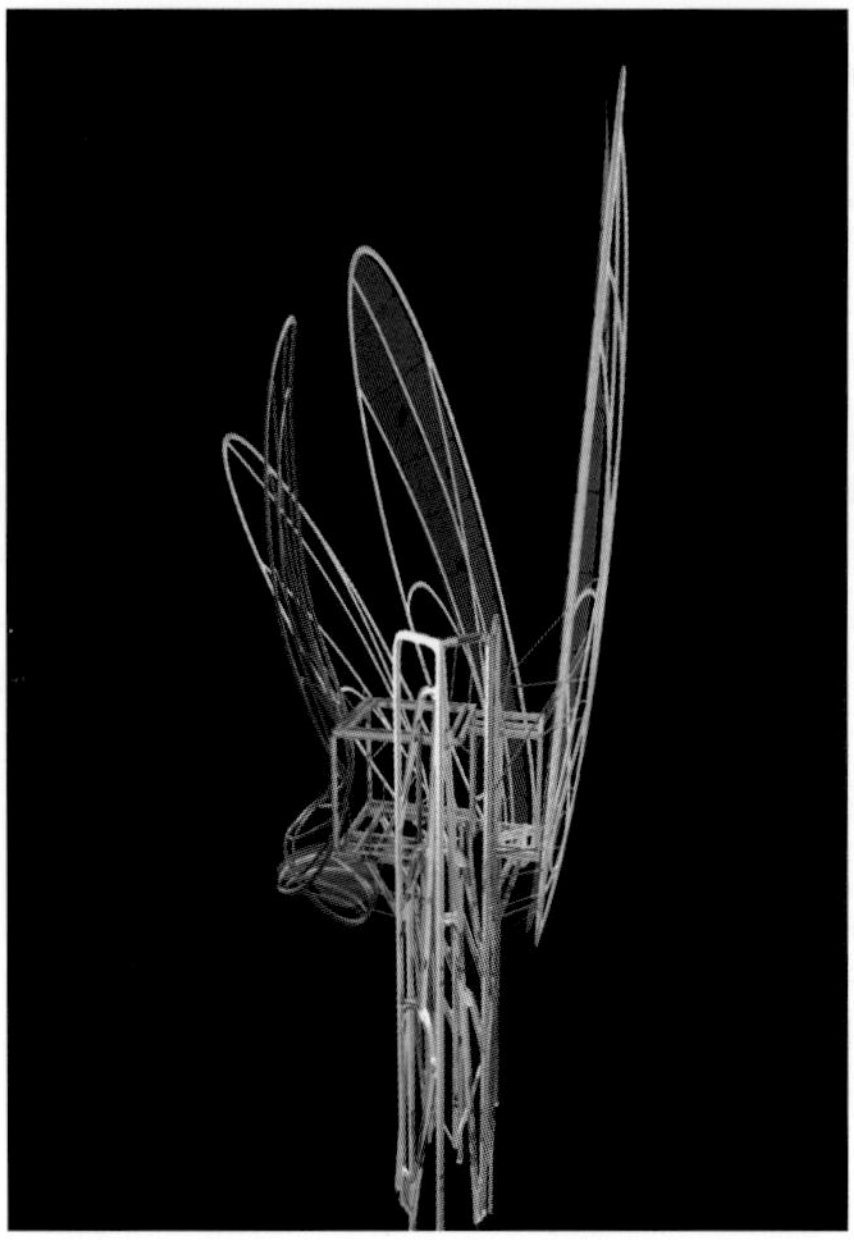

建築は、柔らかい科学に近づく
INDUCTION DESIGN／進化設計論

2002年5月15日 第1版1刷

著者　渡辺 誠
〒130-0001 東京都墨田区吾妻橋1-23-30-2806
FAX 03-3829-3837
URL= http://www.makoto-architect.com

編集者　石堂 威（都市建築編集研究所）
〒102-0072 東京都千代田区飯田橋1-6-1-302
電話 03-3221-5356／FAX 03-3221-5568

デザイン　長島恵美子

発行者　馬場瑛八郎

発行所　株式会社 建築資料研究社
〒171-0014 東京都豊島区池袋2-72-1
電話 03-3986-3239／FAX 03-3987-3256

印刷製本　株式会社 廣済堂

ISBN4-87460-749-7